Ekkehard Kaier
Dietrich Franz

Festplatten-Wegweiser

für IBM PC und Kompatible unter MS-DOS

Mikrocomputer sind Vielzweck-Computer (General Purpose Computer) mit vielfältigen Anwendungsmöglichkeiten wie Textverarbeitung, Datei/Datenbank, Tabellenverarbeitung, Grafik und Musik. Gerade für den Anfänger ist diese Vielfalt häufig verwirrend. Hier bieten die Wegweiser-Bücher eine klare und leicht verständliche Orientierungshilfe.

Jedes Wegweiser-Buch wendet sich an Benutzer eines bestimmten Mikrocomputers bzw. Programmiersystems mit dem Ziel, Wege zu den grundlegenden Anwendungsmöglichkeiten und damit zum erfolgreichen Einsatz des jeweiligen Computers zu weisen.

Bereits erschienen:

- BASIC-Wegweser für den Apple II e/c
  und kompatible Computer
  (Diskette 5.25": Applesoft BASIC unter DOS 3.3 und ProDOS)

- MBASIC-Wegweiser für Mikrocomputer
  unter CP/M und MS-DOS
  Disketten 5.25": IBM PC/MS-DOS, Apple-CP/M, Schneider CPC-CP/M)

- BASIC-Wegweiser für den IBM Personal Computer
  und Kompatible
  (Diskette 5.25": IBM PC/MS-DOS)

- BASIC-Wegweiser für den Commodore 64
  (Diskette 5.25": Floppy 1541)

- BASIC-Wegweiser für den Commodore 16,
  Commodore 116 und Commodore plus/4
  (Diskette 5.25": Floppy 1541)

- BASIC-Wegweiser für den Commodore 128
  (Diskette 5.25": CP/M 3.0)

- BASIC-Wegweiser für MSX-Computer
  (Disketten: 3.5" und 5.25")

- Turbo Pascal-Wegweiser für Mikrocomputer,
  Grundkurs
  (Disketten 5.25": Apple-CP/M, IBM PC/MS-DOS, Commodore 128-CP/M, MSX-DOS,
  Diskette 3.5": MSX-DOS)

  Aufbaukurs
  (Disketten wie Grundkurs)

  Übungen zum Grundkurs
  (Diskette 5.25": IBM PC/MS-DOS)

- BASIC-Wegweiser für Schneider CPC
  (Disketten 5.25": Schneider-Format, 40 Spuren)
  (Diskette 3": Schneider-Format, 40 Spuren (beidseitig beschrieben))

- BASIC-Wegweiser für Commodore Amiga

- Festplatten-Wegweiser für IBM PC und Kompatible unter MS-DOS
  (Diskette 5.25": MS-DOS ab Version 2.00)

In Vorbereitung:

  BASIC-Wegweiser für den Atari ST

Ekkehard Kaier
Dietrich Franz

Festplatten-Wegweiser

für IBM PC und Kompatible unter MS-DOS

Mit 103 Befehlsdateien und 124 Abbildungen

Springer Fachmedien Wiesbaden GmbH

Das in diesem Buch enthaltene Programm-Material ist mit keiner Verpflichtung oder Garantie irgend-einer Art verbunden. Die Autoren und der Verlag übernehmen infolgedessen keine Verantwortung und werden keine daraus folgende oder sonstige Haftung übernehmen, die auf irgendeine Art aus der Benutzung dieses Programm-Materials oder Teilen davon entsteht.

1987

Umschlaggestaltung: Peter Lenz, Wiesbaden

ISBN 978-3-528-04569-2   ISBN 978-3-322-83977-0 (eBook)
DOI 10.1007/978-3-322-83977-0

Vorwort

Das vorliegende Wegweiser-Buch wendet sich an alle, die mit einem Personalcomputer unter MS-DOS arbeiten und den Speicherraum der Festplatte ökonomisch organisieren und sicher kontrollieren müssen. In sechs Abschnitten werden dazu das erforderliche Grundlagenwissen vermittelt und modellhafte Anwendungen bereitgestellt.

Abschnitt 1: Erläuterung von Festplattentypen und -technologie.

Abschnitt 2: Alle Befehle MS-DOS Version 3.2 werden alphabetisch mit allgemeinem Befehlsformat und Beispielen aufgelistet (alle Befehle der Versionen von MS-DOS ab 2.00 enthalten). Zusätzlich wird ausführlich auf die festplattenorientierten Befehle zum Installieren von MS-DOS, zum Aufbau von baumartigen Verzeichnissen, zum Erstellen von Batch-Dateien und zur Gestaltung der DOS-Umgebung eingegangen.

Abschnitt 3: Drei komplette Modelle zur Festplattenverwaltung werden erklärt: Modell 1 für den Einsteiger, Modell 2 mit Menü und Stapeldateien und Modell 3 mit Einbindung von Assembler-Programmen.

Abschnitt 4: Eine Vielzahl von Utilities zur Festplattenverwaltung werden entwickelt. Dabei werden Escape-Sequenzen zur Gestaltung des Bildschirms genutzt und Methoden zur komfortablen Batch-Programmierung erläutert.

Abschnitt 5: Einige kommerzielle Festplatten-Dienstprogramme werden kurz beschrieben.

Abschnitt 6: Ein kleiner Patch-Kurs mit DEBUG führt in das maschinennahe Programmieren ein.

Für eilige Benutzer: Das Wegweiser-Buch läßt sich auch als Nachschlagewerk einsetzen: Aus diesem Grunde sind das Inhalts-, das Befehls- und das Sachwortverzeichnis sehr detailliert aufgegliedert.

Für tippmüde Benutzer: Alle im Buch in den Abschnitten 2 bis 6 dargestellten Befehlsdateien sind auf einer Diskette im MS-DOS-Format erhältlich.

Heidelberg, im März 1987

Ekkehard Kaier
Dietrich Franz

Inhaltsverzeichnis

Festplatten-Wegweiser für IBM PC und Kompatible unter MS-DOS

1.1 Personalcomputer (PC) als Computertyp

Drei Typen von Datenverarbeitungssystemen bzw. Computern lassen sich unterscheiden:

Großcomputer (sogenannte Mainframes)
Personalcomputer (abgekürzt PCs)
Homecomputer (die das Finanzamt nicht "anerkennt")

Gelegentlich siedelt man zwischen Groß- und Personalcomputern noch die Anlagen der Mittleren Datentechnik (MDT) an - auch als Mini- oder Midi-Computer bezeichnet. Das vorliegende Buch wendet sich an PC-Benutzer. PC steht dabei für Personalcomputer.

Die Personalcomputer wiederum teilt man ebenfalls in drei Klassen ein:

Personalcomputer der PC-Klasse (Prozessor 8088 bzw. 8086)
Personalcomputer der XT-Klasse (eXtended Technology)
Personalcomputer der AT-Klasse (Advanced Technology)

Verwirrend dabei ist, daß der PC erneut als Unterscheidungsbegriff auftaucht - freilich in einem engeren und auf die Prozessor-Technologie bezogenen Sinn.

Wenn in diesem Buch vom PC gesprochen wird, dann ist damit der Computertyp gemeint, also der Computer der AT-, XT- oder PC-Klasse. An diese Personalcomputer-Benutzer wendet sich das Buch.

1.2 Vom Disketten-Manager zum Festplatten-Verwalter

...irgend einmal ist es soweit: man fühlt sich bei seiner Arbeit am PC zu einem Disketten-Manager degradiert. **"Diskette rein, Diskette raus"**, "was ist auf welcher Diskette gespeichert?", "DIR *.* als meistverwendeter Befehl".
Und irgendwann einmal wird dieses Disketten-Manager-Dasein als lästig empfunden. Und dann sehnt man sich nach der eigentlichen Arbeit zurück: nach dem Programmieren, dem Arbeiten mit einem Tool (zu deutsch: Werkzeug), dem Einsetzen eines (fertigen) Anwenderprogramms usw. Die Information soll dabei auf einer **Festplatte** gespeichert werden.

Größere Speicherkapazität bei der Festplatte: Eine 'normale' Diskette mit einer Kapazität von 360 KB (KB für Kilobyte, ca. 360.000 Bytes und somit 360000 Zeichen) faßt etwa 100 Textseiten (Annahme: Seite mit 60 Zeilen zu je 60 Anschlägen). Die Festplatte hat eine Mindestkapazität von 10 MB (MB für Megabyte, ca. 10.000.000 Bytes) und kann demnach - ganz grob - das 25-fache an Zeichen speichern, also 2500 Textseiten.

Größere Lesegeschwindigkeit bei der Festplatte: Nimmt man für die Festplatte eine Datenübertragungsrate von 5 MBit je Sekunde an, dann ist sie um ungefähr 20 mal schneller als die Diskette mit einer Rate von 250 KBit je Sekunde. An einem Beispiel: 100 Textseiten werden in ca 1/2 Sekunde von der Festplatte in den RAM gelesen; beim Lesen von Diskette hingegen vergehen ca. 10 Sekunden.

	Diskette:	Festplatte:
Kapazität:	360, 720 KB, 1.2 MB 100 Textseiten	10 MB, 20 MB, 30 MB, ... 2500 Textseiten
Lesegeschwin- digkeit:	100 Textseiten in 10 Sekunden	100 Textseiten in 1/2 Sekunde
Format:	5.25" und 3.5"	3.5" (überwiegend), 5.25"

Gegenüberstellung von Diskette und Festplatte

Mit der großen Speicherkapazität und dem schnellen Zugriff ergeben sich bei der Nutzung der Festplatte zwei große Problemkreise. Zum einen muß die Platte organisiert werden. Zum anderen müssen die Daten geschützt werden: gegen unerlaubten Zugriff wie Verlust.

Festplatten-Problem "Organisation des Speicherraumes": Externspeicher mit 10 Mbyte oder 30 Mbyte müssen sinnvoll organisiert werden. Ähnlich wie eine Buch-Bibliothek baut man eine Datei-Bibliothek mit Verzeichnissen und Unterverzeichnissen auf. Über hierarchisch gegliederte Inhaltsverzeichnisse kann man sich dann bequem über die Dateien informieren. Durch Angabe von Suchpfaden kann man gezielt auf Dateien zugreifen.

Festplatten-Problem "Kontrolle des Speicherraumes": Die Kontrolle hat zwei Seiten. Zum einen muß gewährleistet sein, daß nur befugte Personen auf die Dateien zugreifen können: Datenschutz. Zum anderen müssen die Daten sicher aufbewahrt werden: Datensicherung z.B. auf Band oder auch auf eine zweite Festplatte.

1.3 Vier Typen von Festplatten

Die Festplatte wird auch als Winchesterplatte und Harddisk bezeichnet. Sie wird als 'normale' im PC eingebaute Platte, als Hardcard, als transportable und als externe Festplatte angeboten. Jeder dieser vier Typen hat seine Vor- und Nachteile.

1. Ins PC-Gehäuse eingebaute Festplatte
- Ursprünglich am weitesten verbreitete Methode der externen Speicher-
  erweiterung.
- Festplatte wird anstelle des 2. Diskettenlaufwerkes eingebaut.
- Slimline-Bauweise: Festplatte findet auch bei zwei Diskettenlaufwer-
  ken Platz (aber: Erweiterungsslot durch Controllerkarte belegt).

2. Steckbare Festplatte:
- Laufwerk und Controller befinden sich auf einer Steckkarte.
- Bezeichnungen: Hardcard, Filecard, Drivecard, Diskcard bzw. Pluscard.
- Festplatte beansprucht zumeist nur einen Erweiterungsslot des PCs.
- Vorteil: Rascher Ein-/Ausbau. Datentransport getrennt vom PC möglich. Zum Beispiel 30 MByte auf einer Karte.
- Zu beachten: Stromversorgung, Wärmeentwicklung, Lüftung, Netzteil.

3. Transportable Festplatte
- Laufwerk kurzfristig an PC ankoppeln und wieder vom PC trennen.
- Handikap: Controller-Karte muß im jeweiligen PC eingebaut sein.

4. Externe Festplatte:
- Speicherkapazität von teilweise über 100 MByte.
- Problem: Festplatte in logische Laufwerke aufteilen, da MS-DOS 3.2 nur bis zu 32 MByte verwaltet.
- Einsatz: PC-Netzwerke (LANs) zur zentralen Verwaltung großer Datenbestände.
- Oft in das Gehäuse eingebaut: Bandlaufwerk zur Datensicherung (sog. Streamer).

1.4 Kleine Festplatten-Technologie

Festplatten-Historie: In der Mitte der 70er Jahre wurden Festplattenlaufwerke mit damals "sensationellen 5 MB" angeboten. Man bezeichnete sie als Winchester-Laufwerke (Winchester als Code-Name eines IBM-Entwicklungsprojekts). 1987 werden Laufwerke mit einer Kapazität von 250 MB (also: ca. 250.000.000 Zeichen!) angeboten

Aufbau des Plattenstapels: Bei Festplattenlaufwerken für PCs werden zumeist ein bis vier Platten übereinandergestapelt, wobei zwei bis acht Schreib-/Leseköpfe auf die Platten zugreifen. Auf jeder Plattenoberfläche sind gleichermaßen konzentrische Spuren markiert. Die jeweils übereinanderliegenden Spuren werden als **Zylinder** bezeichnet; die Abbildung verdeutlicht dies.

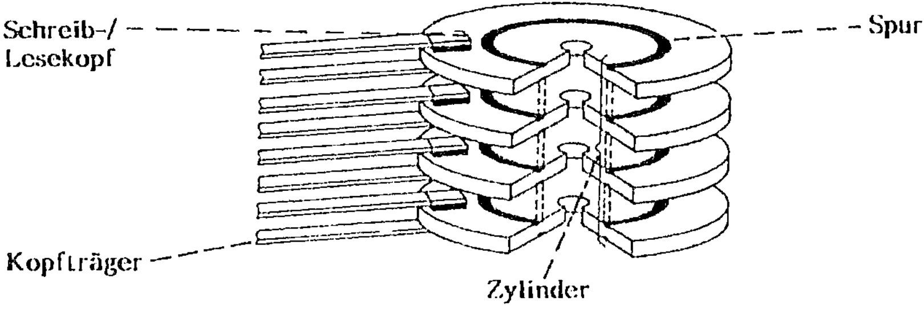

Beispiel: Festplatte mit vier gestapelten Platten

Zugriff zylinderweise: Die Festplatte dreht sich mit 3600 U/min (zum Vergleich: die 5.25"-Diskette dreht mit nur 360 U/min). Bei der Drehung der Platte überstreichen die am Kopfträger zusammengefaßten Schreib-/Leseköpfe einen Ring, den man Spur nennt. Alle Spuren einer bestimmten Kopfträgerposition bilden einen Zylinder. Durch das zylinderweise vorgenommene Aufzeichnen von Information erreicht man, daß der Kopfträger so wenig als möglich bewegt werden muß.

Genauigkeit: Der Abstand zweier Spuren beträgt heute ca. 0.10 mm (Spurmitte zu Spurmitte). Da die Spuren durch einen Leerabstand voneinander getrennt werden müssen, ist die zur Datenspeicherung nutzbare Spurbreite noch geringer. Das bedeutet zweierlei:
- Die Positionierungsgenauigkeit der Köpfe muß sehr hoch sein.
- Die Plattenbeschichtung muß hohen Anforderungen genügen (pro Bit stehen nur wenige Magnetteilchen zur Verfügung).

Sauberkeit: Die hohe Drehzahl des Plattenstapels wälzt Luft um, wodurch der Kopf über die Plattenoberfläche fliegt. Die Platte wird magnetisiert, ohne daß der Kopf die Plattenbeschichtung berühren darf (im Gegensatz zur Diskette, wo "Berührungen stattfinden"). Jede Berührung wirkt absolut zerstörerisch. Damit ergibt sich bei der Festplatte das Problem der absoluten Sauberkeit:
- Festplatten werden in Clean-Rooms montiert und versiegelt. Ein späterer Plattenaustausch ist zumeist nicht möglich.
- Die Laufwerke besitzen Filter, die Partikel von mehr als 3 µm entfernen.
- Die Abbildung zeigt, wie groß ein menschliches Haar im Vergleich zum Schreib-/Lesekopf ist.

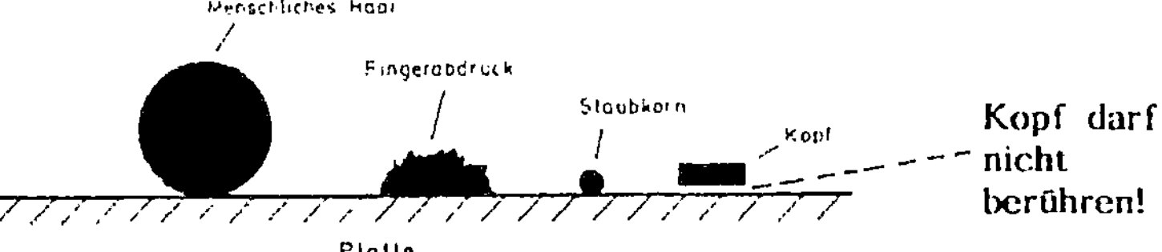

Schreib-/Lesekopf der Festplatte und menschliches Haar
im Größenvergleich

Controller: Der Controller übernimmt die Steuerung des Zugriffs auf die Festplatte. Er steuert z.B., daß der Schreib-/Lesekopf auf die **Adresse (2/267/9)** zugreifen soll:

2	Nummer der Plattenoberfläche
267	Nummer der Spur (Spur 0 meist innen)
9	Nummer des Sektors (=Spurabschnitt)

Dieses Adreßsystem gewährleistet, daß Information wiedergefunden werden kann. Der Benutzer muß sich Adressen nicht merken:
- MS-DOS legt auf der Festplatte ein entsprechendes Inhaltsverzeichnis an, das Adressen automatisch verwaltet bzw. aktualisiert.
- Der Controller steuert den Zugriff über Adressen (Adressierung).
- Controller und Festplatte müssen kompatibel sein (siehe Abschnitt 7).

Festplatten-Wegweiser für IBM PC und Kompatible unter MS-DOS

2.1 Befehle ab MS-DOS 3.2 in alphabetischer Ordnung

Jeder Befehl wird wie folgt in drei Punkten beschrieben:
1) **Befehlswort:** Befehlszweck, Befehlsart (interner oder externer Befehl).
2) **Allgemeines Format:** Klammerangaben wahlfrei, (...) für beliebig wiederholbaren Begriff, / für entweder-oder, d: für Laufwerksangabe.
3) **Beispiele:** mit Befehlsaufrufen zu typischen Anwendungen.

Die Befehlsübersicht bezieht sich auf die Version **MS-DOS 3.2.**
Anmerkungen zum Befehlsformat: siehe Seite 16.

ansi.sys — **Bildschirm/Tastatur-Treiber (für device)**
device=ansi.sys

assign — **Zugriff auf Laufwerke umleiten (extern)**
assign (x(=)y(...))
- assign a=b — Von a: auf b: umleiten (dir a: zeigt b:).
- assign a=c b=c — Umleitung auf Festplattenlaufwerk c:.
- assign — Voreinstellung wiederherstellen.

attrib — **Lese-/Dateiänderungsattribut (extern)**
attrib (+r/-r)(+a/-a) (d:)(Pfad)(Dateiname(.erw)
- attrib +r dd.txt — Datei dd.txt als "Nur-Lese-Datei".
- attrib -r dd.txt — Leseattribut entfernen.
- attrib +r -a dd.txt — Dateiänderungsattribut entfernen (bei
  xcopy/m und backup/m keine Dateikopie).
- attrib dd.txt — Aktuellen Status der Attribute anzeigen.

autoexec.bat — **Spezielle Stapeldatei (Benutzer erstellt)**
- copy con autoexec.bat — Datei erstellen und mit Ctrl-Z beenden.
- autoexec.bat — Beim Systemstart automatisch ausgeführt.

backup — **Daten von Platte sichern (extern)**
backup d:(Pfad)(Dateiname(.erw)) d:(s)(/m)(/a)(/d:tt.mm.jj)
- backup c:*.*/s a: — Festplatte samt Verzeichnisse nach a:.

break — **Abbruch-Eingabe Ctrl-C prüfen (intern)**
break (on/off)
- break on — DOS prüft jede Eingabe (Standard off).

buffers — **Anzahl der Pufferspeicher(für config.sys)**
buffers=x   mit x=1-99 (Standard bei XT 2 und AT 3)
- buffers=15 — 15 Pufferspeicher (z.B. für dBASE III).

cd — **Aktuelles Verzeichnis wechseln (intern)**
cd (d:)(Pfad)
- cd \ — Ins Stammverzeichnis \ wechseln.
- cd c:\tool\dbase — Ins Unterverzeichnis \tool\dbase wechseln.
- cd c: — Aktuelles Verzeichnis (Pfad) anzeigen.

chdir   **Wie cd: für change directory (intern)**

chkdsk   **Speicherstatusbericht anzeigen (extern)**
chkdsk(d:)(Pfad)(Dateiname(.erw))(/f)(/v)   f=Fehler, v=Anzeigen
- chkdsk c: Statusbericht für Festplatte C:.
- chkdsk c:*.*   Zusätzlich: zusammenhängende Dateien?

cls   **Bildschirmanzeige löschen (intern)**
- cls   Bildschirm löschen (Farbe bleibt).

command   **Sekundär-Befehlsprozessor rufen (extern)**
command (d:)(Pfad)(/p)(/c Zeichenfolge) (/e:xxxxx)
- command /c dir a: Nach dir a: wieder Primär-Prozessor.

comp   **Inhalt von Dateien vergleichen (extern)**
comp (d:)(Pfad)(Dateiname(.erw)) (d:)(Pfad)(Dateiname(.erw))
- comp dd.txt dd1.txt   Vergleich (nach copy aufrufen).
- comp c:\tool\word*.txt b: Vergleich aller Txt-Dateien.

copy Datei1 Datei2   **Dateien kopieren (intern)**
copy (d:)(Pfad)Dateiname(.erw) (d:)(Dateiname(.erw))(/v)
- copy ddquell.txt ddziel.txt   dd.quell.txt nach ddziel.txt kopieren.
- copy c:ddquell.txt b:ddziel.txt   Von c: nach b: kopieren.
- copy c:\sprache\turbo*.pas b: Alle pas-Dateien nach b:.

copy Datei1+Datei2 ... Datei   **Dateien zusammenfügen (intern)**
copy (d:)(Pfad)Dateiname(.erw) (+(d:)(Pfad)Dateiname(.erw) ...)
        (d:)(Pfad)(Dateiname(.erw))(/v)
- copy dd1.txt+dd2.txt ddziel.txt   2 Dateien zu ddziel.txt zusammenfügen.
- Anmerkung: Parameter /a (Kopie im ASCII) und /b (ohne Ctrl-Z) möglich.

copy Eingabeeinheit Datei   **Eingabe von einer Einheit aus (intern).**
- copy con dd.txt   Text über Tastatur tippen (Ctrl-Z Ende).
- copy con autoexec.bat   Spezielle Stapeldatei eingeben.

copy Datei Ausgabeeinheit   **Datei ausdrucken oder anzeigen (intern)**
- copy dd.txt prn   Text von dd.txt drucken (prn oder lpt1).
- copy dd.txt con   Text am Bildschirm (Console) anzeigen.

country   **Länderanpassung wählen (für config.sys)**
country=xxx   mit xxx=049 für Deutschland, xxx=001 für USA, ...
country=49   Deutsche Datums- und Zeitangaben.

ctty   **Standardeinheit für DOS ändern (intern)**
ctty Einheitenname   (aux, com1, com2, con, lpt1, lpt2, lpt3, prn, nul)
- ctty prn   Drucker nun als Standardausgabeeinheit.
- ctty con   Wieder Standard (Tastatur/Bildschirm).

date   **Datum anzeigen bzw. ändern (intern)**
date (tt.mm.jj) bei country=49 für Deutschland
- date 02.11.87   Neues Systemdatum festlegen.
- date   Aktuelles Dateum anzeigen.

del   **Datei löschen: wie erase (intern)**

device   **Einheitentreiber laden (für config.sys)**
device=(d:)(Pfad)(Dateiname(.erw)
- device=ansi.sys   Bildschirm-/Tastaturtreiber laden

dir   **Inhaltsverzeichnis zeigen (intern)**
dir (d:)(Pfad)(Dateiname(.erw))(/p)(/w)   mit w=wide, p=pause
- dir c: hilfe dosbef   Directory von c: hilfe dosbef anzeigen.
- dir/w/p   Dir im aktiven Verzeichnis (breit, Pause).
- dir b:dd.txt   Testen, ob Datei dd.txt in b: existiert.
- dir c:\tool\multip*.tab/w   Nur alle tab-Dateien anzeigen.

diskcomp   **Disketteninhalt vergleichen (extern)**
diskcomp (d: (d:))(/1)(/8)   mit /1=erste Disk.-Seite, /8=8 Sektoren
- diskcomp a: b: Anwendung nach diskcopy-Befehl sinnvoll.

diskcopy   **Disketteninhalt gesamt kopieren (extern)**
diskcopy (d: (d:))(/1)
- diskcopy a: b: Von a: nach b: Spur für Spur kopieren
                                        (Ziel in b: ggf. gemäß a: formatieren).
- diskcopy a:/1 b: Nur 1. Seite der Quelldiskette von a:.

driver.sys   **Blockeinheitentreiber (für device)**
device=driver.sys /d:zzz(/t:zzz)(/s:zz)(/h:zz)(/c)(/n)(/f:z)
- device=driver.sys /d:3 /t:80 /s:9 /h:2 /f:1   richtet für einen AT
                                        mit 2 1,2 MB-Disk. und Festpl. ein log.
                                        4. Laufwerk (d) mit 80 Spuren (t), 9 Sek.
                                        (s), 2 Köpfen (h) und 1,2 MB (f) ein.

echo   **Nachricht in Stapeldatei anzeigen (intern)**
echo (on/off/Nachricht)
- echo off   Nachrichten abschalten (on ist Standard).
- echo Diskette einlegen   Nachricht "Diskette einlegen" zeigen.

erase   **Dateien löschen bzw. entfernen (intern)**
erase (d:)(Pfad)Dateiname(.erw)
- erase b:dd.txt   Eine Datei dd.txt in Laufwerk b: löschen.
- erase c:*.bat   Alle bat-Dateien entfernen.
- erase c:\tool\dbase*.*   Alle Dateien im Verzeichnis löschen.

exe2bin   **exe- in com-/bin-Dateien ändern (extern)**
exe2bin (d:)(Pfad)Dateiname(.erw) (d:)(Pfad)(Dateiname(.erw))

fcbs   **File Control Block (für config.sys)**

fdisk   **Festplatten-Dienstprogramm (extern)**
fdisk   Einrichten der Festplatte Abschnitt 2.2.

files   **Maximale Zugriffsanzahl (für config.sys)**
files=x   mit x=8-255 (Standardwert 8)
- files=20   20 zugleich offene Dateien (bei dBASE).

find   **Filterbefehl (extern)**
find (/v)(/c)(/n)"String" ((d:)(Pfad)Dateiname(.erw)...)
mit /v=nicht enthalten, /c=enthalten und /n=Zeilennummern anzeigen.
- find "Tillmann" b:dd.txt   Alle Zeilen mit String "Tillmann" nennen.

for
for %%Variable in (Satz) do Befehl
- for %%a in (*.txt) do dir

Wiederholung in Stapeldatei (intern)
Directory aller txt-Dateien zeigen.

format
format (d:)(/s)(/1)(/8)(/v)(/b)(/4)
- format b:

- format b:/s
- format b:/s/v
- format b:/s/v/4
- format /1
- format c:/v/s
- format b:/4

Diskette formatieren (extern)

Diskette in Laufwerk b: formatieren
(Achtung: bisheriger Inhalt geht verloren).
Zusätzlich: System übertragen angeben.
Zusätzlich: Disketten-Kennsatz eintragen.
Zusätzlich: Diskette mit hoher Kapazität.
Einseitig (DOS erfragt Laufwerksangabe).
Partition der Festplatte formatieren.
Diskette mit hoher Kapazität (1.2 MB).

goto
goto Sprungziel
- goto ende

Innerhalb Stapeldatei verzweigen (intern)

Zu Zeile mit Sprungziel ende: gehen.

graftabl
graftabl
- graftabl

Grafikzeichen laden (extern)
oder: gradata
Deutscher Zeichensatz in Grafik möglich.

graphics
graphics (Druckertyp)(/r)(/b)
- graphics

Druckertreiber für Grafik laden (extern)

Grafiken können ausgedruckt werden.

if
if (not)Bedingung Befehl
- if errorlevel 1 goto ende
- if exist dd.txt goto anf
- if %1==Klaus goto text

In Stapeldatei bedingt ausführen (intern)

Fehlerstatus 1 als Bedingung.
Existenztest von dd.txt als Bedingung.
Gleichheit von Strings als Bedingung.

join
join oder join d: d:\Verzeichnis
- join b: c:\neu
- join b: /d

Verzeichnisse verknüpfen (extern)
oder join d:/d
b: mit Pfad c:\neu verknüpft
Obige Verpnüpfung wieder löschen.

keybxx
- keybgr
- keybgr e

Tastatur an Land xx anpassen (extern)
Deutsche (gr=german) Tastatur laden.
e = erweitert (Tastatur XT/AT deutsch).

label
label (d:)(Name)
- label c:festsystem
- label c:

Name von Diskette/Platte ändern (extern)

Festplatte erhält den Namen festsystem.
Namen für c: mit Return-Taste löschen.

lastdrive
lastdrive=x   mit Buchstabe a-z für x(Standardwert lastdrive=e)
- lastdrive=p

Maximale Laufwerkanzahl (für config.sys)
Auf höchstens 16 Laufwerke kann gleichzeitig zugegriffen werden.

md
md (d:)Pfad
- md prolog
- md \ tool\dbase\einkauf

Unterverzeichnis erstellen (intern)

Verzeichnis prolog ins aktive Verzeichnis.
Verzeichnis einkauf in \tool\dbase.

mkdir

Wie md: für Make Directory (intern)

mode
mode lpt#(:)(n)(,(m)(,p))
- mode lpt1 132,8

mode n oder mode (n),m(,t)
- mode 80,r

mode comn(:)Baud(,Parität(Datenbits(,Stoppbits(,p))))
- mode com2:24,,,2

mode lpt#(:)=comn
- mode lpt1=com2

- mode

Modus für Drucker/Schnittstelle (extern)

1-132 Zeichen/Zeile bei 8 Zeilen/Zoll
Vorschub für Drucker festlegen.

Bildschirm mit 80 Zeichen/Zeile und um
2 Zeichen rechts nach verschoben zeigen.

Schnittstelle com2 auf 2400 Baud, 2
Stoppbits (sonst Standardwerte) einstellen.

Alle Druckaufträge an serielle Schnittstelle com2 umleiten.

Aktuellen Status von Mode anzeigen.

more
more
- more < b:dd.txt
- type b:dd.txt ¦ more
- dir c:\tool\dbase ¦ more

Filterbefehl für Bildschirm (extern)

dd.txt bildschirmweise anzeigen.
Wie oben, aber more über Pipe aufrufen.
Directory bildschirmweise ausgeben.

path
path ((d:)Pfad((;(d:)Pfad)...))
- path
- path c:\sprache
- path c:\hilfe\dosbef; a:util
- path c:\system; b:\system

Verzeichnis-Suchpfade nennen (intern)

Aktuellen Suchpfad anzeigen.
In einem Pfad automatisch suchen.
Zwei Suchpfade in c: und in a:.
Identischer Pfad in zwei Laufwerken.

pause
pause (Bemerkung)
- pause Diskette wechseln
- pause

In Stapeldatei unterbrechen (intern)

Unterbrechung mit Nachricht-Ausgabe.
Ausführungsunterbrechung ohne Nachricht.

print
Datei-Warteschlange ausdrucken (extern)
print (/d:Einheit)(/b:Puffer)(u:In Arbeit-Puls)(/m:max.Pulszahl)(s:
Zeitscheibe)(/q:Schlangengröße)(/c)(/t)(/p)((d:)(Pfad)(Dateiname(.erw.)...)
- print
- print dd.txt/c
- print/t
- print b:*.txt

Aktuelle Druckaufträge anzeigen.
Druck von dd.txt stoppen (c=cancel).
Drucken gesamt beenden (t=terminate).
Alle txt-Dateien in Warteschlange setzen.

prompt
Bereitschaftszeichen ändern (extern)
prompt (Text des Bereitschaftszeichens)
- prompt $d pg
- prompt ng

Datum, Pfad, Größerzeichen als Prompt.
Laufwerk, Größerzeichen als Standard.

rd　　　　　　　　　　　**Verzeichnis von Platte löschen (intern)**
rd (d:)Pfad
- rd util　　　　　　　　　Unterverzeichnis util im aktuellen Verz.
- rd c:\tool\dbase\util　　util im Verzeichnis c:\tool\dbase.

recover　　　　　　　　**Dateien wieder herstellen (extern)**
recover (d:)(Pfad)Dateiname(.erw)
- .recover b:dd.txt　　　　Datei ohne Fehler-Sektoren lesen.
- recover a:　　　　　　　Gesamten Disketteninhalt herstellen.

rename　　　　　　　　**Dateinamen auf Platte ändern (intern)**
ren(ame) (d:)(Pfad)(Dateiname(.erw)) Dateiname(.erw)
- rename c: dd.txt dd1.txt　　dd.txt in dd1.txt umbenennen.
- ren b:*.bak *.pas　　　　Alle bak- in pas-Dateien umbenennen.

replace　　　　　　　　**Dateien auf Platte ersetzen (extern)**
replace (d:)(Pfad)Quelldateiname(.erw) (d:)(Pfad)(/a)(/p)(/r)(/s)(/w)
　　　　　　　　　　　　Ausgabe von errorlevel 2,3,8,11,15,22,50.
- replace b:*.bat c:\　　　Alle bat-Dateien im Zielpfad c:\ durch
　　　　　　　　　　　　gleichnamige Dateien von b: ersetzen.
- replace b:*.bat c:\/s　　In c:\ Dateien suchen und diese ersetzen.
- replace b:*.bat c:\/a　　Im Zielpfad fehlende Dateien addieren.
- replace b:*.bat c:\/r　　Auch "Nur-Lese-Dateien" mit all ihren
　　　　　　　　　　　　Unterverzeichnissen im Zielpfad ersetzen.
- replace b:*.bat c:\/r/s　Kombination zweier Parameter.
- replace b:*.bat c:\p　　Bei jedem Dateinamen pausieren: Benut-
　　　　　　　　　　　　zer kann einzeln ersetzen bzw. addieren.
- replace a:*.* c:\tool/w　Vor Start auf Tastatureingabe warten.

restore　　　　　　　　**Gegenstück zu backup-Befehl (extern)**
restore d:(d:)(Pfad)Dateiname(.erw.)(/s)(/p)
- restore b: c:*.*/s　　　Alle auf der backup-Diskette in b:
　　　　　　　　　　　　gesicherten Dateien auf Festplatte.

rem　　　　　　　　　**In Stapeldatei Bemerkung zeigen (intern)**
rem (Bemerkung)
- rem Dateiname w1.bat　Hinweis (bei echo off nicht angezeigt).
- rem　　　　　　　　　Zwischenraum zwecks Lesbarkeit.

rmdir　　　　　　　　**Unterverzeichnis löschen (siehe rd)**

select　　　　　　　　**DOS auf Platte installieren (extern)**
select ((a: oder b:)d:(Pfad)) xxx yy
- select c: 049 gr　　　　Festplatte formatieren, DOS kopieren,
　　　　　　　　　　　　autoexec.bat und config.sys erstellen (mit
　　　　　　　　　　　　Landescode 49 (Brd) und Tastaturcode gr
　　　　　　　　　　　　(Germany)). Systemgeführter Dialog.

set
set (Name=(Parameter))
- set
- set anwend=\tool\dbase\a
- set anwend=Tillmann
- set anwend=

Umgebungsvariablen definieren (intern)

Alle Umgebungsvariablen anzeigen.
Variable anwend erhält Pfad zugewiesen.
Tillmann als neuer Wert für anwend.
Variable anwend wird gelöscht.

share
share (/f:Dateigröße)(/l:Sperren)

Gemeinsamer Dateizugriff (extern)

shell
shell=(d:)(Pfad)Dateiname(.erw) (Parameter1)(Parameter2)
- shell=b:\sys\command.com

Befehlsprozessor nennen (für config.sys)

Bei DOS-Start Prozessor von b: laden.

shift
shift   mit Verschiebung um 1 bei jedem erneuten Befehlsaufruf
- shift

In Stapeldatei über 10 Parameter (intern)

Befehlsaufruf verschiebt Parameter um 1.

sort
sort(/r)(+n)   mit r=absteigender Sort, n=ab Spalte n (n=1 Stand.)
- sort < dd.txt
- type dd.txt ¦ sort

Filterbefehl: sortierte Eingabe (extern)

Sortierte Bildschirmausgabe von dd.txt.
Identische Ausgabe über eine Pipe.

subst
subst d: d:Pfad
- subst
- subst e: c:\tool
- subst e:/d

Laufwerksbezeichnung ersetzen (extern)
(dabei Zahl in lastdrive berücksichtigen)
Alle Ersetzungen anzeigen.
Verzeichnis c:\tool durch e: ersetzen.
Ersetzung e: löschen.

sys
sys d:
- sys b:

DOS auf Platte übertragen (extern)
(Hinweis: command.com nicht übertragen)
Systemdateien MSDOS.SYS/IO.SYS bzw.
IBMDOS.COM/IBMBIO.COM nach b:.

time
time (hh:mm:(:ss(.tt)))
- time 10:45
- time

Systemzeit setzen bzw. ändern (intern)

Zeit auf 10:45:00.00 (10 Uhr 45 Minuten).
Zeit anzeigen und Eingabeaufforderung.

tree
tree (d:)(/f)
- tree b: ¦ more
- tree c:/f > verz.txt

Verzeichnisbaum anzeigen (extern)
(f=Namen in Unterverzeichnissen zeigen)
Verzeichnisbaum von b: bildschirmweise.
Baum c: komplett in verz.txt ablegen.

type
type (d:)(Pfad)Dateiname(.erw)
- type b:dd.txt
- type c:\texte\a.txt ¦ more

Dateiinhalt im ASCII anzeigen (intern)

Inhalt von dd.txt am Bildschirm zeigen.
Inhalt bildschirmweise anzeigen.

vdisk.sys   **RAM-Disk-Treiber (für device)**
device=(d:)(pfad)vdisk.sys (bbb) (sss) (ddd)(/e)(:m)
Parameter: bbb=1KB-maxKB, sss=128,256 oder 512, ddd=2-512.
- device=vdisk.sys 64 128 64   RAM-Disk mit 64 KB Speicherplatz, 128
                                       Bytes/Sektor und maximal 64 Einträgen.
- device=vdisk.sys   Wie oben, da Standardwerte.
- device=vdisk.sys 256 128 112   RAM-Disk mit 256 KB und maximal 112
                                       möglichen Verzeichniseinträgen.

ver   **Versionsnummer von DOS zeigen (intern)**
ver

verify   **Plattenaufzeichnung prüfen (intern)**
verify (on/off)
- verify   Status anzeigen: Standard ist off.
- verify on   Alle Schreiboperationen werden geprüft.

vol   **Namen der Platte anzeigen (intern)**
vol (d:)
- vol c: Namen der Festplatte anzeigen.

xcopy   **Dateigruppe/Verzeichnis kopieren (extern)**
Drei Formate jeweils mit den Parametern (/a)(/d)(/e)(/m)(/p)(/s)(/v)(/w):
xcopy (d:)(Pfad)Dateiname(.erw) (d:)(Pfad)(Dateiname(.erw))
xcopy (d:)Pfad(Dateiname(.erw)) wie oben
xcopy d:(Pfad)(Dateiname(.erw)) wie oben
- xcopy b:\ c:\/s   Von b:\ nach c:\ kopieren (Dateien aus
                                       Stamm- und allen Unterverzeichnissen).
- xcopy b:\tool c:\/s   Dateien und Verz. unterhalb von b:\tool
                                       ins Stammverzeichnis von c: kopieren.

Anmerkungen zum Befehlsformat:

- **Suchpfad:** DOS sucht den externen Befehl im aktuellen Laufwerk. Ist
  der Befehl in einem anderen Laufwerk/Pfad zu suchen, muß vor dem
  Befehlsnamen **(d:)(Pfad)** angegeben werden. c:\system\befehl\format
  sucht den Formatierungs-Befehl in c:\system\befehl.
- **Groß- und Kleinschreibung** von Buchstaben unterscheidet DOS nicht.
- **Dateinamen** werden durch **(d:Dateiname.erw)** angegeben. Dabei kein
  Leerzeichen angeben. Beispiel: c: w .bat ist ungleich c:w.bat.
- **Jokerzeichen** "*" (String) und "?" (Zeichen) nur erw erlaubt.
- **Einheitennamen von MS-DOS:** con (Tastatur/Bildschirm), com1/aux und
  com2 (1. und 2. serieller Ausgang), lpt1/prn, lpt2 und lpt3 (1. bis 3.
  Paralleldrucker) und nul (Pseudoeinheit).

2.2 Befehle zum Einrichten und Sichern der Festplatte

2.2.1 Festplatte einrichten

Unter dem "Einrichten" einer Festplatte versteht man ganz grob folgendes:
- **Festplatte formatieren:** Die Festplatte muß in eine Form gebracht werden, in der das Betriebssystem MS-DOS Daten lesen und schreiben kann. Dazu werden auf der Speicheroberfläche kreisrunde Spuren markiert; jede Spur wird weiter in Sektoren unterteilt (wie die Kuchen einer Torte). Das "in Form bringen" bezeichnet man als Formatieren.
- **MS-DOS auf die Festplatte übertragen:** Das Betriebssystem wird auf einer Systemdiskette geliefert. Der Befehlsprozessor (er heißt COMMAND.COM) und die Befehle sind von der Diskette auf die Festplatte zu kopieren. Erst dann kann mit der Festplatte gearbeit werden.

Festplattenstapel mit   Systemdiskette mit
z.B. fünf Einzelplatten: Betriebssystem MS-DOS:

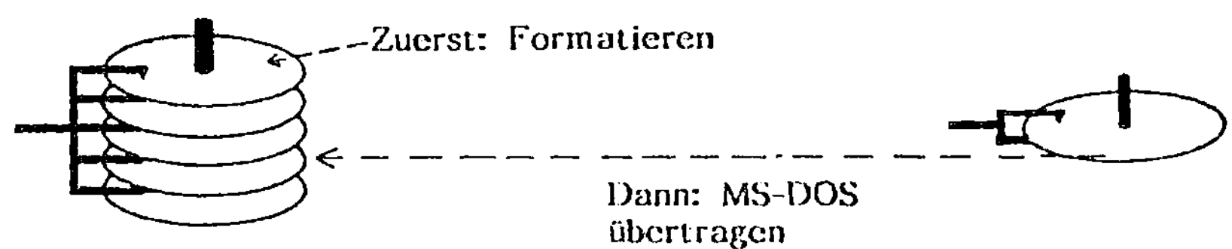

2.2.1.1 Unformatierte Festplatte

Haben Sie eine unformatierte Festplatte eingebaut oder an den PC angeschlossen, ist wie folgt in vier Schritten vorzugehen:

Schritt 1: Kennbuchstaben für Externspeicher prüfen

MS-DOS ordnet jedem angeschlossenen Laufwerk einen Kennbuchstaben zu:
- Boot-Diskettenlaufwerk a:
- Zweites Diskettenlaufwerk b:
- Erstes Festplattenlaufwerk c:
- RAM-Disk d:
- ...

Bei einem Disketten- und einem Festplattensystem sind die Kennungen a: und c: vergeben, bei einem System mit je zwei Disketten- und Festplattenlaufwerken hingegen die Kennungen a:, b:, c: und d: (RAM-Disk dann e:).

Im Laufwerk a: liegt die DOS-Systemdiskette. In a: als Bootlaufwerk sucht DOS automatisch nach dem Einschalten des PCs. Wechselt man nach dem Booten durch Eingabe von

        A>c:

zum Laufwerk c:, gibt DOS eine Fehlermeldung aus. Die Festplatte muß dem Betriebssystem erst über den **fdisk-Befehl** bekannt gemacht werden.

Schritt 2: DOS-Partition erstellen mittels fdisk-Befehl

Auf einer Festplatte können mehrere Betriebssysteme installiert werden wie z.B. MS-DOS (PC-DOS), CP/M-86 und XENIX. Dazu wird die Festplatte in **Partitions** eingeteilt, um dann jeder Partition ein bestimmtes Betriebssystem zuzuordnen. Eine DOS-Partition wird über das Dienstprogramm **fdisk** erstellt.
  a) Dazu legt man die DOS-Systemdiskette in das Bootlaufwerk a: ein, um dann durch Eingabe von

      fdisk

  das Dienstprogramm als externen DOS-Befehl zu starten. Wird mit MS-DOS als alleinigem Betriebssystem gearbeitet, dann ist die Frage "... gesamte Festplatte für MS-DOS nutzen?" zu bejahen.
  b) Mit Esc wird fdisk verlassen.
  c) Über Tastenkombination Ctrl-Alt-Del einen Warmstart vornehmen (bei deutscher Tastatur Strg-Alt-Entf). MS-DOS erkennt nun die Festplatte als Laufwerk c:.

Schritt 3: Festplatte formatieren

Format zerstört etwaigen Speicherinhalt! Durch Eingabe des Befehls

    A> format c: /s /v

wird der format-Befehl von der Systemdiskette in a: aufgerufen, um die Festplatte in c: zu formatieren, das Betriebssystem zu übertragen (Parameter /s) und einen Namen einzutragen (/v).

Schritt 4: System von Festplatte booten

DOS-Systemdiskette aus Laufwerk a: entnehmen und erneuten Warmstart mit Ctrl-Alt-Del durchführen. Nach dem vergeblichen Versuch, das Laufwerk a: anzusprechen, lädt das Bootprogramm nun das Betriebssystem von der Festplatte in c: aus.
Zu beachten: Beim Booten von c: aus darf in a: keine Diskette einliegen.

2.2.1.2 Vorformatierte Festplatte

Festplatten werden oft bereits vorformatiert geliefert. Das bedeutet zum Beispiel:

- Anstelle von fdisk und format ist ein mitgeliefertes Installationsprogramm zu starten: z.B. mit **install c** (Laufwerk c:) oder install d (Laufwerk d:). Genaueres siehe Reference Manual.

- Möglicherweise ist "nur" noch mittels **sys c:** das Betriebssystem auf die Festplatte zu übertragen.

2.2.1.3   Festplatte mit mehreren Partitions

Um mit mehreren Betriebssystemen auf einer Festplatte zu arbeiten, sind das Programm fdisk für MS-DOS und die entsprechenden Dienstprogramme des jeweiligen anderen Betriebssystems auszuführen.

Schritt 1: Daten von der Festplatte auf Diskette sichern
- Siehe dazu Abschnitt 2.2.2.

Schritt 2: Neue DOS-Partition anlegen
- Bestehende DOS-Partition über fdisk-Menüwahl 3 löschen.
- Neue kleinere DOS-Partition über Menüwahl 1 erstellen. Die Anzahl der Zylinder muß natürlich kleiner als 304 sein.

Schritt 3: DOS-Partition neu formatieren
- Der Befehl format c:/s/v formatiert jetzt nur die DOS-Partition neu, und nicht die gesamte Festplatte.
  Der DOS-Befehl FORMAT formatiert nur die DOS-Partition.
- Eine Partition kann nur vom jeweiligen (eigenen) Betriebssystem formatiert bzw. gelöscht werden.

Schritt 4: Aktive Partition einstellen
- Menüwahl 2 von fdisk anwählen und einstellen, welche Partition vom PC beim Starten zu verwenden ist.
- Menüwahl 4 zeigt dazu den Status A (für Aktiv) an. In der Abbildung ist die DOS-Partition (als einzige Partition überhaupt) aktiv.

Schritt 5: Gesicherte Daten wieder auf Festplatte kopieren

```
A:\>fdisk
                                                      Befehlsaufruf
IBM Personal Computer
Festplatten-Einrichtungsprogramm 3.20
(C)Copyright IBM Corp  1983, 1986


FDISK-Menü

       1.  Erstellen DOS-Partition
       2.  Ändern aktive Partition
       3.  Löschen DOS Partition           Hauptmenü
       4.  Partitionsdaten anzeigen


   Partition Status    Art   Start Ende Größe
       1        A      DOS      0  304  305     Menüwahl 4




Gesamtplattenbereich ist  305 Zylinder.
```

Festplatten-Dienstprogramm fdisk: Menü und Menüwahl 4

2.2.1.4 Installation von MS-DOS im systemgeführten Dialog

In den Abschnitten 2.2.1.1 und 2.2.1.3 wurde als Schritt 3 das Formatieren der Festplatte genannt. Das Formatieren kann - zusammen mit anderen Tätigkeiten - auch im systemgeführten Dialog über den Befehl **SELECT** durchgeführt werden. Dabei bedeutet "systemgeführt", daß das Betriebssystem dem Benutzer wiederholt Fragen stellt, deren Antworten den weiteren Dialog zwischen Mensch und Computer bestimmen.

SELECT ist im Grunde kein neuer DOS-Befehl, sondern eine Zusammenfassung der folgenden DOS-Befehlsaufrufe:

1. KEYBGR.COM — Bildschirm-/Tastaturtreiber aufrufen und in Datei AUTOEXEC.BAT schreiben.
2. COUNTRY=049 — Landescode einstellen und in Konfigurationsdatei CONFIG.SYS schreiben.
3. FORMAT C:/S /V — DOS-Partition formatieren, Befehlsprozessor COMMAND.COM kopieren, Platte benennen.
4. COPY A:*.* C: — DOS-Dateien von Systemdiskette kopieren.

Die obige Vier-Schritt-Befehlsfolge bezieht sich auf den Befehlsaufruf

```
A:\>select c: 049 gr
```

mit folgenden Parametern: DOS im Festplattenlaufwerk c: installieren, 49 als deutscher Landescode und gr als deutscher Tastatuscode.

Vorgehensweise zum Installieren von DOS auf der Festplatte:

a) **Voraussetzung:** Mit dem Befehlsaufruf **fdisk** wurde eine DOS-Partition erstellt (siehe Schritte 1 und 2 in Abschnitt 2.2.1.1).

b) **Befehlsaufruf:** DOS-Systemdiskette in Laufwerk a: einlegen und den SELECT-Befehl mit **select c: 049 gr** aufrufen.

c) **Tastaturanpassung:** Der zur Eingabe **GR** zugehörige Tastaturtreiber KEYBGR.COM wird auf der Systemdiskette gesucht und in die Startdatei AUTOEXEC.BAT geschrieben. Damit ist sichergestellt, daß eine deutsche Tastatur mit "ä", "ß" usw. zur Verfügung steht. Für Frankreich z.B. würde der Treiber KEYBFR.COM geladen.

d) **Datumsanpassung:** Das zur Eingabe 049 passende Datums- und Zeitformat wird festgelegt: In die Konfigurationsdatei CONFIG.SYS stellt der SELECT-Befehl die Zuweisung COUNTRY=049.

e) **Formatierung:** Die zuvor mittels FDISK eingerichtete DOS-Partition wird formatiert. Die dabei erscheinende Bildschirmanzeige
Kopf 0: Zylinder 23
Kopf 1: Zylinder 23 ....
zeigt an, welcher Zylinder (Zusammenfassung übereinanderliegender Spuren) gerade formatiert wird. Durch das Formatieren werden ggf. gespeicherte Daten gelöscht. Abschließende Meldung: "Formatieren beendet".

f) Übertragung des Betriebssystems: Die beiden "versteckten Dateien" MSDOS.SYS und IO.SYS (bei IBM: IBMDOS.COM und IBMBIO.COM) und der Befehlsprozessor COMMAND.COM werden von der Systemdiskette auf die Festplatte kopiert. Abschließende Meldung: "Systemdateien übertragen".

g) Übertragung der DOS-Befehle: Die Systemdateien bzw. externen DOS-Befehle werden von der Systemdiskette auf die Festplatte kopiert. Abschließende Meldung zum Beispiel: "41 Dateien kopiert".

Mit den Schritten a) - g) hat der SELECT-Befehl das Betriebssystem auf der Festplatte installiert. Nun kann ein Warmstart durchgeführt werden (Tasten Ctrl-Alt-Del), um DOS von der Festplatte aus zu booten (wichtig: in Laufwerk A: darf dabei keine Diskette einliegen).

```
A:\>select c: 049 gr
```
Aufruf von SELECT

```
SELECT wird beim ersten Installieren von
DOS benutzt. Durch SELECT werden alle
Daten auf der angegebenen Einheit ge-
löscht und DOS wird installiert.
Fortfahren (J/N)?  J j
```

```
c:\>type autoexec.bat          c:\>type config.sys
PATH \;                        COUNTRY=049
KEYBGR
ECHO OFF
CLS
DATE
TIME
VER
```
AUTOEXEC.BAT und CONFIG.SYS von SELECT erzeugt

DOS-Befehle von SELECT übertragen

```
Verzeichnis von  c:
```

COMMAND	COM	AUTOEXEC	BAT	CONFIG	SYS	ANSI	SYS	ASSIGN	COM
ATTRIB	EXE	BACKUP	COM	BASIC	COM	BASICA	COM	CHKDSK	COM
COMP	COM	DISKCOMP	COM	DISKCOPY	COM	DRIVER	SYS	EDLIN	COM
FDISK	COM	FIND	EXE	FORMAT	COM	GRAFTABL	COM	GRAPHICS	COM
JOIN	EXE	KEYBFR	COM	KEYBGR	COM	KEYBIT	COM	KEYBSP	COM
KEYBUK	COM	LABEL	COM	MODE	COM	MORE	COM	PRINT	COM
RECOVER	COM	RESTORE	COM	SELECT	COM	SHARE	EXE	SORT	EXE
SUBST	EXE	SYS	COM	TREE	COM	VDISK	SYS	REPLACE	EXE
XCOPY	EXE								

```
    41 Datei(en)
```

Anwendungsbeispiel: MS-DOS auf Festplatte mittels SELECT installieren

2.2.2. Datensicherung der Festplatte

2.2.2.1 Datensicherung auf Disketten

Zur Datensicherung stellt DOS die Befehle **BACKUP** und **RESTORE** bereit:

BACKUP kopiert die gesamte Festplatte (full backup)
oder Teile davon auf Diskette.
RESTORE überträgt die sichergestellten Dateien zurück
auf die Festplatte.

backup c:\ b:
- Der Inhalt des Festplatten-Stammverzeichnisses wird auf die Diskette in b: kopiert.
- Bei Bedarf werden weitere Disketten nachgefordert.
- BACKUP-Disketten können nur durch den RESTORE-Befehl gelesen werden, nicht aber durch sonstige DOS-Befehle.

backup c:\ b:/s
- Der Inhalt des Stammverzeichnisses und aller seiner Unterverzeichnisse wird kopiert, d.h. die gesamte Festplatte.
- Der Parameter /s bezieht die Datensicherung auch auf alle Unterverzeichnisse.

backup c:\referat1.txt b:
- Nur die eine Datei referat1.txt wird nach b: kopiert.

backup c:\sprache\turbo*.pas b:
- Alle pas-Dateien werden kopiert.
- Jokerzeichen "*" und "?" sind erlaubt.

backup c:\ b:/s/d:12.04.87
- Alle Dateien der Festplatte werden kopiert, die am oder nach dem 12. April 1987 abgespeichert wurden.
- Der Parameter /d selektiert nach dem angegebenen Datum.

backup c:\ b:/s/m
- Nur die Dateien werden gesichert, die seit der letzten Datensicherung geändert wurden.
- DOS verwaltet bestimmte Bits im Directory-Eintrag einer Datei. Der BACKUP-Befehl setzt diesen Status auf "an" und beim Speichern einer Datei wird er auf "aus" gesetzt..
- Der Parameter /m (für modify) ist unabhängig vom Parameter /d.

Fehlercodes beim Sichern: Der BACKUP-Befehl gibt folgende Fehlercodes zurück, die mit dem Befehl IF ERRORLEVEL n abgefragt werden können:

        0   Datensicherung fehlerfrei durchgeführt
        1   Keine Dateien gefunden und kopiert
        3   Abbruch durch Benutzer (Ctrl-C)
        4   Abbruch aufgrund eines Fehlers

Zu beachten vor Beginn der Datensicherung:
- BACKUP zerstört den Disketteninhalt. Deshalb bei der Verwendung gebrauchter Disketten diese zuerst kopieren!
- Disketten zuvor formatieren und prüfen (BACKUP kann das nicht).
- Nicht mit COPY an BACKUP-Disketten arbeiten.
- "Versteckte" Dateien wie MSDOS.SYS werden "versteckt" kopiert.
- Aus Sicherheitsgründen mit Stapeldateien arbeiten (Abschnitt 4).

RESTORE-Befehl als Gegenstück zum BACKUP-Befehl: Beim etwaigen Datenverlust auf der Festplatte können die mit BACKUP kopierten Dateien nur durch RESTORE zurück übertragen werden, nicht aber z.B. mit dem COPY-Befehl. Grund: BACKUP nutzt den Speicherplatz auf Diskette vollständig aus und "schneidet" deshalb Dateien ggf. ab.

restore b: c:\ /s
- Gegenstück zum Befehl backup c:\ b:/s, um den gesamten Platteninhalt von den Disketten wieder zurück zu kopieren.
- Mit der ersten BACKUP-Diskette ist zu beginnen. Weitere Disketten werden nachgefordert.

restore b: c:\referat1.txt
- Eine Datei referat1.txt ins Stammverzeichnis von c: kopieren.

restore b: c:\tool\dbase*.prg
- Alle prg-Dateien ins genannte Verzeichnis übertragen.

Fehlercodes beim Zurückspeichern: RESTORE liefert die entsprechenden ERRORLEVEL-Codes zurück wie BACKUP (siehe oben).

2.2.2.2 Datensicherungs-Systeme

Zur Sicherung von 10 MB braucht BACKUP ca. eine Stunde. Dies unterstreicht die Notwendigkeit, schnellere Systeme zur Sicherung zu nutzen:

1. Utilities zum Ersetzen des BACKUP-Befehls: Programme wie BackEZ, Intelligent Backup und Fastback beschleunigen das Sichern (Beispiel: Fastback kopiert 1 MB/Minute von Festplatte auf Diskette mit hoher Kapazität).

2. Zweite im PC eingebaute Festplatte: Steckbare Datensicherungs-Festplatte (Hardcard). Festplatte-zu-Festplatte-Kopie relativ schnell möglich.

3. Externes Bandgerät (Streamer-Tape): Festplattendaten strömen (engl. to stream) ohne Start-/Stop-Markierungen auf die Datenkassette, die ca. 10 MB faßt. Der Streamer ist ein effektives, aber (noch) teures Backup-Medium.

4. Externes Wechselplatten-Laufwerk: Verbreitet ist die Bernoulli-Box von Adcomp; das Zusatzgerät hat z.B. zwei 20-MB-Plattenboxen). Die Datensicherung über Wechselplatten ist insbesondere für Großanwender geeignet, für den PC als Stand- alone -System von den Kosten her jedoch kaum sinnvoll.

2.3 Verzeichnisbefehle

2.3.1 Verzeichnis mit Baumstruktur anlegen

MS-DOS verwaltet ein hierarchisches Dateisystem mit Dateinamen (kurz: Dateien) und Verzeichnisnamen (kurz: Verzeichnissen), das als Baum darstellbar ist: Der Baum steht auf dem Kopf mit der Wurzel (engl. root) nach oben, und die Verzeichnisse stellen die Verästelungen dar. Die am Baum hängenden "Früchte" sind Dateien oder auch Unterverzeichnisse. Der folgende Verzeichnisbaum besteht drei Teilen:

- Stammverzeichnis " \ " als Wurzel mit Unterverzeichnissen \ANWEND und \SYSTEM.
- Weiter verästeltes Unterverzeichnis \ANWEND mit Verzeichnissen:
  \ANWEND\TEXTE\DIENST für dienstliche Texte wie AB336.TXT.
  \ANWEND\TEXTE\PRIVAT für private Texte wie FRANZ3.TXT.
  \ANWEND\PASCAL für Pascal-Programme (derzeit 2 Programme).
- Unterverzeichnis \SYSTEM mit vier "Systemprogrammen" (Utilities).

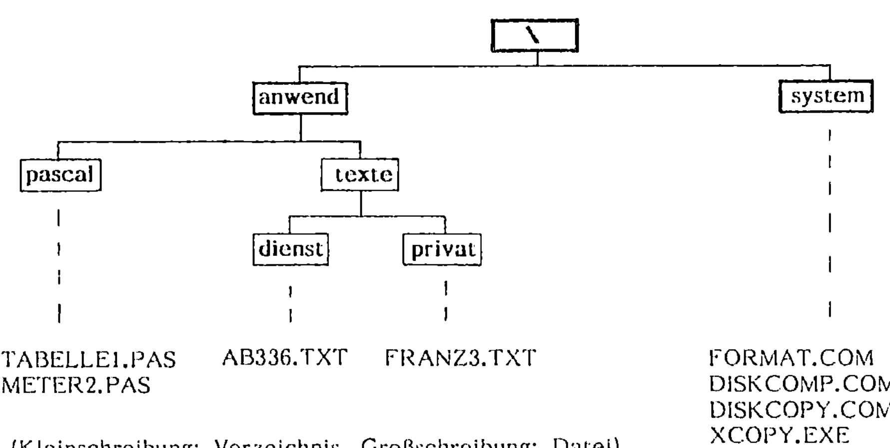

(Kleinschreibung: Verzeichnis, Großschreibung: Datei)

Verzeichnisbaum mit 6 Unterverzeichnissen und 8 Dateien

Drei Vorteile von Verzeichnissen mit Baumstruktur:

1. Übersichtlichkeit des Plattenverzeichnisses.
2. **Größere Anzahl von Einträgen (von Datei- oder Verzeichnisname).** Das Stammverzeichnis kann maximal aufnehmen:
   - Einseitige Diskette mit 64 Einträgen.
   - Zweiseitige Diskette mit 112 Einträgen.
   - Diskette mit hoher Kapazität mit 224 Einträgen.
   - Festplatte mit 512 Einträgen.
3. **Größere Zugriffsgeschwindigkeit:** Je mehr Dateien in einem Verzeichnis stehen, desto länger der Zugriff. Es ist deshalb günstig, für kleinere Dateigruppen Unterverzeichnisse zu bilden.

Zur Organisation von Verzeichnissen stellt MS-DOS die Befehle CD, MD, RD, TREE, XCOPY und PATH bereit.

- CD	aktuelles Verzeichnis nennen oder wechseln.
- MD	Neues Unterverzeichnis erstellen.
- RD	Leeres Unterverzeichnis löschen.
- TREE	Verzeichnisstruktur anzeigen.
- XCOPY	Verzeichnisse mit Dateien kopieren.
- PATH	Zugriffspfad(e) nennen oder festlegen

Verzeichnisbefehle im weiteren Sinne

Aufgabe: Das folgende - wenig übersichtliche - Verzeichnis soll baumartig wie oben angegeben strukturiert werden. Dazu wird in drei Schritten vorgegangen.

```
B:\>dir

Dskt/Platte in Laufwerk B ist VERZEICHD1
Verzeichnis von B:\

TABELLE1 PAS      284    1.01.80    2.28
FORMAT   COM    11474   28.05.86   12.00
DISKCOMP COM     5914   28.05.86   12.00
METER2   PAS      265    4.02.87    0.16
DISKCOPY COM     6346   28.05.86   12.00
XCOPY    EXE    11438   28.05.86   12.00
AB336    TXT    10496   28.01.87    3.55
FRANZ3   TXT    53120   25.01.87   15.32
         8 Datei(en)      258048 Byte frei
```

**Aufgabe: Verzeichnisbaum
wie auf Seite 24
angegeben aufbauen**

Schritt 1: Baum aufbauen mit Befehlen MD, RD und CD

- Befehl **MD \ANWEND** erstellt das Unterverzeichnis ANWEND zum Stammverzeichnis "\". Man spricht kurz vom Verzeichnis \ANWEND.
- Das Zeichen "\" kennzeichnet das Stammverzeichnis und dient zum Trennen von Verzeichnis- bzw. Dateinamen.
- Befehl **RD   \ANWEND\TEXTE\PRIV** löscht das Unterverzeichnis PRIV. Ein Unterverzeichnis kann nur dann gelöscht werden, wenn es leer ist. Also zuvor ggf. Dateien mit ERASE *.* löschen.
- Befehl **CD   \ANWEND\TEXTE**   macht   \ANWEND\TEXTE   zum aktuellen Verzeichnis. Die beiden Befehlsfolgen sind identisch:

```
                              │CD \ANWEND\TEXTE
MD \ANWEND\TEXTE\PRIVAT│MD PRIVAT
                              │CD \
```

- Befehl **CD** (ohne Zusatzangabe) zum Anzeigen des aktuellen Verzeichnisses.
- **Absoluter Zugriffspfad:** Dieser Pfad geht stets vom Stammverzeichnis aus und beginnt stets mit dem "\". Beispiel: MD \ANWEND\TEXTE.
- **Relativer Zugriffspfad:** Dieser Pfad geht vom aktuellen Verzeichnis aus und beginnt nie mit dem "\". Beispiel: MD TEXTE mit dem aktuellen Verzeichnis \ANWEND.

```
B:\>md system

B:\>md \anwend

B:\>dir/w

Dskt/Platte in Laufwerk B ist VERZEICHD1
Verzeichnis von B:\

TABELLE1 PAS     FORMAT   COM     DISKCOMP COM     METER2   PAS     DISKCOPY COM
XCOPY    EXE     AB336    TXT     FRANZ3   TXT     SYSTEM           ANWEND
        10 Datei(en)     256000 Byte frei

B:\>md \anwend\texte

B:\>md \anwend\pascal

B:\>md \anwend\texte\dienst

B:\>md \anwend\texte\priv

B:\>rd \anwend\texte\priv

B:\>md \anwend\texte\privat
```

Schritt 2: Dateien in die Unterverzeichnisse kopieren

- Befehl **COPY *.COM \SYSTEM** kopiert alle COM-Dateien vom Stammverzeichnis in das Verzeichnis \SYSTEM.
- Identisch mit oben: CD \SYSTEM gefolgt von COPY *.COM.
- <DIR> als Kennzeichnung eines Verzeichnisses im Directory.
- "." und ".." im Directory: Der Einzelpunkt bezeichnet das Unterverzeichnis selbst und die zwei Punkte das darüberliegende Verzeichnis.
- CD .. macht das übergeordnete zum aktuellen Verzeichnis.
- CD ..\.. geht um zwei Verzeichnisebenen hoch.

```
B:\>copy *.pas \anwend\pascal
TABELLE1.PAS
METER2.PAS
        2 Datei(en) kopiert


B:\>copy \ab336.txt \anwend\texte\dienst
        1 Datei(en) kopiert

B:\>cd \anwend\texte\privat

B:\ANWEND\TEXTE\PRIVAT>copy \franz3.txt
        1 Datei(en) kopiert
```

Schritt 3: Dateien im Stammverzeichnis löschen

- **ERASE *.*** löscht alle (zuvor in die Unterverzeichnisse kopierten)
  Dateioriginale im Stammverzeichnis.
- Das Directory der Diskette VERZEICHD1 zeigt keine Dateinamen
  mehr an, sondern nur die Verzeichnisnamen ANWEND und SYSTEM.

```
B:\>dir

Dskt/Platte in Laufwerk B ist VERZEICHD1
Verzeichnis von B:\

SYSTEM        <DIR>        28.02.87    0.30
ANWEND        <DIR>        28.02.87    0.30
        2 Datei(en)       251904 Byte frei

B:\>cd \system

B:\SYSTEM>dir

Dskt/Platte in Laufwerk B ist VERZEICHD1
Verzeichnis von B:\SYSTEM

.             <DIR>        28.02.87    0.30
..            <DIR>        28.02.87    0.30
FORMAT   COM    11474     28.05.86   12.00
DISKCOMP COM     5914     28.05.86   12.00
DISKCOPY COM     6346     28.05.86   12.00
XCOPY    EXE    11438     28.05.86   12.00
        6 Datei(en)       251904 Byte frei

B:\SYSTEM>cd \anwend

B:\ANWEND>dir

Dskt/Platte in Laufwerk B ist VERZEICHD1
Verzeichnis von B:\ANWEND

.             <DIR>        28.02.87    0.30
..            <DIR>        28.02.87    0.30
TEXTE         <DIR>        28.02.87    0.31
PASCAL        <DIR>        28.02.87    0.32
        4 Datei(en)       251904 Byte frei

B:\ANWEND>cd texte

B:\ANWEND\TEXTE>dir dienst/w

Dskt/Platte in Laufwerk B ist VERZEICHD1
Verzeichnis von B:\ANWEND\TEXTE\DIENST

             ..                    AB336     TXT
        3 Datei(en)       251904 Byte frei
```

Benutzereingabe
unterstrichen

Promptzeichen gibt
das aktuelle
Verzeichnis an

2.3.2 Zugriffspfad festlegen

Pfad: Unter einem Pfad bzw. Zugriffspfad versteht man den gesamten Weg durch die Verzeichnisse einer Platte zu einer bestimmten Datei oder einem Verzeichnis.
- B:\ANWEND ist ein kurzer Pfad zum Verzeichnis ANWEND.
- B:\ANWEND\TEXTE\PRIVAT\FRANZ3.TXT zur Datei FRANZ3.TXT.

Dateien gleichen Namens: In MS-DOS wird der Pfad als Teil des Namens aufgefaßt. Damit wird es möglich, auf einer Platte zwei gleichnamige Dateien abzuspeichern - nämlich in verschiedenen Verzeichnissen. Beispiel:
- B:\DD.TXT mit DD.TXT im Stammverzeichnis.
- B:\ANWEND\TEXTE\PRIVAT\DD.TXT im Unterverzeichnis \PRIVAT.

Aktuelles Verzeichnis: MS-DOS sucht stets im aktuellen Verzeichnis. Dies ist zunächst das Stammverzeichnis im Bootlaufwerk. Durch den CD-Befehl kann ein beliebiges Verzeichnis zum aktuellen Verzeichnis gemacht werden.

PATH-Befehl nennt Suchpfade: Über den PATH-Befehl können Pfade festgelegt werden, in denen MS-DOS zusätzlich zum aktuellen Verzeichnis nach "ausführbaren" Dateien suchen soll. "Ausführbar" sind nur Dateien mit den Dateitypen COM, BAT und EXE. Dazu folgendes Beispiel zum Verzeichnis von Abschnitt 2.3.1:
- DISKCOPY wird nicht gefunden, da nicht im Stammverzeichnis.
- PATH \SYSTEM legt \SYSTEM als Suchpfad fest.
- DOS findet DISKCOPY nun unabhängig vom aktuellen Verzeichnis.

```
B:\>diskcopy
Falscher Befehl oder Dateiname

B:\>path \system

B:\>diskcopy

Quellendiskette in Laufwerk B: einlegen
= = = = = = =
```

PATH-Befehl in der Startdatei AUTOEXEC.BAT: Diese Startdatei wird nach jedem Booten des PCs automatisch ausgeführt. Statt den PATH-Befehl jedesmal neu eintippen zu müssen, kann man ihn in AUTOEXEC.BAT schreiben. Beispiel: Durch die Startdatei

```
B:\>type autoexec.bat
keybgr
path = c:\; c:\hilfe\util\dosbef
```

wird MS-DOS veranlaßt, die deutsche Tastatur einzustellen und nach jeder Eingabe einer BAT-, COM- oder EXE-Datei wie folgt dreifach zu suchen:
1. Im gerade aktuellen Verzeichnis.
2. Im Festplatten-Stammverzeichnis C:\.
3. Im Pfad C:\HILFE\UTIL\DOSBEF

Im PATH-Befehl kann man mehrere Suchpfade durch ";" getrennt angeben.

2.3.3 Verzeichnisse und Dateien kopieren

Mit **XCOPY** steht ein mächtiger Befehl zur Verfügung, um Unterverzeichnisse und damit Gruppen von Dateien zu kopieren. Zur Demonstration seien auf einer Platte FESTWEGWEIS in Laufwerk B: folgende leere Verzeichnisse vorhanden:

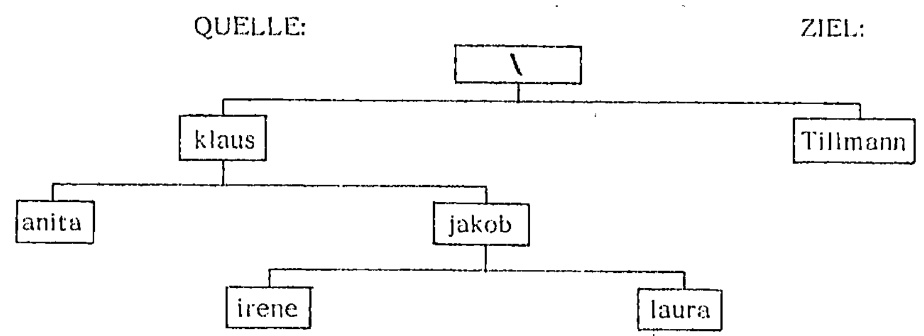

XCOPY-Befehlsaufrufe (1) und (2): abgelehnt
Die Verzeichnisse sind leer, d.h. in ihnen sind keine Dateien gespeichert. Ohne Angabe des Parameters /E werden keine leeren Unterverzeichnisse kopiert.

```
A>xcopy b:\klaus b:\tillmann                    Befehlsaufruf (1)
????????.??? Datei nicht gefunden
        0 Datei(en) kopiert

A>xcopy b:\klaus b:\tillmann /s                 Befehlsaufruf (2)
????????.??? Datei nicht gefunden
        0 Datei(en) kopiert
```

XCOPY-Befehlsaufruf (3): abgelehnt
Nur bei Angabe des Parameters **/S** werden auch die Dateien und Verzeichnisse kopiert, die **unterhalb** des Quellenverzeichnisses (hier klaus) liegen. Da der Parameter /S nicht angegeben wurde, erfolgt die Abweisung "Rekursive Kopie nicht möglich": das Zielverzeichnis wäre ja Teil des Quellenverzeichnisses.

```
A>xcopy b:klaus b:tillmann /e                   Befehlsaufruf (3)

Wird durch TILLMANN
ein Dateiname oder ein Verzeichnis
auf der Zieleinheit angegeben
(D=Datei, V=Verzeichnis)? V

Rekursive Kopie nicht möglich
        0 Datei(en) kopiert
```

XCOPY-Befehlsaufruf (4): alle vier Unterverzeichnisse kopiert
Die Verzeichnisse klaus und tillmann haben nun dieselbe Struktur und denselben Inhalt. Falls vorhanden, wären auch alle Dateien kopiert worden.

```
A>copy b:\klaus b:\tillmann /s/e
Ungltiger Parameter

A>xcopy b:\klaus b:\tillmann /s/e                 Befehlsaufruf (4)
????????.??? Datei nicht gefunden
        0 Datei(en) kopiert

A> B:
B>dir \tillmann/w

 Diskette/Platte, Laufwerk B, hat den
Namen FESTWEGWEIS
Verzeichnis von B:\TILLMANN

 .            ..           TILLMANN        ANITA          JAKOB
      5 Datei(en)   210944 Byte frei

B>dir \tillmann\jakob/w

 Diskette/Platte, Laufwerk B, hat den
Namen FESTWEGWEIS
Verzeichnis von B:\TILLMANN\JAKOB

 .            ..           IRENE          LAURA
      4 Datei(en)   210944 Byte frei
```

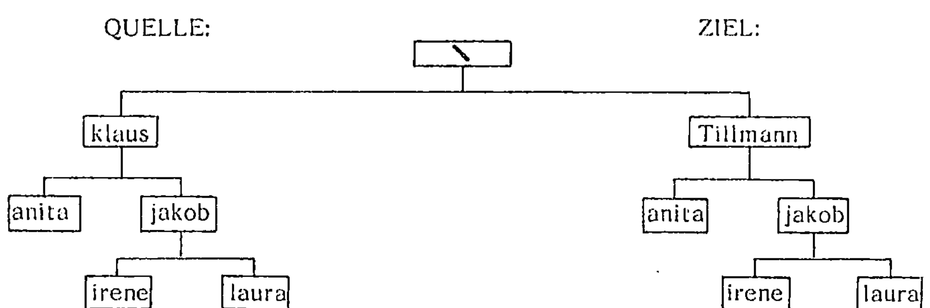

Quellen- und Zielverzeichnis nach Aufruf von
xcopy b:\klaus b:\tillmann /s/e

Anmerkungen zum Befehl XCOPY:
-   Ohne Angabe eines Pfades beginnt XCOPY im aktuellen Verzeichnis.
-   XCOPY dient nicht nur zum Kopieren innerhalb der Festplatte, sondern zum Kopieren von Diskette auf Festplatte und umgekehrt.
-   Umbenennen beim Kopieren über XCOPY wie bei COPY.
-   XCOPY kann nicht auf reservierte Einheiten (CON, LPT1) kopieren.

XCOPY-Befehlsaufruf (5): zwei Unterverzeichnisse kopiert

Die Verzeichnisse   irene und   laura werden kopiert und im Zielverzeichnis
auf einer um 1 höheren Ebene angesiedelt.

```
A>xcopy b:\klaus\jakob b:\tillmann /s/e
????????.??? Datei nicht gefunden
        0 Datei(en) kopiert

B>dir \tillmann                                    Befehlsaufruf (5)

 Diskette/Platte, Laufwerk B, hat den
Namen FESTWEGWEIS
Verzeichnis von B:\TILLMANN

 .             <DIR>       28.02.87    0.03
 ..            <DIR>       28.02.87    0.03
 IRENE         <DIR>       28.02.87    0.43
 LAURA         <DIR>       28.02.87    0.43
        4 Datei(en)     214016 Byte frei
```

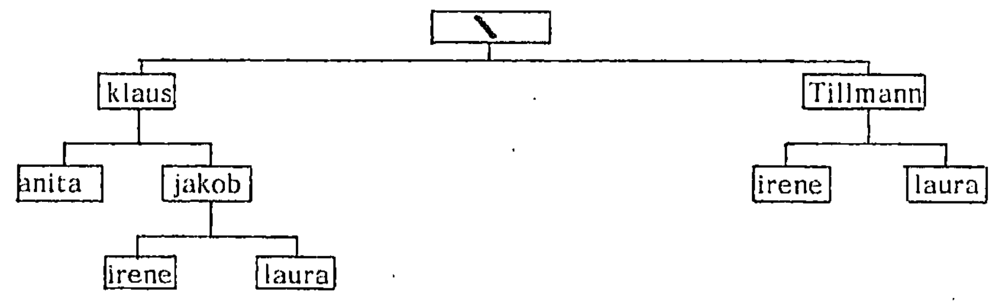

Quellen- und Zielverzeichnis nach Aufruf von
xcopy b:\klaus\jakob b:\tillmann /s/e

xcopy (d:)(Pfad)(Dateiname(.erw) (d:)(Pfad)(Dateiname).erw))

- **/a** kopiert nur Dateien mit gesetztem Dateiänderungsattribut; siehe dazu
  Befehl ATTRIB (a=attribut).
- **/d** kopiert nur Dateien mit gleichem oder späterem Datum (d=date).
- **/e** gewährleistet, daß auch leere Unterverzeichnisse mit ins Ziel kopiert
  werden (e=empty).
- **/m** kopiert Dateien mit gesetztem Dateiänderungsattribut und hebt es bei
  der Quellendatei zwecks Datensicherung auf (m=memory).
- **/p** erwartet vor dem Kopieren jeder einzelnen Datei eine Ja/Nein-Tastatureingabe des Benutzers (p=pause).
- **/s** kopiert gemäß der Baumstruktur auch alle unterhalb des Quellenverzeichnisses liegenden Dateien. Ohne /S werden keine Unterverzeichnisse kopiert (s=structure).
- **/v** nimmt eine Sektorenprüfung vor (v=verify).
- **/w** Wartet vor dem Kopiebeginn zwecks Diskettenwechsel (w=wait).

Parameter des XCOPY-Befehls

2.4 Stapelverarbeitungsbefehle

2.4.1 Stapeldatei erstellen, ausführen und anzeigen

In MS-DOS kann man öfter benötigte Befehlsfolgen in Dateien stapeln, um sie dann bei Bedarf aufzurufen und auszuführen. Die Dateien nennt man Stapelverarbeitungs-, Stapel- oder Batchdateien (engl. batch für Stapel). Man spricht auch von Batchprogrammen. MS-DOS stellt für die Stapelverarbeitung spezielle Befehle bereit. Hinweis: In Abschnitt 3.2 wird die Stapelverarbeitung anhand eines durchgängigen Modell-Beispiels dargestellt.

cls	Bildschirm löschen.
echo (on/off/Nachricht)	Bildschirmanzeige bei Stapelausführung.
for %%Variable in (Satz) do Befehl	Wiederholung in Stapeldatei.
goto :Sprungziel	Verzweigung in Stapeldatei zu Sprungziel.
if (not)Bedingung Befehl	Bedingte Befehlsausführung.
pause (Bemerkung)	Unterbrechung der Stapelausführung.
rem (Bemerkung)	Bemerkung am Bildschirm anzeigen.
shift	Bereitstellung von mehr als 10 Parametern.

Stapelverarbeitungsbefehle von MS-DOS

Eingabe einer Stapeldatei:
Über ein Textverarbeitungsprogramm oder direkt über die Befehlsfolge

copy con demorem1.bat — — — — — **Dateityp bat (für batch) erforderlich**
. . . .
. . . .
ctrl-z— — — — —— —— — — —- **ctrl-z beendet den Eingabe-Modus.**

Ausführung einer Stapeldatei:
Durch Eingabe des Dateinamens wie z.B. DEMOREM1.BAT über die Tastatur oder durch Aufruf des Namens von einer anderen (Stapel-)Datei aus.

Anzeigen/Ausdrucken einer Stapeldatei:
Zum Beispiel durch Eingabe von TYPE DEMOREM1.BAT. Durch vorangestellte Eingabe von Ctrl-P wird der Programmtext zum Drucker geleitet.

Stapelverarbeitungsbefehle an Beispielen: Jeder Stapelbefehl soll an kleinen Batch-Dateien namens DEMO ... .BAT demonstriert werden.

REM-Befehl anhand Stapeldatei DEMOREM1.BAT:
Bei ECHO OFF werden Bemerkungen durch REM nicht angezeigt. Wiedergabe des Programmtextes links und der Programmausführung rechts (die Tastatureingabe des Benutzers ist jeweils unterstrichen gekennzeichnet).

```
type demoreml.bat
rem Name: demoreml.bat
rem ------------------
rem Tillmann ist heute
echo off
rem nicht
copy xyz.bat a:
echo on
rem an seinem Computer!
```

```
B:\>demoreml

B:\>rem Name: demoreml.bat

B:\>rem ------------------

B:\>rem Tillmann ist heute

B:\>echo off
XYZ.BAT Datei nicht gefunden
        0 Datei(en) kopiert

B:\>rem an seinem Computer
```

ECHO-Befehl anhand Stapeldatei DEMOECHO.BAT:
ECHO (ohne Angabe eines Parameters) gibt den aktuellen Status an. Standardeinstellung ist ON.

```
B:\>type demoecho.bat
echo off
rem Name: demoecho.bat
rem ------------------
echo Tillmann programmiert
echo on
echo und programmiert immer noch
echo
echo off
echo
```

```
B:\>demoecho

B:\>echo off
Tillmann programmiert

B:\>echo und programmiert immer noch
und programmiert immer noch

B:\>echo
ECHO ist on

B:\>echo off
ECHO ist off
```

PAUSE-Befehl anhand Stapeldatei DEMOPAUS.BAT:

```
B:\>type demopaus.bat
echo off
rem Name: demopaus.bat
rem ------------------
pause
pause Diskette in Laufwerk A: wechseln!
echo Drucker richten
pause
echo on
pause Neue Diskette in B: einlegen
```

```
B:\>demopaus

B:\>echo off
Wenn bereit, eine Taste betätigen. . .
Wenn bereit, eine Taste betätigen. . .
Drucker richten
Wenn bereit, eine Taste betätigen. . .

B:\>pause Neue Diskette in B: einlegen
Wenn bereit, eine Taste betätigen. . .
```

CLS-Befehl anhand Stapeldatei DEMOCLS1.BAT:

```
B:\>type democls1.bat         B:\>democls1
echo off
rem Name: democls1.bat        B:\>echo off
rem ------------------        Stapeldateien sind ..?..
cls                           Wenn bereit, eine Taste betätigen. . .
echo Stapeldateien sind ..?..  ... sehr praktisch.
pause
cls
echo ... sehr praktisch.
```

IF EXIST-Befehl anhand Stapeldatei DEMOIF1.BAT:
Der Befehlszusatz EXIST prüft die Existenz der angegebenen Datei. Mittels
NOT EXIST kann das Gegenteil geprüft werden.

```
B:\>type demoif1.bat
echo off
rem Name: demoif1.bat
rem ------------------
if exist demoif1.bat echo ... Datei demoif1.bat wurde gefunden
if not exist xyz.txt echo ... xyz.txt im aktiven Laufwerk nicht gefunden

B:\>demoif1

B:\>echo off
... Datei demoif1.bat wurde gefunden
... xyz.txt im aktiven Laufwerk nicht gefunden
```

2.4.2　Stapeldatei mit auswechselbaren Parametern

In eine Stapeldatei können beliebig viele **(Schein-)Parameter %1, %2, ...**
geschrieben werden, um diese dann durch Werte zu ersetzen, die beim Aufruf des Stapels angegeben werden.

IF-EXIST-Befehl mit Parameter %1 anhand Stapeldatei DEMOIF2.BAT:
Ruft man die Stapeldatei ohne Parameterwert auf, ergibt sich ein Fehler.
Ruft man sie mit einem Wert auf, dann wird dieser Wert an die Stapeldatei
übergeben und anstelle des Parameters %1 eingesetzt. Man bezeichnet dies
auch als **Parameterübergabe.**

```
B:\>type demoif2.bat
echo off
rem Name: demoif2.bat
rem ------------------
if exist %1 echo %1 gefunden
if not exist %1 echo Fehler
```

```
B:\>demoif2

B:\>echo off
Falscher Befehl oder Dateiname

B:\> demoif2 demoif2.bat

B:\>echo off
demoif2.bat gefunden

B:\> demoif2 rechnung.prg

B:\>echo off
Fehler
```

IF-EXIST-Befehl mit Ctrl-C anhand Stapeldatei DEMOIF3.BAT:
Eine Datei soll nur dann von A: nach B: kopiert werden, wenn sie nicht
schon in B: existiert. Dieses Problem wird über die Abbruchtaste Ctrl-C
gelöst.

```
B:\>type demoif3.bat
echo off
rem Name: demoif3.bat
rem ------------------
if exist b:%1 echo Datei %1 bereits vorhanden. Ctrl-C eingeben
pause
copy a:%1 b:

B:\> demoif3 demoif3.bat

B:\>echo off
Datei demoif3.bat bereits vorhanden. Ctrl-C eingeben
Wenn bereit, eine Taste betätigen. . . ^C

Stapeljob beenden (J/N)? j
B:\>
B:\>demoif3 xyz

B:\>echo off
Wenn bereit, eine Taste betätigen. . .
A:XYZ Datei nicht gefunden
        0 Datei(en) kopiert
```

IF-EXIST-Befehl anhand Stapeldatei DEMOIF4.BAT:
Hier wird dasselbe Problem wie in DEMOIF3.BAT eleganter gelöst.

```
B:\STAPEL1>type demoif4.bat
echo off
rem Name: demoif4.bat
rem ------------------
if exist b:%1 echo Datei %1 bereits vorhanden.
if not exist b:%1 copy a:%1 b:
```

```
B:\>demoif4 xyz                 B:\>demoif4 demoif4.bat

B:\>echo off                    B:\>echo off
A:XYZ Datei nicht gefunden      Datei demoif4.bat bereits vorhanden.
        0 Datei(en) kopiert
```

IF-ERRORLEVEL-Befehl anhand Stapeldatei DEMOIF5.BAT:
Durch ERRORLEVEL kann man in der Stapeldatei einen Fehlercode abfragen
und entsprechend reagieren.

Die Befehle BACKUP, FORMAT, REPLACE und RESTORE können
einen Fehlercode setzen.

```
B:\>type demoif5.bat
echo off
rem Name: demoif5.bat
rem ------------------
backup c:\xyz\verz007\*.pas b:
if errorlevel 4 echo Hardwarefehler oder sonstiger Fehler
if errorlevel 3 echo Befehl wurde mit Ctrl-C abgebrochen
if not errorlevel 1 echo Files von c: nach b: kopiert
if errorlevel 1 echo backup-Befehl wurde nicht ausgefuehrt!


B:\>demoif5

B:\>echo off

Ungültiger Pfad
Hardwarefehler oder sonstiger Fehler
Befehl wurde mit Ctrl-C abgebrochen
backup-Befehl wurde nicht ausgefuehrt!
```

IF-Stringvergleich-Befehl anhand Stapeldatei DEMOIF6.BAT:
Je nach Parametereingabe von A, T und P wird das Directory des entsprechenden Verzeichnisses angezeigt. Dabei wird der Wert des Parameters %1
mit einem Buchstaben verglichen (z.B. %1==T); es wird also ein Stringvergleich durchgeführt.

```
B:\>type demoif6.bat
echo off
rem Name: demoif6.bat
rem ------------------
echo Welche Dateien in Laufwerk B: anzeigen:
echo A)lle? T)exte? P)ascal? (A, T oder P tippen)
IF %1==A dir b:\*.*/w /p
IF %1==T dir b:\briefe\*.txt
IF %1==P dir b:\sprache\turbo\*.pas/w
```

if (not) Bedingung Befehl

- 1. if exist Dateiname oder if not exist Dateiname
  Bedingung: Existenz einer Datei prüfen

- 2. if errorlevel1 Befehl
  Bedingung: Fehlercode 1 (1 als Beispiel) prüfen

- 3. if String1==String2 Befehl
  Bedingung: Zwei Strings bzw. Zeichenfolgen vergleichen

Drei Formen des IF-Befehls

IF-GOTO-Befehl anhand Stapeldatei DEMIOF7.BAT:
In Abhängigkeit der von IF getesteten Bedingung kann ein beliebiger Befehl
angegeben werden, so auch der GOTO-Befehl, um zu einem Sprungziel zu
verzweigen. Das Sprungziel (z.B. :ende) muß mit einem führenden ":" angegeben werden.

```
B:\>type demoif7.bat
echo off
rem Name: demoif7.bat
rem ------------------
backup c:\tool\dbase\*.* b:
if errorlevel 1 goto fehler
echo Dateien wurden nach B: kopiert.
goto ende
:fehler
echo Kein Kopieren, da Fehler.
: ende
echo Ende der Stapeldatei demoif7


B:\>demoif7

B:\>echo off

Sicherungsdiskette 01
  einlegen in Laufwerk B: ____

Achtung! Dateien im Verzeichnis
B:\ STANDARD werden gelöscht
Wenn bereit, eine Taste betätigen ___

*** Dateisicherung auf Diskette B: ***
Diskette Nr.: 01

\TOOL\DBASE\ASSIST.HLP
\TOOL\DBASE\CONFIG.DB
\TOOL\DBASE\DBASE.EXE
```

GOTO-Befehl anhand Stapeldatei DEMOGOT1.BAT:
Hier wird eine Endlosschleife programmiert. Durch BREAK=ON wird sichergestellt, daß diese Schleife jederzeit durch Ctrl-C abgebrochen werden kann.

```
B:\>type demogot1.bat
echo off
rem Name: demogot1.bat
rem ------------------
break=on
:anfang
echo Dies ist eine Endlosschleife!
goto anfang
```

```
B:\>demogot1

B:\>echo off
Dies ist eine Endlosschleife!
Dies ist eine Endlosschleife!
Dies ist eine Endlosschleife!
^C

Stapeljob beenden (J/N)? j
```

GOTO-Befehl anhand Stapeldatei DEMOGOT2.BAT:
Bei Eingabe von **word t** soll das Textverarbeitungsprogramm Word mit der Textdatei t gestartet werden (im Ausführungsbeispiel nicht wiedergegeben). Sonst wird eine Fehlermeldung ausgegeben. Die zwei Sprungziele :start und :beenden dienen der Ablaufsteuerung.

```
B:\>type demogot2.bat
echo off
rem Name: demogot2.bat
rem ------------------
if %1==word goto start
echo Eingabefehler
goto beenden
:start
c:
cd\tool\word
word %2
echo Ende Textverarbeitung
:beenden
echo Ende Stapel demogot2.bat
```

```
B:\>demogot2 dbase t

B:\>echo off
Eingabefehler
Ende Stapel demogot2.bat

B:\>demogot2

B:\>echo off
Syntaxfehler
Eingabefehler
Ende Stapel demogot2.bat

B:\>demogot2 word t
Ende Textverarbeitung
Ende Stapel demogot2.bat
```

FOR-Befehl anhand Stapeldatei DEMOFOR1.BAT:
Mit dem FOR-Befehl kann ein hinter DO angegebener Befehl wiederholt zur Ausführung gebracht werden: Alle BAT-Dateien, die mit DEMO beginnen, werden im Directory der Reihe nach gesucht und angezeigt (Anzeige hier nicht wiedergegeben). Die FOR-Schleife wird für jeden Directoryeintrag einmal durchlaufen.

```
B:\>type demofor1.bat
echo off
rem Name: demofor1.bat
rem ------------------
for %%d in (demo*.bat) do dir %%d
echo off
```

FOR-Befehl anhand Stapeldatei DEMOFOR2.BAT:
Der Textinhalt zweier über die Parameter %1 und %2 eingegebener Dateien
wird am Drucker ausgegeben. Die Ein-Zeilen-Schleife wird somit stets genau
zweimal durchlaufen.

```
B:\>type b: demofor2.bat
echo off
rem Name: demofor2.bat
rem --------------------
for %%a in (%1 %2) do type %%a > prn
echo Ende des Ausdruckens.
```

FOR-Befehl anhand Stapeldatei DEMOFOR3.BAT:
Dieses Stapelprogramm formatiert eine in B: einliegende Diskette, überträgt das Betriebssystem (/S) und kopiert die in A: gefundenen Turbo-Dateien
nach B:.

```
B:\>type demofor3.bat
echo off
rem Name: demofor3.bat
rem --------------------
break=off
a:format b:/s
for %%a in (turbo.* tlist*.* *.pas) do copy a:%%a b:
echo Pascal-Systemdiskette in B: erstellt.
```

SHIFT-Befehl anhand Stapeldatei DEMOSHI1.BAT:
MS-DOS kann beliebig viele Parameter an Stapeldateien übergeben, aber nur
10 Parameter gleichzeitig verwalten:
- Parameter %0 enthält den Namen der aufgerufenen Stapeldatei.
- Parameter %1 enthält den ersten eingegebenen Wert.
- Parameter %2 enthält den zweiten Eingabewert usw.

Mit jedem Aufruf des SHIFT-Befehls verschiebt sich die Liste der verfügbaren Parameter um 1 nach rechts. Damit erweitert sich die Anzahl der Auf-
rufbaren Parameter. SHIFT kann nicht rückgängig gemacht werden!

```
B:\>type demoshi1.bat              B:\>demoshi1 a b c d e f g h i j
echo off
rem Name: demoshi1.bat            B:\>echo off
rem --------------------          Erster Parameter:  demoshi1.bat
echo Erster Parameter:  %0        Zweiter Parameter: a
echo Zweiter Parameter: %1        ...
echo ...                          Zehnter Parameter: i
echo Zehnter Parameter: %9        shift
shift                             Erster Parameter:  a
echo shift                        Zweiter Parameter: b
echo Erster Parameter:  %0        ...
echo Zweiter Parameter: %1        Zehnter Parameter: j
echo ...                          Stapelende demoshi1.bat.
echo Zehnter Parameter: %9
echo Stapelende demoshi1.bat.
```

2.5 Umgebungsbefehle

Was ist eine Umgebung bzw. ein Environment? Um diese Frage zu beantworten, muß zwischen Hardware-Umgebung und Software-Umgebung unterschieden werden:

1. **Hardware-Umgebung:** Sie wird durch die Datei CONFIG.SYS festgelegt. Diese Datei definiert, welche Peripherie das Betriebssystem zusätzlich zu den bereits in der versteckten Datei IBMBIO.COM bzw. IO.SYS angesprochenen Standardgeräten ansprechen kann. Die Hardware-Umgebung beschreibt also die Schnittstelle zwischen MS-DOS und den vom PC bedienten Geräten.

2. **Software-Umgebung:** Mit ihr wird die Schnittstelle zwischen MS-DOS und den Anwenderprogrammen beschrieben. Man bezeichnet die Software-Umgebung auch als Programm-Umgebung oder als **Programm-Environment** bzw. kurz als **Environment**. Für das Environment wird ein bestimmter Speicherbereich im RAM reserviert. Nach allen Ladeoperationen befinden sich im Environment ASCII-Strings, die die Arbeitsmöglichkeiten der Anwenderprogramme festlegen. Jeder String bildet einen Befehl, der wie folgt aufgebaut ist:

```
NAME = Parameter
   |___|_____|____________ Name der Variablen
       |_____|___________ Zuweisungszeichen (ergibt sich aus)
             |__________ Aktuelle Wertbelegung
```

Der SET-Befehl verändert das Environment: **SET NAME=Parameter** fügt einen Eintrag hinzu und **SET NAME=**(ohne Zusatzangabe) entfernt den Eintrag wieder.
Das erste Environment bildet MS-DOS für seinen Befehlsprozessor COMMAND.COM mit den drei Umgebungsvariablen COMSPEC, PATH und PROMPT.

Im folgenden wird sowohl auf die Gestaltung der Hardware- wie auch der Software-Umgebung eingegangen. Dabei werden systemnahe Aspekte bewußt ausgeklammert.

2.5.1 Aktuelles Verzeichnis als Umgebungselement

Schritt 1: Wird von der Festplatte aus gebootet, meldet sich MS-DOS mit dem Laufwerk C: und dem Stammverzeichnis \. Gibt man nun
    cd \tool\dbase
ein, wird in das Verzeichnis \TOOL\DBASE im Laufwerk C: gewechselt.

Schritt 2: Durch Eingabe von
    b:
wird das Diskettenlaufwerk B: angesprochen und durch
    cd \anwend
das Unterverzeichnis \ANWEND zum aktuellen Verzeichnis gemacht.

Schritt 3: Wir wechseln durch die Eingabe von
    c:
wieder zur Festplatte und geben dann den DIR-Befehl ein. Welches Inhaltsverzeichnis wird angezeigt: das von C:\ oder das von C:\TOOL\DBASE ?
Das Betriebssystem zeigt \TOOL\DBASE an. Fazit:

Beim Laufwerkwechsel merkt sich MS-DOS das aktuelle Verzeichnis

Arbeitsbereich: Laufwerk und Verzeichnis bestimmen den Arbeitsbereich, in
dem der Benutzer gerade arbeitet. Der Arbeitsbereich ist das aktuelle Verzeichnis auf dem gerade gewählten aktuellen Laufwerk.

Befehlseingabe: <u>cd c:</u>
               \tool\dbase

Befehlseingabe: <u>cd b:</u>
               \anwend

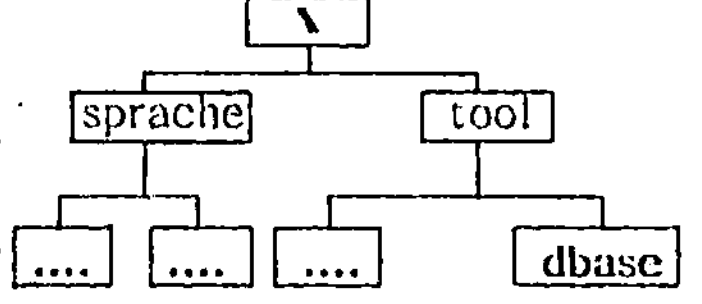

(Arbeitsbereiche: fett geschrieben)

CD B: und CD C: zeigen die aktuellen Verzeichnisse an
(die sich das Betriebssystem merkt)

Vier Umgebungselemente: Laufwerk, Pfad, Verzeichnis und Arbeitsbereich sind die grundlegenden Elemente, die die Umgebung des Benutzers beim Zugriff auf Festplatte und Diskette prägen.

Laufwerk:
- C: als aktuelles Laufwerk, wenn von Festplatte aus gebootet wird.
- Durch Eingabe von B: wird B: zum aktuellen Laufwerk.
- Auf das aktuelle Laufwerk zugreifen, wenn keine andere Laufwerksangabe gemacht wird.

Pfad:
- Der Pfad beschreibt die Position einer Datei (Nutzdatei, Verzeichnis) im Baum. Er zählt alle Verzeichnisse auf, die vom Stammverzeichnis ausgehend bis hin zum Zielverzeichnis bzw. zur Zieldatei zur durchlaufen sind.
- Pfadbestandteile: Verzeichnis-/Dateinamen, die durch "\" getrennt sind.
- Bezeichnungen: Zugriffspfad, Suchpfad.

Verzeichnis:
- Nach dem Booten: Stammverzeichnis als aktuelles Verzeichnis.
- Verzeichnis als spezielle Datei zur Verwaltung anderer Dateien im Verzeichnisbaum.
- Das aktuelle Verzeichnis wird durch einen Pfad exakt definiert.

Arbeitsbereich:
- Aktuelles Verzeichnis auf dem aktuellen Laufwerk.

**Vier grundlegende Umgebungselemente beim Zugriff
auf Festplatte und Diskette**

Zwischen den beiden Befehlsfolge-Eingaben

```
B> c:                              B> cd c:\tool\dbase
C> cd \tool\dbase
```

besteht ein großer Unterschied: Die linke Befehlsfolge wählt den Arbeitsbereich   C:\TOOL\DBASE an. Bei der rechten Befehlsfolge hingegen verbleibt der Benutzer im aktuellen Verzeichnis von Laufwerk B:.

2.5.2 Konfigurationsbefehle

Ein "System konfigurieren" heißt "Geräte für einen PC zusammenstellen"; das Konfigurieren bezieht sich also in erster Linie auf die Hardware-Umgebung. Nach dem Systemstart sucht MS-DOS eine Datei namens CONFIG.SYS, um die Umgebung ihren Befehlen entsprechend zu gestalten; diese Datei übernimmt anlagenspezifische Einstellungen. Anschließend wird die Anpassungsdatei AUTOEXEC.BAT ausgeführt.

2.5.2.1 Konfigurieren beim Systemstart

Schalten man den PC an (Kaltstart), konfiguriert sich das System wie folgt in fünf Schritten selbst:

Schritt 1: Starten bzw. Booten
- Ein im ROM (Festwertspeicher) abgelegtes Bootprogramm wird gestartet. Der **Bootstrap** ("sich an den eigenen Haaren emporziehen") beginnt.
- Bootlaufwerk mit dem Betriebssystem suchen: dies ist das Laufwerk A: (wenn Systemdiskette in A:) oder die Festplatte C: (wenn Laufwerk A: leer und MS-DOS auf C: gespeichert ist).
- Versteckte Dateien MSDOS.SYS und IO.SYS (bei IBM: IBMDOS.COM und IBMIO.COM) von A: oder C: in den RAM laden.

Schritt 2: Konfigurationsdatei CONFIG.SYS ausführen
- Falls CONFIG.SYS im Bootlaufwerk gefunden wird: Befehle ausführen, d.h. Konfiguration vornehmen.
- Falls keine CONFIG.SYS gefunden wird: den Konfigurationsbefehlen bestimmte Standardwerte zuordnen.
- CONFIG.SYS und auch AUTOEXEC.BAT müssen im Stammverzeichnis des Bootlaufwerks gespeichert sein. Grund: Beim Bootstrap existiert noch kein Suchpfad.

Schritt 3: Befehlsprozessor laden
- Standardmäßig wird die Datei COMMAND.COM als Befehlsprozessor geladen. Sie stellt die Schnittstelle zwischen dem Benutzer und dem System dar und enthält u.a. alle internen Befehle wie COPY und DIR.
- Falls in CONFIG.SYS angegeben: Mit dem Befehl SHELL=Befehlsprozessorname würde ein anderer Prozessor aktiviert.
- Ab Schritt 3 sind die drei Hauptbestandteile von MS-DOS im RAM verfügbar: 1) MSDOS.SYS, 2) IO.SYS und 3) COMMAND.COM.

Schritt 4: Anpassungsdatei AUTOEXEC.BAT ausführen
- Falls AUTOEXEC.BAT im Bootlaufwerk gefunden wird: Entsprechende Anpassungen vornehmen (z.B. deutsche Tastatur).
- Falls keine Anpassungsdatei AUTOEXEC.BAT vorhanden: Systemdatum und Zeit erfragen.

Schritt 5: Betriebsbereitschaft durch Promptzeichen melden
- Durch den PROMPT-Befehl in AUTOEXEC.BAT kann das Promptzeichen verändert werden.
- Über AUTOEXEC.BAT kann ein beliebiges Verzeichnis eingestellt worden sein.

Hinweis: In Abschnitt 3.1.1.3 wird dieser 5-Schritte-Bootstrap in Form eines Struktogramms dargestellt und an einem Beispiel erklärt.

2.5.2.2 Konfigurationsdatei CONFIG.SYS in elementarer Form

In Abschnitt 3.2.3.1 wird auf CONFIG.SYS am Beispiel des Festplattenver-waltungs-Modells 2 eingegangen. Im folgenden werden anhand einer elementaren Datei CONFIG.SYS die Konfigurationsbefehle kurz erklärt:

```
A>copy con config.sys
break=off
buffers=2
country=049
device=ansi.sys
device=vdisk 64 128 64
device=driver.sys /d:0 /t:80 /s:9 /h:2 /f:0
files=8
lastdrive=e
^Z
       1 Datei(en) kopiert
```

Elementare CONFIG.SYS mit acht Konfigurationsbefehlen

Konfigurationsbefehl BREAK:
- BREAK=OFF als Standard: Ctrl-Break nur bei Tastatureingabe prüfen.

Konfigurationsbefehl BUFFERS:
- BUFFERS=2 (2 als Standard) legt 2 Pufferspeicher fest, in denen Daten beim Plattenzugriff abgelegt werden.
- Beispiel: Für die Arbeit mit dBASE III ist BUFFERS=15 günstig.

Konfigurationsbefehl COUNTRY:
- COUNTRY=49 legt das deutsche Uhrzeit-/Datumformat fest.

Konfigurationsbefehl DEVICE=ANSI.SYS:
- DEVICE=Treiberprogrammname meldet den jeweiligen Treiber an (d.h. Treiber als MS-DOS-Erweiterung in den RAM laden).
- DEVICE=ANSI.SYS meldet den Bildschirmtreiber an. Die Bildschirmbetriebsarten werden in Abschnitt 4.1. ausführlich erklärt.

Konfigurationsbefehl DEVICE=VDISK.SYS:
- DEVICE=VDISK.SYS 64 128 64 richtet eine RAM-Disk als virtuelles Laufwerk mit den Standardparametern "64 KB groß, 128K-Sektor und maximal 64 Namenseinträgen" ein.
- Parameter zur Installation der RAM-Disk: RAM-Disk-Größen 1 KB bis RAM-Kapazität; Sektorgrößen 128, 256 bzw. 512 Bytes (viele kleine Dateien, dann 128 Bytes wählen); Anzahl der Namenseinträge zwischen 2 und 512.

Konfigurationsbefehl DEVICE=DRIVER.SYS:
- Eine logische Laufwerksbezeichnung (z.B. E:) wird einem physischen (also tatsächlichen) Laufwerk (z.B. A:) zugeordnet.

- DEVICE=DRIVER.SYS /D:0 /F:0 als vereinfachte Form des hier angegebenen Befehls in CONFIG.SYS (da Voreinstellungen): Für das erste Diskettenlaufwerk (also /D:0) wird ein logisches Laufwerk eingerichtet mit ebenfalls 360 KB (/F:0).
- Geht man von einem PC aus mit zwei Diskettenlaufwerken A: und B:, einer Festplatte C:, einer RAM-Disk D: (durch vorangehenden Befehl installiert), dann wird dieses logische Laufwerk unter dem Namen E: angesprochen.

Konfigurationsbefehl FILES:
- Mit FILES=8 als Voreinstellung kann man gleichzeitig auf 8 geöffnete Dateien zugreifen.
- Beispiel: Für die Arbeit mit dBASE ist FILES=20 günstig.

Konfigurationsbefehl LASTDRIVE:
- Maximale Anzahl von Laufwerken angeben, auf die zugegriffen werden kann (Voreinstellung ist E).
- Beispiel: Mit LASTDRIVE=J werden 10 Laufwerke A,...,J angemeldet.

Konfigurationsbefehl SHELL:
- Anderen Befehlsprozessor als COMMAND.COM anmelden.

Konfigurationsbefehl FCBS:
- Anzahl der geöffneten File-Control-Blocks anmelden.

2.5.2.3 Anpassungsdatei AUTOEXEC.BAT in elementarer Form

Diese Stapeldatei (Dateityp BAT für Batch bzw. Stapel) kann vom Benutzer eingegeben werden, um die Umgebung den eigenen Erfordernissen anzupassen. Die folgende AUTOEXEC.BAT ist bewußt sehr einfach gestaltet und stimmt mit der Anpassungsdatei überein, die vom SELECT-Befehl automatisch erzeugt wird (siehe Abschnitt 2.2.1.4):

```
type autoexec.bat
PATH \;
KEYBGR
ECHO OFF
CLS
DATE
TIME
VER
```

Elementare Anpassungsdatei AUTOEXEC.BAT
mit sieben Befehlen

PATH \ ; legt fest, daß nur im Stammverzeichnis gesucht werden soll. KEYBGR stellt die deutsche Tastatur ein. ECHO OFF unterdrückt das Anzeigen von Systemmeldungen. CLS löscht den Bildschirm, DATE und TIME fordern die Eingabe von Datum und Uhrzeit an und VER zeigt die Version von MS-DOS an.

Das Bildschirmprotokoll zeigt u.a. folgendes an:
- Die RAM-Disk wurde in Laufwerk D: als virtuelles Laufwerk installiert.
- Laufwerk E: wurde als logisches Laufwerk (360 KB-Diskette) installiert. Beispiel: mittels DIR E: wird die im ersten Laufwerk A: einliegende Diskette angesprochen.

```
VDISK Version 3.2 Virtuelles Laufwerk D:        CONFIG.SYS:
    Puffergröße:          64 KB
    Sektorgröße:          128                    DEVICE=VDISK.SYS ...
    Verzeichniseinträge:   64

Externer Einheitentreiber für Laufwerk          DEVICE=DRIVER.SYS ...
E geladen

A>path \;                                        AUTOEXEC.BAT:

A>date
Systemdatum: Di.  1.01.1980
Neues Datum  (tt.mm.jj) eingeben: 3.3.87

A>time
Systemzeit:  0.00.34,38
Neue Zeit (hh.mm.ss) eingeben: 10.55

A>ver

IBM Personal Computer DOS-Version  3.20

A>
```

Bildschirmprotokoll zum Booten mit den o.a. Beispieldateien
CONFIG.SYS und AUTOEXEC.BAT (mit echo on)

Hinweis: auf die Datei AUTOEXEC.BAT wird in Abschnitt 3.2.3.2 im Zusammenhang mit dem Modell 2 näher eingegangen):

2.5.3   Umgebungsvariablen

2.5.3.1   Von MS-DOS in die Umgebung eingefügte Variablen

Mit dem SET-Befehl kann man Umgebungsvariablen setzen, d.h. diese Variablen in die Umgebung des Befehlsprozessors einfügen (siehe Abschnitt 2.5). Gibt man den Befehl ohne Parameter an, werden alle derzeit gesetzten Umgebungsvariablen angezeigt. Die Variablen COMSPEC, PATH und PROMPT hat MS-DOS beim Booten automatisch in die Umgebung eingefügt:

```
A>set
COMSPEC=A:\COMMAND.COM
PATH=\;
PROMPT=$n$g
```

- **COMSPEC** nennt den Pfad, den MS-DOS benutzen muß, wenn der Befehlsprozessor COMMAND.COM neu geladen werden muß.
- **PATH** zeigt an, daß nur ein Suchpfad benutzt wird: das Stammverzeichnis der Festplatte C:\
- **PROMPT** legt das Bereitschaftszeichen fest. ng ist standardmäßig eingestellt.

Der Benutzer kann diese Variablen verändern. Am Beispiel der Stapeldatei DEMOPRO1.BAT wird gezeigt, wie das Promptzeichen verändert wird. Im Format **PROMPT=$c** können für **c** folgende Zeichen genannt werden:

l	Kleiner-Zeichen	t	Uhrzeit
b	Filter-Zeichen	d	Datum
q	Gleichheits-Zeichen	p	Aktueller Pfad
h	Vorhergehendes Zeichen löschen	v	Versionsnummer
e	Escape-Zeichen	n	Aktuelles Laufwerk
-	Wagenrücklauf/Zeilenvorschub	g	Größer-Zeichen

```
B:\>type demoprol.bat          B:\>demoprol.bat
echo off
rem Name: demoprol.bat         B:\>echo off
rem -------------------
c:                             C:\TOOL\DBASE>prompt=$n$g
cd\tool\dbase
echo on                        C>prompt=Datum:  $d $p$g
prompt=$n$g
prompt=Datum:   $d $p$g        Datum:  So. 22.02.1987 C:\TOOL\DBASE>prompt=$p$g
prompt=$p$g
                               C:\TOOL\DBASE>
```

Stapeldatei DEMOPRO1.BAT mit Programmtext (links)
und Ausführungsbeispiel (rechts)

2.5.3.2 Vom Benutzer definierte Umgebungsvariablen

Der Benutzer kann Umgebungsvariablein setzen, aufrufen, ändern und wieder löschen.

1) Umgebungsvariable setzen: Durch den Befehl
    SET WEG=C:\TOOL\DBASE
wird der Umgebungsvariablen WEG der Wert \TOOL\DBASE zugewiesen. In WEG ist also ein Pfadname gespeichert.

2) Umgebungsvariable aufrufen: Beim Aufruf muß die Umgebungsvariable zwischen %-Zeichen geschrieben werden, also z.B. %WEG%. Das Zeichen % kennen Sie von der Stapelverarbeitung her (Abschnitt 2.4). Nun kann zum Beispiel der recht mühsame Befehlsaufruf DIR C:\TOOL\DBASE ersetzt werden durch:
    DIR %WEG%

3) Umgebungsvariable ändern: Durch den Befehl
    SET WEG=C:\SPRACHE\TURBO\ANWEND
wird der Variablen WEG ein geänderter Wert zugewiesen. Der Befehl
    CD %WEG%
würde nun ins Verzeichnis C:\SPRACHE\TURBO\ANWEND wechseln.

4) Umgebungsvariable entfernen: Durch die Eingabe von
    SET WEG=
wird die Variable WEG aus der Umgebung des Befehlsprozessors wieder entfernt.

2.5.4 Filterbefehle

MS-DOS stellt standardmäßig drei Filter als externe Befehle auf der Systemdiskette zur Verfügung:

1. SORT	Text zeilenweise sortieren
2. FIND	Textzeilen nach einem Muster absuchen
3. MORE	Text bildschirmweise anzeigen

Aufruf eines Filters mittels Datenübergabe "¦":

Das Verketten von Befehlsdateien durch den Doppelstrich "¦" bezeichnet man als Datenübergabe. Dabei werden die Standardeingabe und die Standardausgabe jeweils automatisch umgeleitet. Beispiel: Durch den Befehl

    DIR ¦ SORT

wird die Standardausgabe von DIR an die Standardeingabe von SORT gesendet, sortiert und auf der Standardausgabeeinheit gezeigt. Kurz: Das Directory wird sortiert angezeigt. Die Ausgabe des DIR-Befehls wird also gefiltert - deshalb die Bezeichnung "SORT als Filterbefehl". Weitere Beispiele:

TREE | MORE zeigt alle Unterverzeichnisse der Festplatte an, wobei jeweils bei vollem Bildschirm die Nachricht -FORTSETZUNG - angezeigt wird.

TYPE B:DD.TXT | C:\MORE zeigt den Inhalt von DD.TXT von Laufwerk B: bildschirmweise an, wobei der Filter MORE im Festplattenstammverzeichnis abgelegt ist (wichtig: MORE ist ein externer Befehl).

DIR | FIND "<DIR>" sucht im Directory alle Verzeichnisse und zeigt sie am Bildschirm aus Standardausgabeeinheit.

DIR | FIND "<DIR>" | SORT gibt die Verzeichnisse sortiert aus.

TYPE DD.TXT | FIND "MS-DOS" | MORE gibt bildschirmweise alle die Textzeilen der Datei DD.TXT aus, die den String "MS-DOS" enthalten.

Aufruf eines Filters mittels Umleitung "<" bzw. ">":

Über den Parameter ">" wird die Standardausgabe und durch "<" die Standardeingabe umgeleitet. Durch den Befehl

   DIR | SORT>PRN

zum Beispiel wird das sortierte Directory nicht (wie standardmäßig) am Bildschirm gezeigt, sondern ausgedruckt. Weiteres Beispiel:

DIR | SORT > B:INHALT1.SRT speichert das sortierte Directory in der Textdatei INHALT1.SRT ab.

2.5.5 Umleitung der Ein-/Ausgabe

Nach dem Booten stellt MS-DOS die Tastatur als Standardeingabeeinheit und den Bildschirm als Standardausgabeeinheit zur Verfügung:

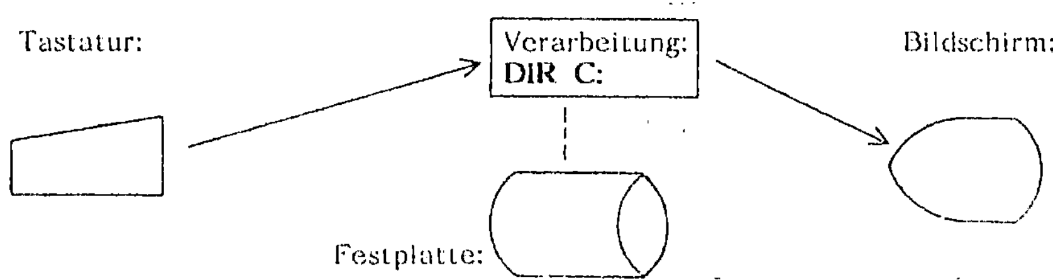

Tastatur als Standardeingabeeinheit und
Bildschirm als Standardausgabeeinheit

Durch die Parameter ">" und "<" kann die Aus- bzw. Eingabe auf andere als die Standardeinheiten umgeleitet werden:

>(d:)(Pfad)Dateiname(.erw)
Ausgabeumleitung: Die Ausgabe wird nach **Dateiname** umgeleitet. Anstelle auf den Bildschirm wird auf **Dateiname** ausgegeben. Zuvor in **Dateiname** abgelegte Daten werden zerstört.

>>(d:)(Pfad)Dateiname(.erw)
Ausgabeumleitung mit Hintanfügen: **Dateiname** wird eröffnet und ggf. erstellt und der Schreibzeiger an das Dateiende gesetzt. Alle Ausgabedaten werden nun hinter die bereits gespeicherten Daten geschrieben.

<(d:)(Pfad)Dateiname(.erw)
Eingabeumleitung: Alle Eingaben kommen von **Dateiname** und nicht von der Tastatur. **Dateiname** wird zur Standardeingabeeinheit.

2.5.5.1 Umleitung

Beispiel zur Ausgabeumleitung:

DIR C: zeigt das Directory von C: am Bildschirm. **DIR C:>B:INHALT1.TXT** hingegen leitet die Ausgabe des DIR-Befehls zur Textdatei INHALT1.TXT in Laufwerk B: um. Das Directory wird in dieser Datei gespeichert und kann später bei Bedarf z.B. mittels TYPE B:INHALT1.TXT angezeigt werden.

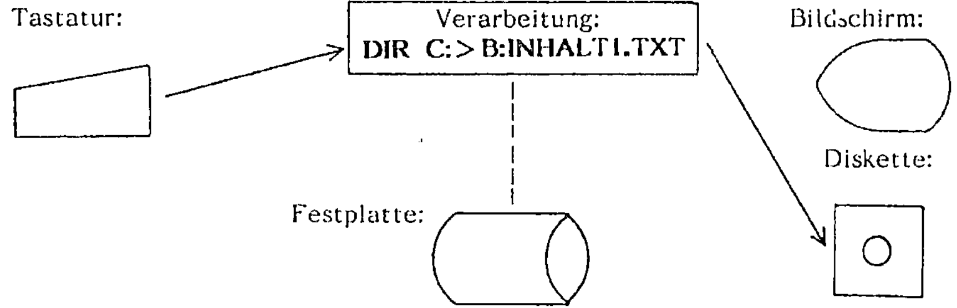

Ausgabe-Umleitung von Bildschirm auf Diskette

Ersetzt man DIR C:>B:INHALT1.TXT durch **DIR C:>>B:INHALT1.TXT,** so wird das Directory an den bisherigen Inhalt von INHALT1.TXT angefügt:

Zur obigen Abbildung:
- Die Sinnbilder sind nach DIN 66001 genormt. Das Rechteck stellt den PC dar (bzw. dessen CPU), die Pfeile kennzeichnen den Datenfluß (deshalb auch die Bezeichnung "Datenflußplan").
- Die Ausgabeumleitung zeigt sich darin, daß der Datenfluß von der CPU nicht zum Bildschirm, sondern zur Diskette erfolgt.

Beispiel zur Eingabeumleitung:

Durch den Befehl **SORT <B:INHALT1.TXT** wird die Datei INHALT1.TXT Zeile für Zeile sortiert am Bildschirm angezeigt.

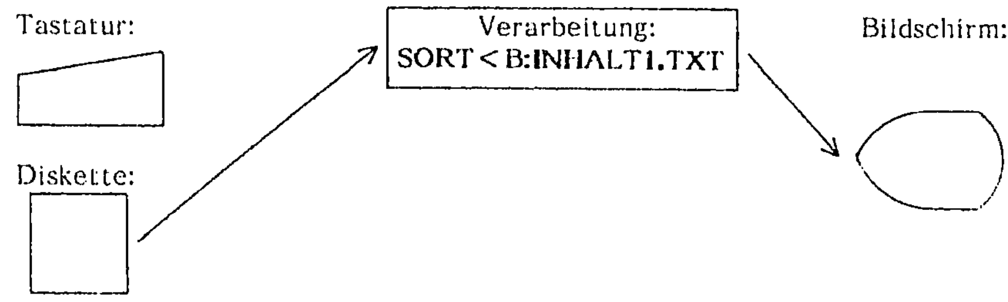

Eingabe-Umleitung von Tastatur auf Diskette

Beispiel zur Kombination von Ein- und Ausgabeumleitung:

Durch den Befehl SORT < B:INHALT1.TXT > A:INHALT2.TXT wird die Datei B:INHALT1.TXT zunächst sortiert (Eingabeumleitung) und dann unter dem Namen INHALT2.TXT auf Laufwerk A: gespeichert (Ausgabeumleitung).

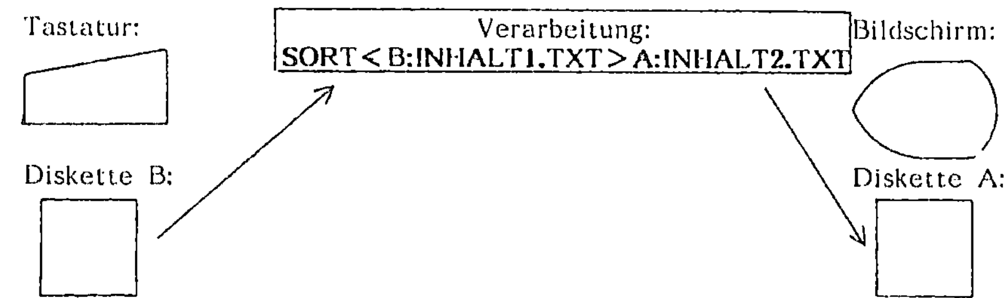

Eingabe-Umleitung auf Diskette B: und Ausgabe-Umleitung auf Diskette A:

Weitere Umleitungs-Beispiele als Anleitung zum eigenen Experimentieren:

- Die Umkehrung von SORT<B:INHALT1.TXT zu B:INHALT1.TXT>SORT ist nicht möglich (Grund: INHALT1.TXT kein ausführbares Programm).

- Mit **TYPE B:INHALT1.TXT > B:SICHER1.TXT** wird INHALT1.TXT nach SICHER1.TXT kopiert (Textinhalt der Datei kopieren).

- Mit **FIND "03.87" < B:INHALT1.TXT** werden alle im März 1987 erstellten bzw. zuletzt geänderten Dateinamen angezeigt.

- Mit **SORT < B:INHALT1.TXT > A:INHALT2.TXT > CON** wird (wie oben) die Textdatei INHALT2.TXT gespeichert, um dann zusätzlich noch deren Inhalt am Bildschirm (Einheitenname CON) anzuzeigen.

2.5.5.2 Umleitung und Pipe (Datenübergabe)

In Abschnitt 2.5.4 haben wir den Parameter "|" zur Datenübergabe kennengelernt: er verkettet Befehle, in dem er automatisch die Umleitung von Standardeingabe und Standardausgabe übernimmt. Durch Verwendung von "|" lassen sich die Befehle

DIR C: > INHALT1.TXT
SORT< B:INHALT1.TXT >A:INHALT2.TXT   (zwei Befehle)

vereinfacht als

DIR C: | SORT > A:INHALT2.TXT   (ein Befehl, da **Pipe**)

schreiben. Auf die Hilfsdatei B:INHALT1.TXT kann verzichtet werden, da mittels "|" die Ausgabe von DIR automatisch mit der Eingabe in SORT verkettet worden ist: zwischen diesen Befehlen wird eine Art von **Pipeline** aufgebaut. Aus diesem Grunde bezeichnet man "|" auch als **Pipe.**

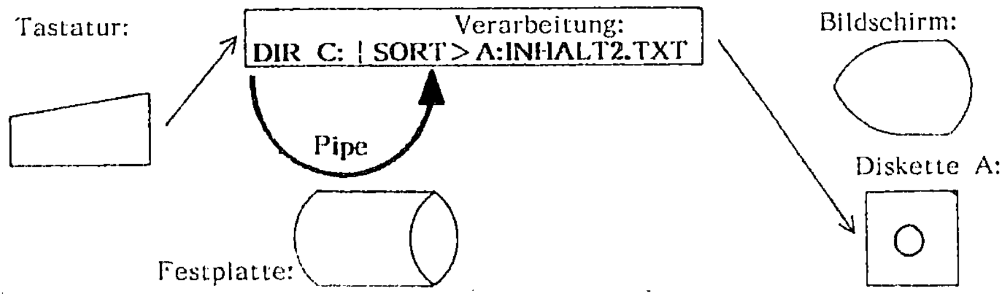

Pipe(-line) zwischen DIR und SORT und
anschließende Ausgabe-Umleitung auf Diskette A:

Pipe-Zeichen "|" auf der deutschen Tastatur durch Alt-124 erzeugen. Oder:
Mit Ctrl-Alt-F1 zur US-Tastatur wechseln, mit Shift-"<" das Pipe-Zeichen erzeugen und mit Ctrl-Alt-F2 wieder den deutschen Zeichensatz aktivieren.

Weitere Beispiele:

- DIR C:|SORT darf nicht zu SORT|DIR C: umgekehrt werden, da damit zunächst der SORT-Befehl aufgerufen würde.

- Mit **SORT >CON**
     Tillmann   (4 Zeilen und dann Ctrl-Z eintippen)
     Anita
     Klaus
     Ctrl-Z
  wird der SORT-Befehl aufgerufen, um die drei Namen sortiert auszugeben.

- Mit **FIND "PRG"** < B:INHALT1.TXT | SORT > DIRSORT1.TXT werden alle Dateien vom PRG-Typ sortiert.

Festplatten-Wegweiser für IBM PC und Kompatible unter MS-DOS

3.1.1 Diskette simuliert Festplatte

"Probieren geht über Studieren" - Dies gilt sicher auch für das Organisieren einer Festplatte. Das Gefährliche daran ist, daß mit einem einzigen Befehl unter Umständen der gesamte Festplatteninhalt zerstört werden kann (also z.B. 20 MB, d.h. über 20.000.000 Zeichen). MS-DOS stellt nämlich recht mächtige Befehle zur Verfügung.
Aus diesem Grunde sollen die ersten Schritte zum Aufbau einer Festplattenorganisation an einer Diskette ausprobiert werden. Die Diskette simuliert also die Festplatte. MS-DOS kommt dieser Simulation insofern entgegen, als die meisten Befehle für Festplatte und Diskette übereinstimmen. Der Unterschied besteht hauptsächlich in der Bezeichnung des Externspeichers:
  - A: für das erste Diskettenlaufwerk
  - B: für das zweite Diskettenlaufwerk
  - C: für die Festplatte
  - D: für die RAM-Disk
Die Angabe von "A:" für das erste Diskettenlaufwerk kann somit später durch die Angabe von "C:" für die Festplatte ersetzt werden.

3.1.1.1 Schritt 1: Bootfähige Diskette formatieren

Legen Sie die MS-DOS-Systemdiskette in das Laufwerk A: ein und schalten Sie den PC ein. Nach kurzer Zeit erscheint am Bildschirm das Prompt- bzw. Bereitschaftszeichen "A>": es zeigt an, daß das Betriebssystem MS-DOS bereit ist und auf Ihre Eingaben wartet.

```
A:\>format /s/v
Neue Diskette in Laufwerk A: einlegen
Wenn bereit, EINGABE betätigen

Formatieren läuft...Formatieren beendet
System übertragen

Name: Max. 11 Zeichen. Kein Name --> EINGABE harddiskueb


   362496 Byte Gesamtplattenbereich
    63488 Byte vom System verwendet
   299008 Byte auf Platte verfügbar

Weitere Dskt./Platte formatieren (J/N)?n
A:\>dir

Dskt/Platte in Laufwerk A ist HARDDISKUEB
Verzeichnis von A:\

COMMAND  COM    23706  22.04.85  12.00
        1 Datei(en)     299008 Byte frei
```

Neue Diskette als Bootdiskette formatieren

In Laufwerk A: wird nun eine neue Diskette eingelegt. Durch den Befehl

FORMAT /S/V   **(Formatieren)**

wird die Diskette formatiert, das Betriebssystem (COMMAND.COM) übertragen (Parameter /S) und ein Volume-Name eingetragen (HARDDISKUEB, da der Umgang mit einer Hard-Disk eingeübt werden soll). Abschließend wird durch den Befehl

DIR   (oder auch DIR A:)   **(Inhaltsverzeichnis anzeigen)**

das Directory bzw. Inhaltsverzeichnis der in Laufwerk A: einliegenden Diskette angezeigt: Nur der Befehlsprozessor COMMAND.COM befindet sich auf der Diskette, er wurde über den Parameter "/S" übertragen. Da "A:" das **aktuelle Laufwerk** ist, sind die Befehle DIR und DIR A: identisch.

Die Diskette wird als bootfähige Diskette (kurz Bootdiskette) bezeichnet, da sie die wesentlichen Programme zum Booten (= Starten des Systems) umfaßt (wie COMMAND.COM und einige unsichtbare Systembefehle).

3.1.1.2   Schritt 2: Unterverzeichnisse in den Ebenen 2 bis 4 anlegen

Auf dem Externspeicher sollen Hilfsprogramme (Utilities), Programmiersprachen und Tools (Werkzeuge i.e.S.) gespeichert werden. Aus diesem Grunde legt man aus dem bislang existierenden Stammverzeichnis heraus drei Unterverzeichnisse namens **HILFE, SPRACHE** und **TOOL** an. Das Stammverzeichis wird durch den Backslash " \ " gekennzeichnet und auch als Root (Wurzel) bezeichnet. Damit wird auf die baumartige Struktur des Verzeichnisses verwiesen.

Stammverzeichnis (Root) für Startprogramme:	\ (Backslash)
Unterverzeichnis für Hilfsprogramme:	HILFE
Unterverzeichnis für Programmiersprachen:	SPRACHE
Unterverzeichnis für Werkzeuge (Tools):	TOOL

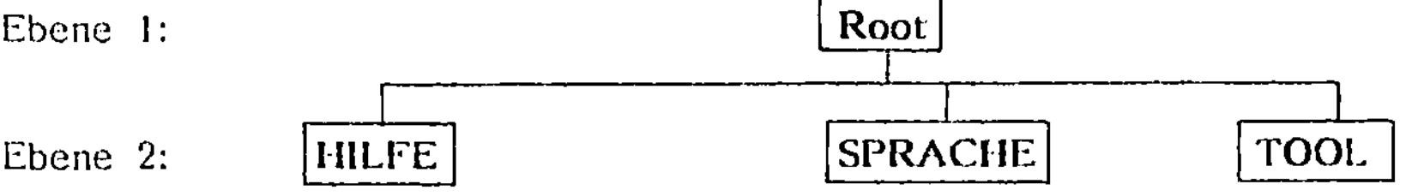

Baumartige Anordnung: ein Stamm- und drei Unterverzeichnisse

Zum Anlegen des Unterverzeichnisses HILFE dient der Befehl

MD HILFE **(Anlegen eines Verzeichnisses)**

für Make Directory. Anstelle von MD kann man auch MKDIR eingeben. Nach der Eingabe von DIR werden nun zwei Dateien bzw. Files angezeigt: das Programm COMMAND.COM und das Unterverzeichnis HILFE. Durch die Befehle MD SPRACHE und MD TOOL werden die beiden anderen Verzeichnisse angelegt.

```
A:\>md hilfe

A:\>dir

   Dskt/Platte in Laufwerk A ist HARDDISKUEB
   Verzeichnis von A:\

COMMAND  COM     23706  22.04.85  12.00
HILFE           <DIR>    4.01.87   0.18
         2 Datei(en)    297984 Byte frei

A:\>md sprache

A:\>md tool

A:\>dir

   Dskt/Platte in Laufwerk A ist HARDDISKUEB
   Verzeichnis von A:\

COMMAND  COM     23706  22.04.85  12.00
HILFE           <DIR>    4.01.87   0.18
SPRACHE         <DIR>    4.01.87   0.19
TOOL            <DIR>    4.01.87   0.19
         4 Datei(en)    295936 Byte frei
```

Befehl MD zum Anlegen von drei Unterverzeichnissen

Hinweis zur Schreibweise: MS-DOS übersetzt alle kleingeschriebenen Buchstaben automatisch in Großschreibung: hilfe und HILFE sind somit identisch. Im erklärenden Text werden Befehle und Namen durch Großschreibung hervorgehoben. In den wiedergegebenen Dialogprotokollen (Computerausdrucken) hingegen wird die Kleinschreibung verwendet. Der Grund liegt in der Bequemlichkeit: man spart sich beim Eintippen jeweils das Drücken der Umschalttaste.

Unterverzeichnisse in Ebene 3 anlegen:
Der Externspeicher ist nun in zwei Ebenen wie folgt strukturiert: Stammverzeichnis (Root) in Ebene 1 und drei Unterverzeichnisse in Ebene 2.
Für die drei Verzeichnisse HILFE, SPRACHE und TOOL in Ebene 2 sollen wie folgt weitere Unterverzeichnisse in einer nachgelagerten Ebene 3 angelegt werden:

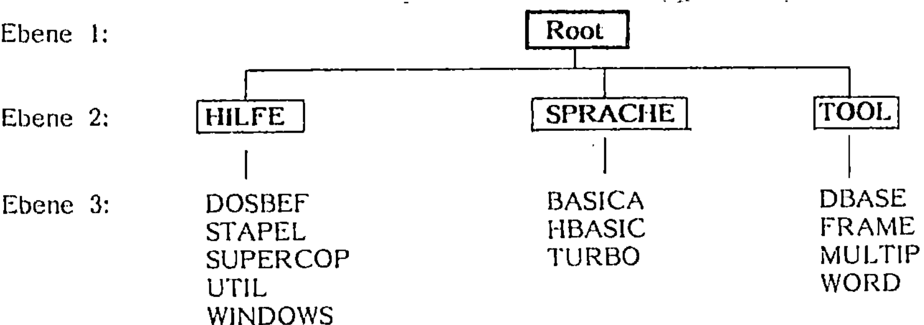

Stamm- und Unterverzeichnisse in drei Ebenen

Aktuelles Verzeichnis wechseln mit Befehl CD: Um in das angelegte Unterverzeichnis TOOL zu gelangen, wird der Befehl

CD \TOOL   **(Aktuelles Verzeichnis wechseln)**

eingegeben. Anstelle von CD (für Change Directory) kann auch CHDIR eingegeben werden. Wichtig dabei ist, daß hinter dem Befehlswort CD nicht der Name TOOL, sondern der komplette Zugriffspfad \TOOL genannt wird. Dieser Zugriffspfad bedeutet "Gehe vom Stammverzeichnis \ aus (Ebene 1) in das untergeordnete Unterverzeichnis TOOL (Ebene 2)". Der CD-Befehl macht TOOL zum aktuellen Verzeichnis. Nun kann mit DIR das Inhaltsverzeichnis von TOOL angezeigt werden: Der "." bezeichnet das Unterverzeich-

```
A:\>cd \tool

A:\TOOL>dir

Dskt/Platte in Laufwerk A ist HARDDISKUEB
Verzeichnis von A:\TOOL

        <DIR>      4.01.87   0.19
  ..    <DIR>      4.01.87   0.19
  2 Datei(en)    295936 Byte frei

A:\TOOL>cd ..

A:\>
```

Zwei Anwendungen des Befehls CD

nis TOOL selbst und mit ".." wird das darüberliegende Verzeichnis angegeben, d.h. das Stammverzeichnis. Der Befehl

CD ..   (zum übergeordneten Verzeichnis)

bedeutet "wechsle ins übergeordnete Verzeichnis" und entspricht in diesem Fall also dem Befehl CD \. Grund: das Stamm- ist das übergeordnete Verzeichnis von TOOL.

Zum Anlegen der Verzeichnisse von Ebene 3 werden zwei Möglichkeiten aufgezeigt: Anlegen vom übergeordneten Verzeichnis aus (gezeigt anhand SPRACHE) und Anlegen vom Stammverzeichnis aus (gezeigt anhand TOOL).

Unterverzeichnisse vom übergeordneten Verzeichnis aus anlegen: Durch den Befehl CD \SPRACHE wird SPRACHE zum aktuellen Verzeichnis. Nun kann z.B. mit MD\BASICA zu SPRACHE das Unterverzeichnis BASICA angelegt werden.

```
A:\>cd \sprache

A:\SPRACHE>md basica

A:\SPRACHE>md hbasic

A:\SPRACHE>md turbo

A:\SPRACHE>dir

Dskt/Platte in Laufwerk A ist HARDDISKUEB
Verzeichnis von A:\SPRACHE

        .            <DIR>      4.01.87   0.19
        ..           <DIR>      4.01.87   0.19
BASICA               <DIR>      5.01.87   1.52
HBASIC               <DIR>      5.01.87   1.52
TURBO                <DIR>      5.01.87   1.52
        5 Datei(en)    291840 Byte frei

A:\SPRACHE>
```

Drei Unterverzeichnisse zu SPRACHE anlegen

Unterverzeichnisse vom Stammverzeichnis aus anlegen: Zunächst wird durch den Befehl CD \ das Stammverzeichnis eingestellt. Nun kann z.B. durch den Befehl MD \TOOL\DBASE das Unterverzeichnis DBASE zu TOOL angelegt werden. Es muß also jeweils der komplette Zugriffspfad \TOOL\DBASE angegeben werden. Dazu ein Beispiel:
MD \FRAME   legt Verzeichnis FRAME in Ebene 2 an (Ebene 1 aktuell).
MD \TOOL\FRAME legt Verzeichnis FRAME in Ebene 3 an.

Der Backslash "\" hat somit zwei Aufgaben: er dient zur Kennzeichnung des Stammverzeichnisses und als Trennungszeichen zur Angabe des Zugriffspfads. Auf der Tastatur ist er ggf. über Alt-92 zu erreichen.

```
CD \                           Ins Stammverzeichnis wechseln
MD \TOOL                       Unterverzeichnis TOOL zum
                               Stammverzeichnis anlegen
MD \TOOL\DBASE                 Unterverzeichnis DBASE zu TOOL
                               anlegen
```

Benennung für Stammverzeichnis

Trennungszeichen im Zugriffspfad

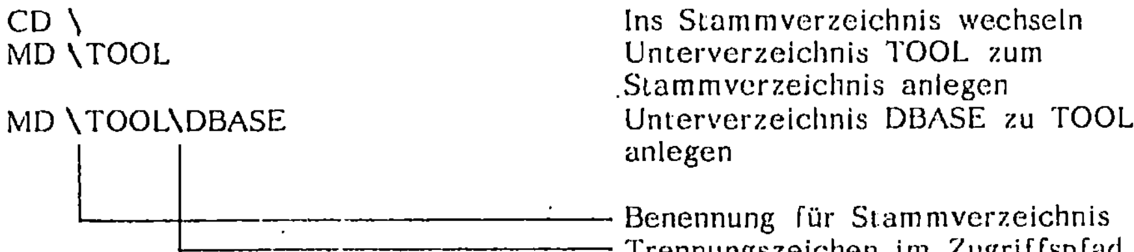

Backslash "\" mit zwei Aufgaben

Verzeichnis löschen mit dem Befehl RD: Durch die Eingabe des Befehls

RD \FRAME   **(Verzeichnis löschen)**

wird das Verzeichnis FRAME in der dem Stammverzeichnis \ nachgelagerten Ebene 2 gelöscht. Anstelle von RD (Remove Directory) kann man auch RMDIR eintippen. Der RD-Befehl kann nur auf leere Verzeichnisse angewendet werden.

```
A:\>md \tool\dbase

A:\>md \frame

A:\>rd \frame

A:\>md \tool\frame

A:\>md \tool\multip

A:\>md \tool\wood

A:\>dir \tool

    Dskt/Platte in Laufwerk A ist HARDDISKUEB
    Verzeichnis von A:\TOOL

    .          <DIR>      4.01.87   0.19
    ..         <DIR>      4.01.87   0.19
    DBASE      <DIR>      4.01.87   0.27
    FRAME      <DIR>      4.01.87   0.28
    MULTIP     <DIR>      4.01.87   0.28
    WORD       <DIR>      4.01.87   0.28
        6 Datei(en)    287744 Byte frei
```

Vier Unterverzeichnisse zu TOOL anlegen

Unterverzeichnisse in Ebene 3 für Verzeichnis HILFE: Nach dem Anlegen der fünf Unterverzeichnisse DOSBEF, STAPEL, SUPERCOP, UTIL und WIN-DOWS hat das Verzeichnis HILFE folgendes Aussehen:

```
A:\HILFE>dir

  Dskt/Platte in Laufwerk A ist HARDDISKUEB
  Verzeichnis von A:\HILFE

  .              <DIR>      4.01.87   0.18
  ..             <DIR>      4.01.87   0.18
  DOSBEF         <DIR>      4.01.87   0.56
  STAPEL         <DIR>      4.01.87   0.56
  SUPERCOP       <DIR>      4.01.87   0.56
  UTIL           <DIR>      4.01.87   0.56
  WINDOWS        <DIR>      4.01.87   0.56
         7 Datei(en)     281600 Byte frei
```

Fünf Unterverzeichnisse zu Verzeichnis HILFE

Unterverzeichnis in Ebene 4 anlegen:
Als aktuelles Verzeichnis ist \ eingestellt. Durch den Befehl

   MD \HILFE\WINDOWS\PIF   (Untererzeichnis PIF anlegen)

wird PIF als Unterverzeichnis von WINDOWS angelegt. Wie der Zugriffspfad zeigt, ist PIF in Ebene 4 des Verzeichnisbaumes angesiedelt.

```
  A:\HILFE>cd \windows\pif
  Ungültiges Verzeichnis

  A:\HILFE>cd windows\pif

  A:\HILFE\WINDOWS\PIF>dir

    Dskt/Platte in Laufwerk A ist HARDDISKUEB
    Verzeichnis von A:\HILFE\WINDOWS\PIF

    .            <DIR>      4.01.87   0.57
    ..           <DIR>      4.01.87   0.57
        2 Datei(en)     281600 Byte frei

  A:\HILFE\WINDOWS\PIF>cd ..

  A:\HILFE\WINDOWS>cd ..

  A:\HILFE>cd ..

  A:\>
```

Unterverzeichnis PIF in Ebene 4

Damit sind alle Verzeichnisse auf dem Externspeicher angelegt. Das Stammverzeichnis (engl. Root für Wurzel) befindet sich in Ebene 1, die 16 Unterverzeichnisse sind in den Ebenen 2 bis 4 angesiedelt.

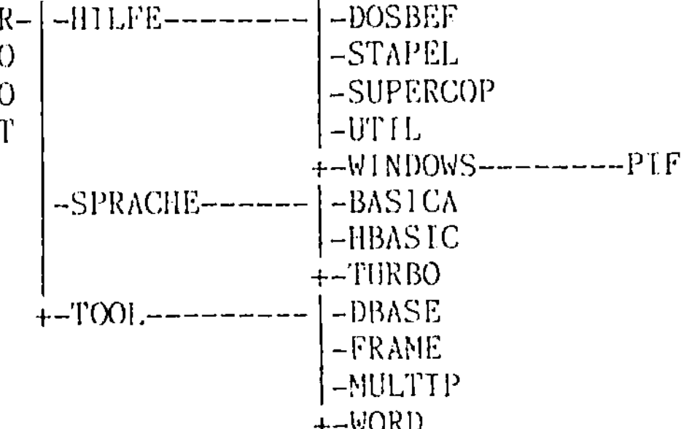

Stammverzeichnis und 16 Unterverzeichnisse
auf 4 Ebenen

3.1.1.3 Schritt 3: Stapeldateien in das Stammverzeichnis eingeben

Ein Batchfile (Batch für Stapel, File für Datei) wird auch Stapelverarbeitungsdatei oder Stapeldatei genannt: Mehrere DOS-Befehle werden in der Datei abgespeichert, um dann bei Ausführung der Stapeldatei der Reihe nach - eben wie ein **Stapel von Befehlen** - ausgeführt zu werden.

Bezeichnung: Stets BAT für BATch als Dateityp
    Laufwerk:Dateiname.BAT

Eingabe bzw. Speicherung:
    COPY CON Dateiname.BAT   **Schritt 1:** COPY CON ...

    ...
    ... Befehle eintippen   **Schritt 2:** Befehlseingabe
    ...
    Ctrl-Z   **Schritt 3:** Ctrl-Z zum Beenden

Ausführung:
    Dateiname   Dateiname ohne Dateityp eintippen

Drei Regeln zur Behandlung von Stapeldateien

Die in den Abschnitten 3.1.1.1 und 3.1.1.2 erstellte Bootdiskette läuft noch nicht richtig. So fehlt z.B. die Anpassung an die deutsche Tastatur über den Tastaturtreiber KEYBGR.COM. Jeweils nach dem Einschalten des Computers muß KEYBGR.COM ausgeführt werden. Man hat zwei Möglichkeiten:

1. Jeweils nach dem Booten selbst KEYBGR eintippen.
2. KEYBGR in ein Batchfile namens AUTOEXEC.BAT ablegen.

Warum gerade ein Batchfile namens AUTOEXEC.BAT? Nach dem Einschalten des Computers sucht das Betriebssystem im Bootlaufwerk nach einer Stapeldatei namens AUTOEXEC.BAT, die - falls vorhanden - automatisch ausgeführt wird.

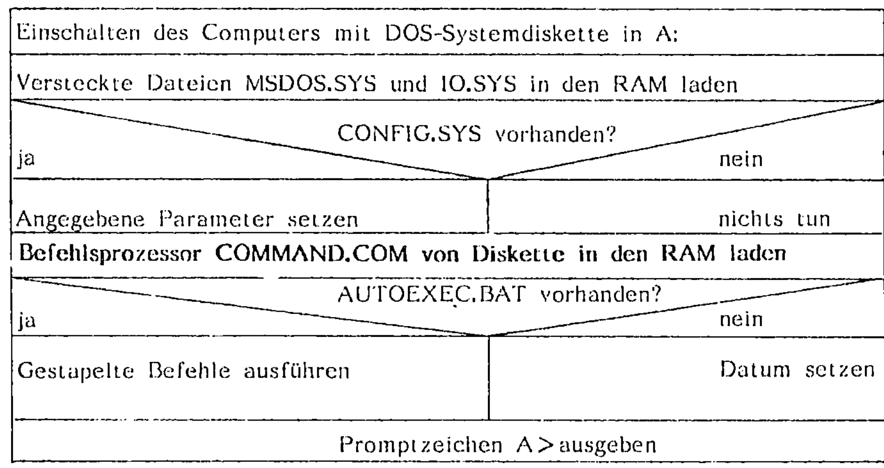

Booten als Struktogramm dargestellt

Auf den Batchfile CONFIG.SYS wird später eingegangen. Zur Stapeldatei AUTOEXEC.BAT werden im folgenden zwei einfache Beispiele erläutert.

Erstes verbesserungsbedürftiges Beispiel zu AUTOEXEC.BAT: Der Stapel besteht aus fünf Befehlen:
- KEYBGR ruft den Tastaturtreiber auf.
- PROMPT PG zeigt als Promptzeichen immer den Zugriffspfad an (P für Path bzw. Pfad), gefolgt vom Größerzeichen (G).
- DATE fordert zur Eingabe des Datums auf.
- VER zeigt die Version von DOS an (hier Version 3.1).
- ECHO gibt den als Argument genannten Text am Bildschirm aus.

Die Ausführung zu AUTOEXEC.BAT zeigt zwei Fehler: Der Tastaturtreiber KEYBGR.COM ist nicht auf der Bootdiskette vorhanden und das Echo wird zweimal ausgegeben.

Eingabe der Stapeldatei

```
A:\>copy con autoexec.bat
keybgr
prompt $p$g
date
ver
echo Booten von MS-DOS beendet
^Z
        1 Datei(en) kopiert

A:\>dir

  Dskt/Platte in Laufwerk A ist HARDDISKUEB
  Verzeichnis von A:\

COMMAND  COM     23706  22.04.85  12.00
HILFE          <DIR>     4.01.87   0.18
SPRACHE        <DIR>     4.01.87   0.19
TOOL           <DIR>     4.01.87   0.19
AUTOEXEC BAT      64     4.01.87   1.30
        5 Datei(en)    280576 Byte frei
```

Ausführung

```
A>keybgr
Falscher Befehl oder Dateiname

A>prompt $p$g

A:\>date
Datum ist: Di.  1-01-1980
Neues Datum eingeben: (mm-tt-jj): 4.1.87

A:\>ver

IBM Personal Computer DOS-Version  3.20

A:\>echo Booten von MS-DOS beendet
Booten von MS-DOS beendet

A:\>
```

Beispiel 1: AUTOEXEC.BAT mit fünf Befehlen
als verbesserungsbedürftiger Stapel

Zweites verbessertes Beispiel zu AUTOEXEC.BAT: Einerseits wird die Datei
KEYBGR.COM von B: (Annahme: DOS-Originaldiskette in B: einliegend) auf
die Bootdiskette nach A: kopiert. Andererseits wird mit dem Befehl ECHO
OFF das automatische Ausgeben von Systemmeldungen abgeschaltet.

Eingabe der Stapeldatei

```
A:\>copy con autoexec.bat
echo off
keybgr
prompt $p$g
date
ver
echo Booten von MS-DOS beendet
^Z


A:\>copy b:keybgr.com a:
        1 Datei(en) kopiert

A:\>dir

 Dskt/Platte in Laufwerk A ist HARDDISKUEB
  Verzeichnis von A:\

 COMMAND  COM     23706  22.04.85  12.00
 HILFE           <DIR>    4.01.87   0.18
 SPRACHE         <DIR>    4.01.87   0.19
 TOOL            <DIR>    4.01.87   0.19
 AUTOEXEC BAT       74    4.01.87   0.19
 KEYBGR   COM     2418  22.04.85  12.00
        6 Datei(en)     277504 Byte frei
```

Ausführung

```
A>echo off
Datum ist: Di.  1-01-1980
Neues Datum eingeben: (mm-tt-jj): 4.1.87

IBM Personal Computer
Booten von MS-DOS beendet

A:\>
```

Beispiel 2: AUTOEXEC.BAT mit sechs Befehlen

Zum Kopieren bei nur einem Diskettenlaufwerk:

- Festplatte als physische Einheit C: und Diskettenlaufwerk als physische Einheit A:

- Nach Eingabe des Befehls

     B:

  wechselt MS-DOS zum Diskettenlaufwerk als logischer Einheit B:. Das Diskettenlaufwerk kann somit als Laufwerk A: oder als Laufwerk B: angesprochen werden. Damit ist auch ein Befehl wie zum Beispiel COPY A:QUELL.BAT B: möglich. Die Datei wird von Laufwerk A: nach B: kopiert, wobei MS-DOS die folgende Meldung ausgibt:

     Diskette in Laufwerk B: einlegen
     Wenn bereit, eine Taste betätigen ...

- Zum Beispiel 2 auf Seite 65: Zum Kopieren des Treiberprogrammes KEYBGR.COM wird wie folgt vorgegangen:
  1. DOS-Originaldiskette als Quelldiskette ins Laufwerk A: einlegen.
  2. Befehl COPY A:KEYBGR.COM B: eintippen.
  3. Nach der DOS-Meldung die Zieldiskette einlegen.
  4. Nach Tastendruck kopieren.

3.1.1.4 Schritt 4: Dateien in die Verzeichnisse kopieren

Nun können die benötigten Dateien in die derzeit noch leeren Verzeichnisse kopiert werden.

In das Stammverzeichnis kopieren: Der Tastaturtreiber KEYBGR.COM wird von der Datei AUTOEXEC.BAT im Stammverzeichnis erwartet. Durch den Befehl

copy b:keybgr.com a:

wird KEYBGR.COM ins Stammverzeichnis \\ kopiert.

In ein Unterverzeichnis kopieren: Um z.B. alle Dateien der MS-DOS-Originaldiskette von Laufwerk B: in das Verzeichnis DOSBEF der neuen Diskette in Laufwerk A: zu kopieren, gibt man den Befehl

copy b:*.* a:\\hilfe\\dosbef

ein. Welches Laufwerk als aktuelles Laufwerk gerade eingestellt ist, ist dabei gleichgültig. Dasselbe kann man auch wie folgt in drei Schritten erreichen:

a:	Aktuelles Laufwerk A:
cd \\hilfe\\dosbef	Aktuelles Verzeichnis
copy b:*.* a:	(oder einfacher: copy b:*.*)

3.1.2 Festplatte organisieren

Die in Abschnitt 3.1.1 erläuterten Schritte

Bootfähige Diskette formatieren
Unterverzeichnisse in den Ebenen 2 bis 4 anlegen
Stapeldateien (Batchfiles) in Stammverzeichnis eingeben

wurden anhand einer Diskette erprobt und sind nun auf die Festplatte zu übertragen. Da MS-DOS für Diskette und Festplatte großenteils dieselben Befehle bereitstellt, ergeben sich bei der Übertragung kaum Probleme. Es wird davon ausgegangen, daß mit A: und ggf. B: Diskettenlaufwerke und mit C: eine Festplatte verfügbar sind.

3.1.2.1 Schritt 1: Bootfähige Festplatte einrichten

Die MS-DOS-Systemdiskette wird in Laufwerk A: eingelegt. Nun werden die beiden Dienstprogramme FDISK und FORMAT gebraucht, um die Festplatte einzurichten.

MS-DOS-Partition erstellen mit FDISK: Auf einer Festplatte können mehrere Teilbereiche bzw. Partitions für mehrere Betriebssysteme (z.B. CP/M-86, Unix, MS-DOS) eingerichtet werden. Wir wollen den gesamten Festplattenbereich für MS-DOS verfügbar machen. Dazu wird das Programm FDISK wie folgt aufgerufen:
1. **FDISK** eintippen (Voraussetzung: Laufwerk A: aktuell). Am Bildschirm erscheint folgendes Menü:

```
    1.  Erstellen DOS-Partition
    2.  Ändern aktive Partition
    3.  Löschen DOS Partition
    4.  Partitionsdaten anzeigen
```

2. **Menüwahl 1** eingeben: Frage "gesamte Festplatte für MS-DOS?" mit "ja" beantworten. Nun wird auf der Festplatte eingetragen, daß die gesamte Platte für MS-DOS als Laufwerk C: verfügbar ist.
3. **Menüwahl 4** eingeben, um die Daten der Partition anzuzeigen (hier Status A für Aktiv, alle 305 Zylinder für MS-DOS verfügbar):

```
    Partition Status   Art   Start Ende Größe
    ·    1        A     DOS     0  304  305
```

4. Mit **Ctrl-Alt-Del** einen Warmstart ausführen (MS-DOS-Systemdiskette befindet sich noch im Laufwerk A:).
5. Nach Eingabe von **C:** erkennt das Betriebssystem nun die Festplatte.

Festplatte formatieren: Durch Eingabe des Befehls **FORMAT C:/V/S** wird die Festplatte (genauer: die MS-DOS-Partition) formatiert, das Betriebssystem übertragen und ein Volume-Name (z.B. FESTPLATTE1) eingetragen. Der Befehl entspricht dem Disketten-Befehl in Abschnitt 3.1.1.1 exakt.

Von der Festplatte C: aus booten: Beim Einschalten des Computers sucht das System zuerst stets im Laufwerk A:, um das Betriebssystem von A: zu laden. Aus diesem Grunde darf beim Systemstart in Laufwerk A: keine Diskette liegen. Nach dem vergeblichen Suchen in A: spricht das System dann automatisch die Festplatte C: an, um MS-DOS wie gewünscht von dort zu laden.

3.1.2.2 Schritt 2: Unterverzeichnisse in den Ebenen 2 bis 4 anlegen

Das Anlegen der Unterverzeichnisse läuft bei Diskette und Festplatte genau gleich ab. Der einzige Unterschied besteht darin, daß anstelle von A: mit dem Laufwerk C: gearbeitet wird. Wir gehen also wie in Abschnitt 3.1.1.2 vor.

3.1.2.3 Schritt 3: Stapeldateien in das Stammverzeichnis eingeben

Auch bei der Tastatureingabe von AUTOEXEC.BAT gehen wir wie in Abschnitt 3.1.1.3 gezeigt vor. Dabei muß aber COPY CON C:AUTOEXEC.BAT eingetippt werden (also C: anstelle von A:).

3.1.2.4 Schritt 4: Dateien in die Verzeichnisse kopieren

Um die benötigten Dateien in das Stammverzeichnis oder die Unterverzeichnisse der Festplatte zu kopieren, geht man genau wie bei der Diskette (siehe Abschnitt 3.1.1.4) vor. Hier zwei Beispiele:

KEYBGR.COM von A: in das Stammverzeichnis der Festplatte kopieren:

```
C:\>copy a:keybgr.com c:\
        1 Datei(en) kopiert

C:\>
```

Alle Dateien von A: in das Unterverzeichnis DOSBEF kopieren:

```
C:\>
C:\>copy a:*.* c:\hilfe\dosbef
```

Hinweis: In A: muß bei diesen COPY-Befehlen natürlich die MS-DOS-Diskette einliegen, nicht aber die Übungsdiskette.

Festplatten-Wegweiser für IBM PC und Kompatible unter MS-DOS

Nachteile von Modell 1:
Das Modell 1 (Abschnitt 3.1) hat den Vorteil, daß der Speicherraum der
Festplatte über baumartig angeordnete Verzeichnisse übersichtlich und
leicht erweiterbar strukturiert ist. Beispiel: Im Verzeichnis SPRACHE sind
alle verfügbaren Programiersprachen untergebracht. Eine zusätzliche Sprache
kann in einem rasch mittels MD bzw. MKDIR angelegten neuen Unterverzeichnis gespeichert werden. Daneben jedoch weist das Festplattenmodell 1
zwei entscheidende Nachteile auf:

- Die verfügbaren Dateien, Programme bzw. Werkzeuge werden nicht
  angezeigt. Der Benutzer muß sich in den Verzeichnissen z.B. mittels
  DIR jeweils selbst informieren. Hier wäre die Bereitstellung der
  Wahlmöglichkeiten über ein **Menü** von Vorteil.

- Um eine bestimmte Datei aufzurufen, muß jeweils der komplette Zugriffspfad eingegeben werden. So muß man zum Aufrufen des Werk-
  zeugs Multiplan mühevoll **C:\TOOL\MULTIP\M** eingeben. Bequemer
  wäre es, wenn Multiplan durch Eingabe des **"Befehls"** M aufgerufen
  werden kann.

Kennzeichen von Modell 2:
Das folgende Modell 2 stellt eine Erweiterung von Modell 1 dar: Einerseits
wird die Struktur der Verzeichnisse von Modell 1 übernommen. Andererseits
wird ein Menü bereitgestellt, dessen Auswahlmöglichkeiten bzw. "Befehle"
durch Stapeldateien gesteuert werden.

3.2.1 Schritt 1: Bootfähige Festplatte einrichten

Vorgehen wie bei Schritt 1 von Modell 1 (Abschnitt 3.1.2.1) durch Anwendung der Befehle FDISK und FORMAT:
- Falls Modell 1 bereits eingerichtet ist, entfällt Schritt 1. Ein noch-
  maliges Formatieren würde alle Verzeichnisse bzw. Dateien zerstören.
- Falls Modell 1 nicht eingerichtet wurde: Schritt 1 durchführen.

3.2.2 Schritt 2: Unterverzeichnisse in den Ebenen 2 bis 4 anlegen

Vorgehen wie bei Schritt 2 von Modell 1 (Abschnitt 3.1.2.2) durch Anwendung der Befehle CD, MD und RD. Wie bei Modell 1 sind auch bei Modell 2
16 Unterverzeichnisse auf 4 Ebenen angeordnet:
- Falls Modell 1 bereits eingerichtet ist, entfällt Schritt 2, da alle Verzeichnisse für das Modell 2 übernommen werden können.
- Falls Modell 1 nicht eingerichtet wurde: Schritt 2 durchführen.

```
R-|-HILFE--------|-DOSBEF
0 |              |-STAPEL
0 |              |-SUPERCOP
T |              |-UTIL              '
  |              +-WINDOWS--------PIF
  |-SPRACHE------|-BASICA
  |              |-HBASIC
  |              +-TURBO
  +-TOOL---------|-DBASE
                 |-FRAME
                 |-MULTIP
                 +-WORD
```

Modelle 1 und 2 mit identischer Verzeichnisstruktur

3.2.3 Schritt 3: Stapeldateien in das Stammverzeichnis eingeben

Die Stapeldatei AUTOEXEC.BAT von Modell 1 reicht für das Modell 2 nicht aus und muß erweitert werden. Zusätzlich muß eine Konfigurationsdatei namens CONFIG.SYS ins Stammverzeichnis eingegeben werden.

3.2.3.1 Konfigurationsdatei CONFIG.SYS eingeben

Zweck von CONFIG.SYS: Beim Booten sucht das System jeweils im Stammverzeichnis nach einer Konfigurationsdatei namens CONFIG.SYS (siehe Abbildung in Abschnitt 3.1.1.3). Konfigurieren heißt "angeschlossene Geräte bzw. Einheiten zusammenstellen"; unter einer Systemkonfiguration versteht man den Zusammenschluß bestimmter Geräte an einen PC, wie z.B. Drukker, Festplatte, Farbbildschirm und Tastatur. Für jedes dieser Geräte gibt es ein spezielles Gerätesteuerungsprogramm. Da es das jeweilige Gerät "antreibt", bezeichnet man es auch als Gerätetreiberprogramm oder kurz als **Treiber(-programm).** In der Datei CONFIG.SYS werden die jeweiligen Treiberprogramme über den Befehl DEVICE angemeldet.

```
break=off
files=8
buffers=3
country=49
device=vdisk.sys 112 512 64
device=c:\HILFE\SUPERCOP\cdrive.sys -ri -u0
device=c:\HILFE\SUPERCOP\mdrive.sys -ri -u0
device=ansi.sys
```

Konfigurationsdatei CONFIG.SYS mit den Befehlen
BREAK, FILES, BUFFERS, COUNTRY und DEVICE

Befehle von CONFIG.SYS:

- **BREAK = OFF** bewirkt, daß die Eingabe von Ctrl-Break nur dann geprüft wird, wenn sie von der Tastatur kommt. Es kann also sein, daß ein gerade laufendes Programm durch Ctrl-Break nicht beendet werden kann; BREAK=ON verhindert dies. BREAK=OFF ist die von MSDOS vorgesehene Standardeinstellung.

- **FILES = 8** legt fest, daß gleichzeitig auf 8 geöffnete Dateien zugegriffen werden kann. FILES=8 ist die Standardeinstellung.

- **BUFFERS = 3** richtet 3 Puffer bzw. Speicherbereiche ein, in denen Daten beim Zugriff auf Diskette bzw. Festplatte zwischengespeichert werden. BUFFERS=2 ist die Standardeinstellung (Default).

- **COUNTRY = 49** legt die länderspezifischen Uhrzeit- und Datumswerte für "Germany als Land Nr. 49" fest. Damit wird z.B. die Darstellung "Tag-Monat-Jahr" möglich (US-Norm "Monat-Tag-Jahr").

- **DEVICE = Name des Treibers** meldet das genannte Treiberprogramm an, damit dieses beim Systemstart als Betriebssystemerweiterung in den RAM geladen wird.

- **DEVICE = VDISK.SYS 128 64 112** meldet den Treiber VDISK.SYS an. Dieser Treiber hat die Aufgabe, eine **RAM-Disk** einzurichten und zu steuern. Eine RAM-Disk ist ein Speicherbereich des RAMs, auf den wie auf ein 'normales' Diskettenlaufwerk zugegriffen wird. Die Treiberparameter bedeuten folgendes: Die RAM-Disk ist 128 Kbyte groß, ein Sektor umfaßt 64 Bytes und maximal können 112 Namenseinträge aufgenommen werden. Neben VDISK sind andere Treiber verfügbar wie z.B. RAMDRIVE.

- **CDRIVE.SYS und MDRIVE.SYS** sind Treiber für die Diskettenlaufwerke, die im Zusammenhang mit dem Dienst- bzw. Emulationsprogramm SuperCopy gebraucht werden. Diese Treiber sind im Unterverzeichnis C:\HILFE\SUPERCOP gespeichert.

- **DEVICE = ANSI.SYS** meldet den Bildschirmtreiber ANSI.SYS an und lädt ihn bei jedem Systemstart in den RAM. Damit wird es möglich, den Bildschirm über - nach dem ANSI-Standard genormte - Steuersequenzen zu nutzen, d.h. z.B. den Cursor zu positionieren, Tasten neu zu belegen oder das Promptzeichen zu ändern (siehe den PROMPT-Befehl in der folgenden Stapeldatei AUTOEXEC.BAT).

Hinweis: Die sechs Dateien bzw. Programme CDRIVE.SYS, MDRIVE.SYS, PR1471.COM, LIGHT.COM und SOUND.COM wie auch der RAM-Disk-Treiber VDISK.SYS sind natürlich nur bei subjektivem Bedarf in die CONFIG.SYS aufzunehmen.

3.2.3.2 Anpassungsdatei AUTOEXEC.BAT eingeben

Nach CONFIG.SYS und COMMAND.COM wird beim Starten des PCs die Stapeldatei AUTOEXEC.BAT - falls vorhanden - abgearbeitet (siehe Abbildung in Abschnitt 3.1.1.3). In dieser Datei stapelt man alle diejenigen MS-DOS-Befehle, die beim Systemstart immer und automatisch ausgeführt werden sollen. Der Dateityp BAT steht für "Batch" bzw. "Stapel". In der AUTOEXEC.BAT-Datei von Modell 2 sind es folgende Befehle:

- **ECHO OFF** verhindert, daß der gerade ausgeführte Befehl der Stapelverarbeitung am Bildschirm angezeigt wird.

- **REM** dient dem Anzeigen von Bemerkungen. ECHO OFF sorgt dafür, daß die Bemerkungen bei der Dateiausführung nicht angezeigt werden, sondern nur beim Auflisten des Programmtextes.

- **KEYBGR** ruft das Tastaturanpassungsprogramm KEYBGR.COM auf: eine Tabelle mit dem deutschen Zeichensatz wird in den RAM geladen, um besondere Zeichen wie Umlaute, "ß" usw. über die Tastatur zu erreichen. KEYB steht für "Keyboard" und GR für "Germany".

- **PR1471** ruft den einen speziellen Druckertreiber PR1471.COM auf, der den Drucker an den Computerzeichensatz anpaßt.

- **DATE** nimmt die Datumseingabe entgegen und VER zeigt die DOS-Versionsnummer an.

- **LIGHT und SOUND** sind zwei Programme zur Steuerung der verwendeten Festplatte.

- **PATH Zugriffspfad 1; Zugriffspfad 2; ...; Zugriffspfad n** legt fest, in welchen Pfaden MS-DOS nach einer Datei suchen soll, bevor eine Fehlermeldung ausgegeben wird. Die Gesamtheit der durch ";" getrennten Zugriffspfade bezeichnet man als **Suchpfad.**

- **PATH C:\HILFE\DOSBEF** legt fest, daß bei jedem Dateiaufruf nicht nur im aktuellen Verzeichnis, sondern auch im Unterverzeichnis DOSBEF gesucht wird. In DOSBEF sind die Befehle von MS-DOS abgelegt. Somit ist gewährleistet, daß bei Eingabe eines DOS-Befehls dieser auch gefunden wird.

- **PATH C:\HILFE\STAPEL** stellt sicher, daß bei jedem Dateiaufruf auch im Verzeichnis STAPEL nach der Datei gesucht wird. In diesem Verzeichnis sind - bis auf AUTOEXEC.BAT - alle BAT-Files bzw. Stapeldateien zur Steuerung der Menübefehle abgelegt; wir gehen darauf in Abschnitt 3.2.6 ein).

- **PROMPT PG** verändert das Bereitschafts- bzw. Promptzeichen so, daß der komplette Pfad des aktuellen Laufwerks ($P) angezeigt wird, gefolgt vom Größer-Zeichen ($G). Die Voreinstellung vom MS-DOS lautet PROMPT NG ($N für den Kennbuchstaben des aktuellen Laufwerks).

- **MENU.BAT** ist eine Stapeldatei, die ein Menü über die Eingabemög-
  lichkeiten des Benutzers anzeigt (siehe Abschnitt 3.2.5).

```
echo off
rem Name:   c:\autoexec.bat
rem Zweck: Befehle ausfuehren
rem  ------------------------
keybgr
pr1471
date
ver
light on
sound off
path c:\hilfe\dosbef;c:\hilfe\stapel
prompt $p$g
menu.bat
```

Anpassungsdatei AUTOEXEC.BAT mit den wichtigen
Befehlen PATH und PROMPT

3.2.4   Schritt 4: Dateien in die Verzeichnisse kopieren

Vorgehen wie bei Schritt 4 von Modell 1 (Abschnitt 3.1.2.4) durch Anwen-
dung des Befehls COPY.
- Falls Modell 1 bereits eingerichtet ist: Schritt 4 entfällt, d.h. die
  Dateien können für Modell 2 übernommen werden.
- Falls Modell 1 nicht eingerichtet wurde: Schritt 4 durchführen.

```
Dskt/Platte in Laufwerk C ist FESTPLATTE1
Verzeichnis von C:\

HILFE           <DIR>       2.11.86    0.17
SPRACHE         <DIR>       2.11.86    0.17
TOOL            <DIR>       2.11.86    0.17
AUTOEXEC BAT       209      4.01.87    0.20
ASSIGN   COM      1510     22.04.85   12.00
COMMAND  COM     23706     22.04.85   12.00
KEYBGR   COM      2418     22.04.85   12.00
LIGHT    COM       145      1.01.80    0.09
PR1471   COM       487     27.09.84   12.48
SOUND    COM       145      1.01.80    0.09
ANSI     SYS      1651     22.04.85   12.00
CONFIG   SYS       179      4.01.87    0.01
VDISK    SYS      3376     22.04.85   12.00
MENU     TXT       903      4.01.87    0.58
       14 Datei(en)    6189056 Byte frei
```

Stammverzeichnisses mit 14 Dateien

Kopie der MS-DOS-Systemdiskette im Unterverzeichnis DOSBEF:

```
C:\>dir \hilfe\dosbef/w

 Dskt/Platte in Laufwerk C ist FESTPLATTE1
 Verzeichnis von C:\HILFE\DOSBEF

 .                 ..              ANSI     SYS   ASSIGN   COM   ATTRIB   EXE
 AUTOEXEC BAT      BACKUP   COM    BASIC    COM   BASICA   COM   CHKDSK   COM
 COMMAND  COM      COMP     COM    CONFIG   SYS   DISKCOMP COM   DISKCOPY COM
 EDLIN    COM      FDISK    COM    FIND     EXE   FORMAT   COM   GRAFTABL COM
 GRAPHICS COM      JOIN     EXE    KEYBFR   COM   KEYBGR   COM   KEYBIT   COM
 KEYBSP   COM      KEYBUK   COM    LABEL    COM   MODE     COM   MORE     COM
 PRINT    COM      RECOVER  COM    RESTORE  COM   SELECT   COM   SHARE    EXE
 SORT     EXE      SUBST    EXE    SYS      COM   TREE     COM   VDISK    SYS
        40 Datei(en)    5992448 Byte frei
```

Textverarbeitung Word im Unterverzeichnis WORD:

```
C:\TOOL\WORD>dir

 Dskt/Platte in Laufwerk C ist FESTPLATTE1
 Verzeichnis von C:\TOOL\WORD

 .                <DIR>      2.11.86    0.19
 ..               <DIR>      2.11.86    0.19
 BUCHWIN1 DFV      2176      1.01.80    1.36
 HRX5     DBS      3019      3.09.86   12.00
 HRX5XL   DBS      2261      3.09.86   12.00
 MW       HLP     50814      3.09.86   12.00
 MW       INI       109      7.01.87    2.58
 MW       PGM    205600      3.09.86   12.00
 WORD     COM     45970      3.09.86   12.00
 MW005014 TMP      5120      7.01.87    1.29
        10 Datei(en)    6049792 Byte frei
```

Programmiersprache Turbo Pascal im Unterverzeichnis TURBO:

```
C:\>dir \sprache\turbo/w

 Dskt/Platte in Laufwerk C ist FESTPLATTE1
 Verzeichnis von C:\SPRACHE\TURBO

 .                 ..              ACCESS3  BOX   CALC     HLP   CALCDEMO MCS
 DOSFCALL DOC      EXTERNAL DOC    GRAPH    BIN   GRAPH    P     GRAPHIX  SYS
 INTRPTCL DOC      KERNEL   SYS    PLIST    PAS   PLIST-1  INC   PLIST-2  INC
 PLIST-3  INC      PLIST-4  INC    PLIST-5  INC   PSTAT    PAS   PSTAT-1  INC
 PSTAT-2  INC      PSTAT-3  INC    READ     ME    TINST    COM   TINST    MSG
 TLIST    COM      TURBO    COM    TURBO    MSG   TYPEDEF  SYS
        29 Datei(en)    5992448 Byte frei
```

3.2.5   Schritt 5: Menü bereitstellen

3.2.5.1   Textdatei MENU.TXT

Nach dem Booten erscheint auf dem Bildschirm ein Menü, das als Textdatei namens MENU.TXT im Stammverzeichnis abgelegt ist. MENU.TXT wurde mit einem Editor (z.B. Turbo Pascal-Editor) oder einer Textverarbeitung (z.B. Word, Wordstar) erstellt und im Stammverzeichnis abgespeichert.

```
type menu.txt

-----------------------------------------------------------------------
Aufruf:   Werkzeug:             Rueckkehr:            Verzeichnis:
-------   ---------             ----------            -----------
B         BASIC                 System                Sprache
H         HBASIC                System
T         Turbo Pascal          Q

D         dBASE III             Quit                  Tool
F         Framework II          Ctrl-L, Ende
M         Multiplan             Quit
W         Word                  Quit
WRam      Word mit RAM-Disk     Quit

P         PC Tools              Esc                   Hilfe
S         Supercopy             Menu
Wi        Windows               Alt-Leer, Spezial
X         XTree                 F1

Kopie     Diskcopy A: B:        Menu                  Hilfe\Dosbef
Form      Format B:             Menu

Menu      Menue aufrufen                              Ende
-----------------------------------------------------------------------
C:\>
```

Menü von Modell 2 mit 15 Wahlmöglichkeiten

Unter dem Menü erscheint das Prompt "C:\>" des Betriebssystems. MS-DOS erwartet also einen beliebigen Befehl bzw. Dateiaufruf: durch Eingabe von DIR wird der interne Befehl DIR aktiviert, durch Eingabe von DISKCOPY wird der externe Befehl DISKCOPY.COM aktiviert, durch Eingabe von **B** werden die Stapeldatei **B.BAT** und durch Eingabe von **MENU** die Stapeldatei **MENU.BAT** aktiviert. Auf diese Art können die in der linken Menüspalte genannten 15 Befehle **B, H, T, ...** durch gleichnamige Stapeldateien **B.BAT, H.BAT, T.BAT, ...** gesteuert werden.

3.2.5.2 Stapeldatei MENU.BAT

Der Batchfile MENU.BAT ist - wie die anderen Stapeldateien auch - im Unterverzeichnis HILFE STAPEL gespeichert.

- **MENU.BAT** wird - unabhängig vom aktuellen Laufwerk - immer gefunden, da der Zugriffspfad C: HILFE STAPEL in der Anpassungsdatei AUTOEXEC.BAT durch den PATH-Befehl angemeldet wurde.

- **CLS** löscht den Bildschirm.

- **C:** wechselt ins Laufwerk C:. Dies ist wichtig, da der Dateiaufruf MENU.BAT z.B. auch vom aktuellen Laufwerk A: aus erfolgen kann.

- **cd ** meldet das Stammverzeichnis als aktuelles Verzeichnis an (es könnte ja ein anderes Verzeichnis aktuell sein).

- **TYPE MENU.TXT** gibt den ASCII-Text der Datei MENU.TXT am Bildschirm aus: das Menü wird also angezeigt. MENU.TXT ist im Stammverzeichnis gespeichert.

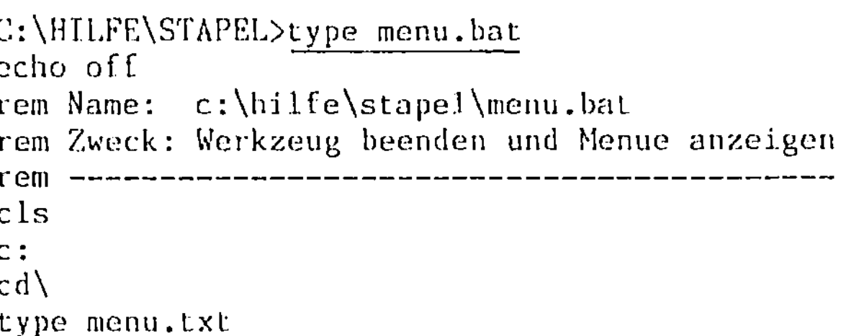

```
C:\HILFE\STAPEL>type menu.bat
echo off
rem Name:    c:\hilfe\stapel\menu.bat
rem Zweck: Werkzeug beenden und Menue anzeigen
rem ------------------------------------------
cls
c:
cd\
type menu.txt
```

Stapeldatei MENU.BAT steuert die Ausgabe des Menüs
von Modell 2

3.2.6 Schritt 6: Stapeldateien für die jeweilige Menüwahl eingeben

3.2.6.1 Speicherung der Stapeldateien

Für jeden der 15 im Menü genannten Wahlmöglichkeiten wird eine gleichnamige Stapeldatei erstellt. Die 15 Stapeldateien sind im Unterverzeichnis HILFE\STAPEL gespeichert.

```
C:\>dir \hilfe\stapel

Dskt/Platte in Laufwerk C ist FESTPLATTE1
Verzeichnis von C:\HILFE\STAPEL

.              <DIR>        2.11.86   0.20
..             <DIR>        2.11.86   0.20
B        BAT      152       4.01.87   0.17
D        BAT      147       4.01.87   0.17
F        BAT      147       4.01.87   0.33
FORM     BAT      160       4.01.87   0.23
H        BAT      184       4.01.87   1.26
KOPIE    BAT      171       4.01.87   0.25
M        BAT      147       4.01.87   0.17
MENU     BAT      170       4.01.87   0.49
P        BAT      158       7.01.87   2.58
S        BAT      159       4.01.87   0.21
T        BAT      156       4.01.87   0.21
X        BAT      160       7.01.87   2.58
WI       BAT      148       4.01.87   0.32
WRAM     BAT      262       4.01.87   0.31
W        BAT      170       5.01.87   0.07
      17 Datei(en)      5992448 Byte frei
```

**15 Stapeldateien zur Steuerung der 15 Wahlmöglichkeiten
des Menüs von Modell 2**

Die Stapel werden entweder über ein Textverarbeitungsprogramm oder direkt
über den Befehl
   <u>copy con Name.bat</u>
   . . . . .
   <u>ctrl-z</u>
eingegeben und gespeichert. Nachfolgend sind die Stapeldateien in alphabe-
tischer Reihenfolge wiedergegeben.

Programmiersprache BASICA über Befehl B (Stapeldatei B.BAT) starten:

```
C:\HILFE\STAPEL>type b.bat
echo off
rem Name:  c:\hilfe\stapel\b.bat
rem Zweck: BASICA starten
rem ----------------------------  — — -
b:  _ _ _ _ _ _ _ _ _ _
c:\sprache\basica\basica
c:
cd\
menu.bat
```

Befehl B: zum Einstellen von
B: als aktivem Laufwerk. Damit
wird erreicht, daß nach dem
Starten von BASICA dieses Laufwerk voreingestellt ist.

Datenbanksystem dBASE III über Befehl D (Stapeldatei D.BAT) starten:

```
C:\HILFE\STAPEL>type d.bat
echo off
rem Name:  c:\hilfe\stapel\d.bat
rem zweck: dBASE III starten
rem -----------------------------
cd\tool\dbase
dbase
c:
cd\
menu.bat
```

Integriertes Paket Framework II über Befehl F (Stapeldatei F.BAT) starten:

```
C:\HILFE\STAPEL>type f.bat
echo off
rem Name:  c:\hilfe\stapel\f.bat
rem Zweck: Framework II starten
rem -----------------------------
cd\tool\frame
fw
c:
cd\
menu.bat
```

Diskette in B: über Befehl FORM (Stapeldatei FORM.BAT) formatieren:

```
C:\HILFE\STAPEL>type form.bat
echo off
rem Name:  c:\hilfe\stapel\form.bat
rem Zweck: Format-Befehl aufrufen
rem -----------------------------------
c:
cd\hilfe\dosbef
format b:
cd\
menu.bat
```

Disketten A: nach B: über Befehl KOPIE (Stapeldatei KOPIE.BAT) kopieren:

```
C:\HILFE\STAPEL>type kopie.bat
echo off
rem Name:  c:\hilfe\stapel\kopie.bat
rem Zweck  Diskcopy-Befehl aufrufen
rem -----------------------------------
c:
cd\hilfe\dosbef
diskcopy a: b:
cd\
menu.bat
```

Programmiersprache HBASIC über Befehl H (Stapeldatei H.BAT) starten:

```
C:\HILFE\STAPEL>type h.bat
echo off
rem Name:  c:\hilfe\stapel\h.bat
rem Zweck: HBASIC grafikfaehig starten
rem ------------------------------------
c:
cd\sprache\hbasic
hgc full
hbasic
c:
cd\
menu.bat
```

Tabellenverarbeitung Multiplan über Befehl M (Stapeldatei M.BAT) starten:

```
C:\HILFE\STAPEL>type m.bat
echo off
rem Name:  c:\hilfe\stapel\m.bat
rem Zweck: Multiplan starten
rem ------------------------------
cd\tool\multip
mp
c:
cd\
menu.bat
```

Menü von Modell 2 über Befehl MENU (Stapeldatei MENU.BAT) anzeigen:

```
C:\HILFE\STAPEL>type menu.bat
echo off
rem Name:  c:\hilfe\stapel\menu.bat
rem Zweck: Werkzeug beenden und Menue anzeigen
rem --------------------------------------------
cls
c:
cd\
type menu.txt
```

Utility PC Tools über Befehl P (Stapeldatei P.BAT) starten:

```
C:\>type \hilfe\stapel\p.bat
echo off
rem Name:  c:\hilfe\stapel\p.bat
rem Zweck: PC Tools starten
rem ---------------------------
c:
cd c:\hilfe\util
pctools
c:
cd \
menu.bat
```

Emulationsprogramm SuperCopy über Befehl S (Stapeldatei S.BAT) starten:

```
C:\HILFE\STAPEL>type s.bat
rem Name:  c:\hilfe\stapel\s.bat
rem Zweck: Emulation SuperCopy anbieten
rem --------------------------------
cd c:\hilfe\supercop
cls
type super.txt
```

Programmiersprache Pascal über Befehl T (Stapeldatei TURBO) starten:

```
C:\HILFE\STAPEL>type t.bat
echo off
rem Name:  c:\hilfe\stapel\t.bat
rem Zweck: TURBO Pascal starten
rem -----------------------------     -- Befehl B: eingegeben, damit Pascal
b: -- -- -- -- -- -- --                   später auf B: als Default-Laufwerk
c:\sprache\turbo\turbo                    zugreift.
c:
cd\
menu.bat
```

Textverarbeitung Word über Befehl W (Stapeldatei W.BAT) starten:

```
C:\HILFE\STAPEL>type w.bat
echo off
rem Name:  c:\hilfe\stapel\w.bat
rem Zweck: Word 3.0 ohne Grafik starten
rem --------------------------------------
cd\tool\word
word/C
c:
cd\
menu.bat
```

Textverarbeitung Word über Befehl WRAM (Stapeldatei WRAM.BAT) starten:

```
C:\HILFE\STAPEL>type wram.bat
echo off
rem Name:  c:\hilfe\stapel\wram
rem Zweck: Word auf RAM-Disk starten
rem ------------------------------
cd\tool\word
copy word.com d:
copy mw.pgm d:
copy mw.ini d:
copy *.dbs d:
d:
word/C
c:
copy d:mw.ini c:\tool\word\mw.ini
cd\
menu.bat
```

Benutzeroberfläche Windows über Befehl WI (Stapeldatei WI.BAT) starten:

```
C:\HILFE\STAPEL>type wi.bat
echo off
rem Name:  c:\hilfe\stapel\wi.bat
rem Zweck: Windows starten
rem ------------------------------
cd\hilfe\windows
win
c:
cd\
menu.bat
```

Utility Xtree über Befehl X (Stapeldatei X.BAT) starten:

```
C:\>type \hilfe\stapel\x.bat
echo off
rem Name:  c:\hilfe\stapel\x.bat
rem Zweck: Utility XTree starten
rem ---------------------------
c:
cd \
hilfe\util\xtree
c:
cd \
menu.bat
```

3.2.6.2 Starten eines Werkzeugs ohne RAM-Disk

Am Beispiel von W.BAT soll die Ausführung eines Menübefehls erläutert werden. W.BAT startet das Textverarbeitungswerkzeug Word. Wie bei anderen Werkzeugen auch wird wie folgt in drei Schritten vorgegangen:

1. **Eingabe W ruft W.BAT auf:** Der Benutzer tippt W ein, da er mit Word arbeiten möchte. Mit W wird die Stapeldatei W.BAT aufgerufen. W.BAT wird im Unterverzeichnis \HILFE\STAPEL gefunden, obwohl zum Zeitpunkt des Eintippens von W das Stammverzeichnis als aktuell gemeldet wurde. Grund: Im PATH-Befehl von AUTOEXEC.BAT wurde \HILFE\STAPEL als Zugriffspfad angegeben.

2. **Werkzeug Word starten:** Durch den CD-Befehl wird ins Verzeichnis \TOOL\WORD gewechselt, um dann mit WORD/C das Textverarbeitungsprogramm WORD.COM zu starten (Parameter C steht für Color). Der Benutzer arbeitet nun unter der Regie von Word.

3. **Menü erneut anzeigen:** Nach dem Verlassen von Word durch Eingabe des Quitt-Befehls wird die Kontrolle wieder an das Betriebssystem zurückgegeben, d.h. an die Stapeldatei W.BAT. Mit C: wird die Festplatte zum aktuellen Laufwerk und mit CD \ das Stammverzeichnis zum aktuellen Verzeichnis erklärt. Nun kann durch Aufrufen des Stapels MENU.BAT erneut das Menü von Modell 2 am Bildschirm angezeigt werden.

3.2.6.3 Starten eines Werkzeugs mit RAM-Disk

Das Arbeiten mit der RAM-Disk hat den Vorteil, daß die Zugriffszeiten erheblich kürzer werden. Dabei ist zu unterscheiden, ob die **Nutzdaten** des Anwenders und/oder das **Werkzeug** selbst auf der RAM-Disk zwischengespeichert werden. Werden die Nutzdaten des Anwenders auf der RAM-Disk abgelegt, dann kann wie in Abschnitt 3.2.6.2 vorgegangen werden. Soll hingegen (auch) das Werkzeug selbst auf die RAM-Disk kopiert werden, dann muß das natürlich im Stapel berücksichtig werden. Anhand der Stapeldatei WRAM.BAT soll dieses Vorgehen - wiederum am Beispiel von Word - erläutert werden.

1. **Eingabe W ruft WRAM.BAT auf:** Der Stapel übernimmt die Steuerung.

2. **Word auf die RAM-Disk kopieren:** Die Dateien WORD.COM, MW.PGM und MW.INI werden auf die RAM-Disk ins Laufwerk D. kopiert. Ebenso alle benötigten Druckertreiber *.DBS.

3. **Werkzeug Word starten:** Nun wird D: zum aktuellen Laufwerk erklärt und Word von der RAM-Disk aus gestartet. Der Benutzer kann mit Word arbeiten.

4. **Aktuelle Werkzeug-Daten sicherstellen:** Wie alle Werkzeuge speichert auch Word aktuelle und später ggf. wieder gebrauchte Daten in einer gesonderten Datei im aktuellen Laufwerk ab. Bei Word heißt diese Datei MW.INI (INI für Initialisierung). Da die RAM-Disk als aktuelle Datei angemeldet ist, gehen diese Daten nach Abschalten des PCs verloren. Aus diesem Grunde müssen sie über einen COPY-Befehl ins Verzeichnis \TOOL\WORD auf die Festplatte kopiert werden.

5. **Menü erneut anzeigen** durch erneutes Aufrufen von MENU.BAT.

Festplatten-Wegweiser für IBM PC und Kompatible unter MS-DOS

Modell 2 und Modell 3: Das in Abschnitt 3.2 dargestellte Modell 2 hat den Vorzug, nur aus Sprachelementen der Befehlssprache von MS-DOS zu bestehen. Ohne Zuhilfenahme betriebssystemfremder Programme ist es so möglich, schnell einen bedienerfreundlichen Zugang zu den Verzeichnissen und den dort verfügbaren Anwendungen zu erreichen. Dennoch weist dieses Modell auch Nachteile auf:

- Wir handeln uns mit dem Modell 2 bald eine Unzahl von Stapeldateien ein. Die Übersichtlichkeit leidet nicht nur im Stammverzeichnis, sondern auch in den Unterverzeichnissen, wenn dort wiederum Untermenüs angelegt wurden.
- Wenn Änderungen des oder der Menüs anstehen, müssen zumeist mehrere Stapeldateien editiert und aufeinander abgestimmt werden. Man hat möglicherweise einige Mühe, bis alles wieder reibungslos läuft.

Modell 3 mit einer Menü-Stapeldatei: Um Abhilfe zu schaffen, ohne die Vorzüge des Modells 2 dabei aufs Spiel zu setzen, müßte eine einzige Menü-Stapeldatei entwickelt werden, die alle Menüpunkte abdeckt und leicht zu ändern ist.
Das würde aber einen Stapelverarbeitungbefehl erfordern, welcher nach der Ausgabe des Menütextes am Bildschirm den Ablauf der Stapeldatei anhält, die Eingabe des Benutzers abwartet und im Arbeitsspeicher ablegt. Ein Befehl also, der ähnlich wie die BASIC-Sprachmittel INPUT bzw. INPUT$ oder die Pascal-Anweisung ReadLn abläuft.
Anschließend sollte es möglich sein, mit einem weiteren Stapelverarbeitungsbefehl - wie z.B. IF - die gespeicherte Benutzereingabe zu analysieren und mit Sprungbefehlen das Stapelprogramm an der vorgesehenen Stelle fortfahren zu lassen.

Ein Blick ins MS-DOS-Handbuch nimmt uns jede diesbezügliche Hoffnung. Oder doch nicht? Immerhin finden wir dort zunächst den GOTO-Befehl, der die Möglichkeit bietet, denn Programmablauf bei einem Sprungziel an beliebiger Stelle des Stapelprogramms fortzusetzen. Wir stoßen auch auf den IF-Befehl, der es erlaubt, festzustellen, ob in einem abgelaufenen Programm ein bestimmter ERRORLEVEL erreicht wurde, ob zwei Zeichenketten gleich sind oder ob eine Datei existiert.

Steuerung über den Befehl IF ERRORLEVEL: Untersuchen wir den Befehl IF ERRORLEVEL genauer, so stellt sich heraus, daß es sich bei ERRORLEVEL um eine Zahl handelt, die man über ein Programm in das Datenregister AH des Prozessors legen kann, wobei AH nach dem Programmlauf erhalten bleibt (leider steht das bei den Stapelbefehlen nicht im DOS-Handbuch). Sinn und Zweck dieses Vorgangs ist es, Programmentwicklern Gelegenheit zu geben, durch ihre Programme eine Information über den Erfolg einer Verarbeitungssequenz speichern zu lassen, um durch weitere Stapelbefehle oder Programme richtig darauf reagieren zu können. Mit dieser Einrichtung des DOS kann man also bestimmte Parameter von Programm zu Programm weiterreichen.

Nun muß nur noch ein Programm her, das den Ablauf des Stapelprogramms stoppt und einen der Eingabe des Benutzers entsprechenden Errorlevel erzeugt. Dann wäre es möglich, mit dem Befehl IF ERRORLEVEL den Wunsch des Benutzers zu erforschen. Im folgenden wird ein solches Programm dargestellt und beschrieben.

3.3.1   Schritt 1: Bootfähige Festplatte einrichten

Wir gehen entsprechend dem Modell 1, Schritt 1 (Abschnitt 3.1.2.1) vor und setzen die Befehle FDISK und FORMAT ein:

- Falls Modell 1 bereits eingerichtet ist, entfällt Schritt 1. Nicht noch einmal formatieren, weil sonst alle Dateien gelöscht sind.
- Wenn Modell 1 noch nicht existiert, dann Schritt 1 ausführen.

3.3.2   Schritt 2: Unterverzeichnisse in den Ebenen 2 bis 4 anlegen

Es ist wie bei Schritt 2 von Modell 1 (Abschnitt 3.1.2.2) zu verfahren, wobei die Befehle CD, MD und RD benutzt werden. Die 16 Unterverzeichnisse sind in Modell 3 wie auch in Modell 1 auf 4 Ebenen angeordnet:

- Wenn Modell 1 bereits installiert wurde, entfällt Schritt 2, alle Verzeichnisse sind zu übernehmen.
- Andernfalls muß Schritt 2 ausgeführt werden.

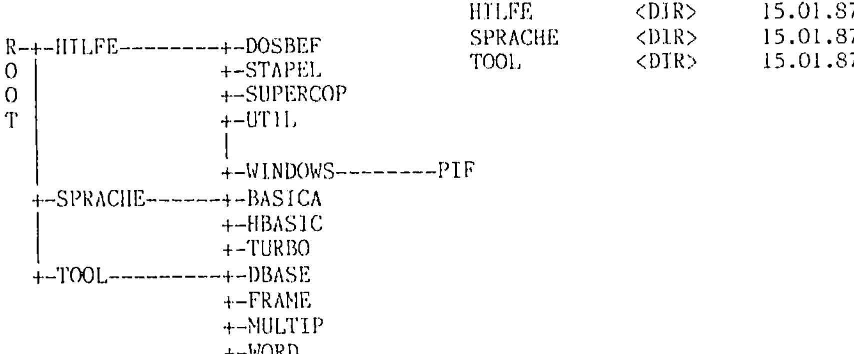

Modelle 1 und 3 und besitzen gleiche Verzeichnisstruktur

3.3.3   Schritt 3: Konfigurationsdatei CONFIG.SYS einrichten

Die Konfigurationsdatei CONFIG.SYS des Menümodells 3 entspricht derjenigen des Modells 2:

- Falls bereits für Modell 2 eingerichtet: keine Änderung notwendig.
- Wenn noch nicht eingerichtet: der Schritt 3.2.3.1 muß vollzogen werden.

```
C:\>type config.sys
break=off
files=8
buffers=3
country=49
device=vdisk.sys 128 64 112
device=ansi.sys
```

3.3.4   Schritt 4: Stapeldateien einrichten

Falls das Modell 2 schon existiert, müssen alle Stapeldateien für die Ausführung der Menüpunkte gelöscht werden, die Dateien AUTOEXEC.BAT sowie MENU.TXT sind zu ändern und die MENU.BAT ist neu zu schreiben.

Die Stapeldatei AUTOEXEC.BAT paßt den PC direkt nach dem Startvorgang
an die persönlichen Bedürfnisse des Benutzers an. Sie wird unbedingt benötigt.

- Ist die AUTOEXEC.BAT bereits nach Maßgabe des Modells 2 eingerichtet: Änderung des PATH-Befehls gemäß untenstehendem Listing
  notwendig.
- Andernfalls: Die AUTOEXEC.BAT muß gemäß dem folgenden Listing
  im Stammverzeichnis komplett neu erstellt werden.

```
type autoexec.bat
echo off
rem Name:   c:\autoexec.bat
rem Zweck: Befehle ausfuehren (Modell 3)
rem ------------------------------------------
keybgr
date
ver
path c:\;c:\hilfe\dosbef;c:\hilfe\stapel
prompt $p$g
menu.bat
```

Anpassungsdatei AUTOEXEC.BAT des Menü-Modells 3

Der PATH-Befehl erhält eine Erweiterung für das Verzeichnis HILFE\UTIL,
damit das System das Programm MENUKEYS.EXE dort findet, wenn es in
der Stapeldatei MENU.BAT zum Aufruf kommt. Eine ausführliche Beschreibung dieses Programms folgt später. Sonst entspricht die AUTOEXEC.BAT
der des Menü-Modells 2 (Abschnitt 3.2.3.2).

3.3.5   Schritt 5: Menü bereitstellen

Das Menü-Modell 3 basiert auf den drei Dateien
- MENU.TXT,
- MENU.BAT und
- MENUKEYS.EXE,

die im folgenden detailliert beschrieben werden. Man kann diese 3 Dateien ins Stammverzeichnis aufnehmen. Hier sollen sie jedoch der Übersicht halber in verschiedenen Unterverzeichnissen untergebracht werden.

Wenn für das Menü-Modell 2 die im Verzeichnis C:\HILFE\STAPEL vorgesehenen Stapeldateien für die Steuerung der einzelnen Menüpunkte (Abschnitt 3.2.6) vorhanden sind, müssen sie wie folgt gelöscht werden.

- Löschen der "Einbuchstaben"-Stapeldateien:
```
c:\hilfe\stapel> del ?.bat
```

- Löschen der Stapeldateien WRAM.BAT und WI.BAT:
```
c:\hilfe\stapel> del w???.bat
```

- Löschen von KOPIE.BAT und FORM.BAT
```
c:\hilfe\stapel> del ?o???.bat
```

- Löschen von MENU.BAT
```
c:\hilfe\stapel> del menu.bat
```

3.3.5.1   Textdatei MENU.TXT

Auswahl über Funktionstasten: Zum Zweck der Datei MENU.TXT sei auf den Abschnitt 3.2.5.1 verwiesen. Doch das Aussehen von MENU.TXT hat sich verändert. Zum Aufruf der Menüpunkte dienen nun die Funktionstasten F1 bis F10 und die Zifferntasten 1 bis 5. Die Tasten werden nur angetippt, der Druck auf die Return-Taste fällt weg.
Nach der Ausgabe von MENU.TXT erscheint nicht das gewohnte Prompt, d.h. der Benutzer landet nicht in der MS-DOS-Ebene. Er wird nur über den Menüpunkt 5 ins Stammverzeichnis geführt. Alle anderen Menüpunkte leiten ihn nach erfolgter Durchführung der gewünschten Arbeit automatisch zum Hauptmenü zurück.
Eine Ausnahme stellt Punkt F10 dar. F10 befördert den Benutzer in ein Verzeichnis, von wo er durch die Betätigung von Alt-Y das Menü neu aufrufen kann.

Eingabevorgang: MENU.TXT ist mit einem Editor ins Stammverzeichnis einzugeben. Die Umrahmung des Textes besteht aus Grafikzeichen mit den dezimalen ASCII-Nummern 219, 221 und 222. Das Menü sollte auf eine Breite von 79 Zeichen und eine Höhe von 24 Zeilen ausgelegt sein, es harmoniert dann mit dem Prompt des Programms MENUKEYS.EXE optisch am besten.

```
Aufruf: Auswahl:              Rückkehr:            Verzeichnis:

  F1    BASIC                 System               Sprache
  F2    HBASIC                System
  F3    Turbo Pascal          Q
  F4    dBASE III             Quit                 Tool
  F5    Framework II          Ctrl-L,Ende
  F6    Multiplan             Quit
  F7    Word                  Quit
  F8    Word mit RAM-Disk     Quit
  F9    Utility-Menü    ·     F5                   Hilfe\Util
  F10   Supercopy             Alt-Y

  1     Windows               Alt-Leer,Spezial
  2     XTree
  3     Diskcopy              N                    Hilfe\Dosbef
  4     Format                N
  5     Stammverzeichnis      Alt-Y                Root

Wählen Sie bitte . . .
```

Menü von Modell 3 mit 15 Wahlmöglichkeiten

3.3.5.2   Stapeldatei MENU.BAT

In jedem Falle wird nun eine Stapeldatei namens MENU.BAT in das Verzeichnis C:\HILFE\STAPEL abgelegt. Diese Stapeldatei unterscheidet sich
ganz erheblich von der des Modells 2. Während im Modell 2 die MENU.BAT
lediglich die Funktion hatte, ein Menübild bzw. einen Text auszugeben, ist
die MENU.BAT von Modell 3 für die Steuerung des Verzeichniswechsels und
den Aufruf der gewünschten Programme zuständig. Ja – sie kann nach Bedarf sogar selbst wieder Untermenüs anzeigen oder zu Untermenüs überleiten.

Die folgende Beschreibung der Datei MENU.BAT berücksichtigt nur deren
wesentliche Merkmale, deshalb geht sie nicht auf jede Anweisung des
Stapels ein. Einige Anweisungen wurden in den Abschnitten 3.2.3.2 und
3.2.5.2 schon besprochen.

- **TYPE MENU.TXT** gibt das im Stammverzeichnis gespeicherte Menü
  Bild aus. Die Aufmachung des Bildes wurde etwas verfeinert.

- **MENUKEYS 15** ist der Aufruf des Programms MENUKEYS.EXE für die
  Abfrage der für die Menü-Auswahl zugelassenen Tasten. Der Parameter 15 bedeutet, daß die 15 Tasten F1 bis F10 und 1 bis 5 aktiviert
  sind. Alle anderen Tasten besitzen während der Steuerung unter ME
  NUKEYS.EXE keine Funktion. Maximal 20 Tasten (F1 – F10 und 1 –
  0), die einer Menüauswahl von 20 Punkten entsprechen, können aktiv
  sein. Zur Arbeitsweise von MENUKEYS.EXE siehe Abschnitt 3.3.5.3.

- **IF NOT ERRORLEVEL 11 GOTO FTASTEN** ist ein bedingter Sprung auf den Label :FTASTEN. Der Sprung erfolgt, wenn das Datenregister AH des Prozessors eine Zahl enthält, die nicht größer oder gleich 11 ist. Hat das Programm MENUKEYS.EXE einen dem Tastendruck des Benutzers entsprechenden Wert zwischen 1 und 10 in das Register AH abgelegt, so wird die Kontrolle an die erste Zeile übertragen, die dem Label :FTASTEN folgt.

  Diese Stapel-Anweisung bezweckt, die Menge der ERRORLEVEL-Abfragen in Grenzen zu halten. Die Anweisung bewirkt, daß die Anzahl der Abfragen immer nur zwischen 2 und 11 liegen kann. Man könnte diese Anweisung und den Label :FTASTEN weglassen, ohne die Programmlogik zu zerstören. Dann würde die Anzahl der möglichen Abfragen zwischen 1 und 20 betragen. Die Ausführung des Menüpunktes 20 (entspricht der Eingabe der Ziffer 0) würde sehr schnell gehen, die des Punktes 1 (entspricht der Taste F1) jedoch relativ langsam.

  Die Abfragereihenfolge "Punkt 20 zuerst und Punkt 1 zuletzt" mag ungewöhnlich erscheinen, sie macht aber Sinn angesichts der Vergleichsoperation, die IF ERRORLEVEL ausführt: Vergleich "ist AH größer oder gleich Zahl".
  Auf keinen Fall darf man die Reihenfolge der IF ERRORLEVEL-Abfragen umkehren. Dann würde MENU.BAT nur noch den ersten Menüpunkt (F1) ausführen.

- **:FTASTEN** ist ein Label (Sprungmarke), ebenso wie :F1, :F2 usw. Eine Verzweigung zu den Sprungmarken hat zur Folge, daß das Programm mit dem nächstfolgenden Befehl fortfährt.

- **:F1 bis %0** ist eine typische Folge von Befehlen für den Aufruf eines in einem Unterverzeichnis befindlichen Programms (.COM, .EXE oder .BAT). Nach Betätigung der F1-Taste wird durch den Befehl CD SPRACHE\BASICA das Verzeichnis SPRACHE\BASICA aktuell: der Programmaufruf BASICA überträgt dann die Kontrolle an den BASIC-Interpreter. Der **Scheinparameter %0** steht für den Namen des Stapelprogrammes, in welchem er benutzt wird. In unserem Falle steht %0 also für die Stapeldatei MENU.BAT, was gleichbedeutend mit dem Aufruf MENU ist. MENU.BAT ruft sich demnach selbst auf und fängt von vorne an, nämlich mit der Anzeige des Menübildes.

- **:F2 bis :F6.** Hier gilt das gleiche wie für :F1 - nur übertragen auf andere Verzeichnisse und Programme.

- **:F7** ist das Sprungziel zur Textverarbeitung Word. Die beiden ECHO-Anweisungen wurden eingefügt, weil die verwendetete Version von Word kopiergeschützt ist und den Zugriff auf die Programmdiskette verlangt. Der Befehl PAUSE hält den Stapelprogrammlauf an und wartet auf die Betätigung einer Taste.

- **:F8** führt ebenfalls einen Aufruf von Word an. Word startet allerdings erst, nachdem alle notwendigen Dateien auf die RAM-Disk kopiert wurden. Die Systemmeldung "1 Datei(en) kopiert" wird durch Umleitung auf den **fiktiven Gerätetreiber NUL** unterdrückt. Anschließend sichert nach dem Verlassen von Word ein weiterer COPY-Befehl die letzte in MW.INI gespeicherte Einstellung.

- **:F10** leitet eine charakteristische Folge von Befehlen ein, um den Benutzer in ein Unterverzeichnis zu führen und das Programm ME-NU.BAT zu beenden. Nach dem Sprung zum Ende von MENU.BAT erfolgt die Ausgabe eines Hinweises auf die Funktion der Tastenkombination Alt-Y.

- **:Z3** führt eine Reihe von Anweisungen an, die ein Beispiel dafür geben, wie man ein Untermenü innerhalb der MENU.BAT formuliert. Zur Gestaltung des Rahmens des Menübildes siehe Abschnitt 3.3.5.1. Das Programm MENUKEYS.EXE sorgt wieder für die Tastaturabfrage.

- **:Z5** bildet den Ausgang ins Stammverzeichnis.

- **:Z6 bis :Z0** sind ungenutzte Labels; sie entsprechen den noch frei definierbaren Menüpunkten. Ein Menü von mehr als 20 Menüpunkten ist zu unübersichtlich, deshalb beschränkt sich das Programm MENU-KEYS.EXE auf diese Anzahl. Weitere Menüpunkte sollten in Untermenüs verwaltet werden.

```
echo off
cls
cd \
rem Name : c:\hilfe\stapel\menu.bat
rem Zweck: Menu anzeigen, nach Verzeichnissen wechseln
rem Zweck: und Anwendungen aufrufen
rem ----------------------------------------------------------
type menu.txt
menukeys 15
if not errorlevel 11 goto ftasten
if errorlevel 20 goto z0
if errorlevel 19 goto z9
if errorlevel 18 goto z8
if errorlevel 17 goto z7
if errorlevel 16 goto z6
if errorlevel 15 goto z5
if errorlevel 14 goto z4
if errorlevel 13 goto z3
if errorlevel 12 goto z2
if errorlevel 11 goto z1
:ftasten
if errorlevel 10 goto f10
if errorlevel 9 goto f9
if errorlevel 8 goto f8
if errorlevel 7 goto f7
if errorlevel 6 goto f6
if errorlevel 5 goto f5
if errorlevel 4 goto f4
if errorlevel 3 goto f3
if errorlevel 2 goto f2
if errorlevel 1 goto f1
:f1
```

Datei MENU.BAT im Modell 3 (Anfang)

```
a:
cd sprache\basica
basica
%0
:f2
cd tool\dbase
%0
:f3
cd sprache\turbo
turbo
%0
:f4
cd tool\dbase
dbase
%0
:f5
cd tool\frame
fw
%0
:f6
cd tool\multip
mp
%0
:f7
cd tool\word
echo Plazieren Sie die Programm-Diskette im Laufwerk  A:
echo und schließen Sie das Laufwerk.
pause
word/c
%0
:f8
cd tool\word
copy word.com d: > nul
copy mw.pgm d: > nul
copy mw.ini d: > nul
copy *.dbs d: > nul
d:
echo Plazieren Sie die Programm-Diskette im Laufwerk  A:
echo und schließen Sie das Laufwerk.
pause
word/c
c:
copy d:mw.ini \tool\word\mw.ini
%0
:f9
cd hilfe\util
menu
%0
:f10
cd hilfe\supercop
type super.txt
goto ende
```

Datei MENU.BAT im Modell 3 (1. Fortsetzung)

```
:z1
cd hilfe\windows
win
%0
:z2
hilfe\util\xtree
%0
:z3
echo
echo
echo
echo
echo
echo
echo
echo
echo
echo
echo
echo
echo
echo
menukeys 4
if errorlevel 4 goto kopi4
if errorlevel 3 goto kopi3
if errorlevel 2 goto kopi2
diskcopy a: b:
%0
:kopi2
diskcopy b: a:
%0
:kopi3
diskcopy a: a:
%0
:kopi4
%0
:z4
echo
echo
echo
echo
echo
echo
echo
echo
echo
echo
echo
echo
echo
echo
echo
echo
```

```
┌──────────────────┐ DISKETTE KOPIEREN ┌──────────────────┐

    W a r n u n g !  Diskcopy löscht alle Dateien
               auf der Zieldiskette.

    F1   Von Laufwerk  A:   nach Laufwerk  B:

    F2   Von Laufwerk  B:   nach Laufwerk  A:

    F3   Von Laufwerk  A:   nach Laufwerk  A:

    F4   Hauptmenü
```

```
┌──────────────────┐ FORMATIEREN ┌──────────────────┐

    W a r n u n g !  Formatieren löscht alle Dateien.

    Laufwerk   A:
                    F1   Nutzdatendiskette
                    F2   Systemdikette

    Laufwerk   B:
                    F3   Nutzdatendiskette
                    F4   Systemdiskette

    Ende            F5   Hauptmenü
```

Datei MENU.BAT im Modell 3 (2. Fortsetzung)

```
menukeys 5
if errorlevel 5 goto form5
if errorlevel 4 goto form4
if errorlevel 3 goto form3
if errorlevel 2 goto form2
format a:/v
%0
:form2
format a:/s/v
%0
:form3
format b:/v
%0
:form4
format b:/s/v
%0
:form5
%0

:z5
goto ende
:z6
:z7
:z8
:z9
:z0
%0
:ende
echo ***************************************
echo Die Tasten Alt + Y führen zum Hauptmenü
echo ***************************************
```

Datei MENU.BAT im Modell 3 (Ende)

3.3.5.3 Programm MENUKEYS.EXE

Ablaufsteuerung über das Programm: Das Programm MENUKEYS.EXE ergänzt die DOS-Stapelbefehle durch die Möglichkeit, innerhalb eines Stapelprogramms eine Eingabe zu machen, um den Ablauf des Stapelprogramms
zu steuern. Der Einsatz von MENUKEYS.EXE beschränkt sich somit nicht
nur auf die Menütechnik zur Verwaltung von Festplatten.

Programmierung in Assembler: Das Programm MENUKEYS.EXE wurde in der
Assemblersprache erstellt. Dadurch bleibt sein Platzbedarf gering, nämlich
1664 Bytes.

Leichte Anpassung des Programms: Das unten dargestellte, vollständige Assembler-Listing ermöglicht es dem Benutzer, das Programm seinen Wünschen anzupassen. Das Programm ist modular aufgebaut. Das Listing wurde ausreichend dokumentiert, so daß schon geringe Assemblerkenntnisse genügen, um es zu modifizieren. Man kann beispielsweise die Texte einfach austauschen. Natürlich muß das Programm nach jeder Änderung neu assembliert und gelinkt werden - eine Angelegenheit von wenigen Minuten, die vermutlich jede PC-Vertretung im Rahmen ihrer Serviceleistungen ausführen wird. Einige grundlegende Modifizierungsmöglichkeiten im Detail:

Datensegment:

- **OKMELD** kann statt "Wählen Sie bitte . ." ein anderer bis zu 64 Zeichen langer Text sein.

- **ALTY** enthält einen String, der die Tastenkombination Alt-Y mit den Befehlen C:, CLS, CD\, CLS, MENU, CLS belegt. Den String führen die Zeichen Escape (27), eckige Klammer (91) an. Diese Zeichen veranlassen DOS, im Treiber für die erweiterte Tastatur- und Bildschirmsteuerung ANSI.SYS sogenannte **Escape-Sequenzen** erzeugen. Diese können verschiedenen Zwecken dienen: hier sollen sie eine Tastenbelegung bewirken.
  Die nächsten Zeichen, 0 und 21, getrennt durch Semikolons, sind der erweiterte ASCII-Code für die Tastenkombination Alt-Y. Darauf folgen die ASCII-Code-Nummern für die schon oben genannten Befehle. Die Nummer 13 bedeutet Return-Taste (CR). Der String schließt mit dem Kleinbuchstaben "p". Das Dollarzeichen wird vom Assemblierer als String-Ende-Zeichen verarbeitet.
  Wenn die Tastenkombination Alt-Y nicht zu einem Menü auf Laufwerk C:, sondern auf einem anderen Laufwerk wie z.B. D: oder E: führen soll, so tauscht man die erste 67 (C) gegen 68 (D) oder 69 (E) aus.

- **AUTOR** soll die Bezugsperson bezeichnen, die in Problemfällen weiterhelfen soll. Es kann in Betrieben sinnvoll sein, hier den Namen der betriebsinternen Bezugsperson oder deren Telefonnummer einzusetzen. Die ersten 15 Zeichen dieses Strings werden angezeigt.

Prozeduren:

- **Die Prozedur PROMPT** setzt zur Ausgabe des Textes "Wählen Sie bitte ..." das Zeichenattribut 240 für inverse und blinkende Darstellung. Das Zeichenattribut 112 setzt die inverse Ausgabe ohne Blinken. Andere Zeichenattribute für die Anzeige auf schwarzen Hintergrund:
  - 007   normal
  - 015   intensiv
  - 143   intensiv und blinkend

- **BEZUG** ist die Prozedur zur Anzeige eines Namens. Natürlich können die beiden von PROMPT und BEZUG angezeigten Texte auch völlig verändert oder ausgetauscht werden. Auch der Schleifenwert sowie Zeile und Spalte der Cursorposition sind beliebig verstellbar. Im Gegensatz zu den Zeichenattributen wurden diese Werte hexadezimal angegeben.

```
TITLE     MENUKEYS.ASM

          ;AUFRUF: MENUKEYS parameter
          ;ROUTINE FUER DIE ABFRAGE DER TASTEN F1 - F10 UND 1 - 0
          ;UND ENTSPRECHENDE SPEICHERUNG DER ZAHLEN 1 - 20 IN AL.
          ;DURCH EINEN PARAMETER VON 1 - 20 KANN BEIM PROGRAMMAUF-
          ;RUF DIE ANZAHL DER ZULÄSSIGEN TASTEN BESTIMMT WERDEN.
          ;DAS REGISTER AL KANN MITTELS DER DOS-STAPEL-ANWEISUNG
          ;'ON ERRORLEVEL' ABGEFRAGT WERDEN. DAMIT IST ES MOEGLICH
          ;IN DOS MENU-STAPELPROGRAMME MIT BIS ZU 20 MENUEPUNKTEN
          ;ZU VERFASSEN.

          ;AUSSERDEM WEIST DAS PROGRAMM DER TASTENKOMBINATION
          ;ALT+Y DIE DOS-BEFEHLE C:,CD\ und MENU  ZU. DIE TASTEN
          ;ALT+Y FUEHREN DANN ZURÜCK INS ROOT-DIRECTOY UND ZUM
          ;AUFRUF DES HAUPTMENÜS. DIESE TASTENBELEGUNG WIRD NUR
          ;DANN AKTIV, WENN DIE KONFIGURATIONSDATEI CONFIG.SYS DEN
          ;BEFEHL DEVICE=ANSI.SYS ENTHÄLT UND DIE DATEI ANSI.SYS
          ;VERFÜGBAR IST
;***************************** MACROS ***********************************

DOSCALL MACRO
          INT       21H                ;DOS-DIENSTPROGRAMM RUFEN
          ENDM


BIOCALL MACRO
          INT       10H                ;BIOS-DIENSTPROGRAMM RUFEN
          ENDM


RETURN  MACRO                          ;RÜCKKEHRADRESSE SICHERN
          PUSH      DS                 ;RÜCKKEHRADRESSE AUF DEN STACK
          SUB       AX,AX              ;REGISTER LEEREN
          PUSH      AX                 ;NULL-RÜCKKEHRADRESSE AUF DEN STACK
          ENDM


DSLOAD  MACRO                          ;DATENSEGMENT-ADRESSE INS DS LADEN
          MOV       AX,DATENS          ;SEGMENTADRESSE DES DATENBEREICHS INS AX LADEN
          MOV       DS,AX              ;        "        INS DATENSEGMENTREG. UMLADEN
          ENDM


CURSOFF MACRO                          ;CURSOR AUSSCHALTEN
          MOV       AH,1
          MOV       CH,OEH
          MOV       CL,OEH
          BIOCALL
          ENDM
```

Assembler-Listing MENUKEYS.ASM von MENUKEYS.EXE
(Anfang)

```
CURSON1 MACRO                       ;CURSORANZEIGE WIEDERHERSTELLEN (MONO)
        MOV     AH,1
        MOV     CH,OCH
        MOV     CL,ODH
        BIOCALL
        ENDM


CURSON2 MACRO                       ;CURSORANZEIGE WIEDERHERSTELLEN (COLOR)
        MOV     AH,1
        MOV     CH,07H
        MOV     CL,08H
        BIOCALL
        ENDM


CURSPOS MACRO   ZEILE,SPALTE        ;CURSOR POSITIONIEREN
        MOV     DH,ZEILE            ;CURSORPOSITION ZEILE  EINSTELLEN
        MOV     DL,SPALTE           ;          "          SPALTE       "
        XOR     BX,BX               ;SEITE 0
        MOV     AH,2                ;CURSOR SETZEN
        BIOCALL                     ;DITO
        ENDM


CLEAR   MACRO                       ;BILDSCHIRM LÖSCHEN
        XOR     AX,AX
        MOV     AH,6
        MOV     AL,0
        MOV     CH,0
        MOV     CL,0
        MOV     DH,24
        MOV     DL,79
        MOV     BH,7
        BIOCALL
        ENDM

;***************************************** STAPELSEGMENT ********************************************
STACKS  SEGMENT BYTE STACK 'STACK'
        DB      64 DUP('S')
STACKS  ENDS
;***************************************** DATENSEGMENT *********************************************
DATENS  SEGMENT PARA PUBLIC 'DATA'
PARAM   DW ?
WERT    DW ?
FMELD   DB '<<<<<<<<<<<<<<<<<< Parameter-Fehler beim Start von MENUKEYS.EXE  >>>>>>>>>>>>>>>>$'
OKMELD  DB '  Wählen Sie bitte . . .                        $'
ALTY    DB '[^[0;21;67;58;13;67;76;83;13;67;68;92;13;67;76;83;13;77;69;78;85;13;67;76;83;13p$'
AUTOR   DB 'D.Franz 01.87  1987 v. Dietrich Franz, Schillerstr. 23,69 Heidelberg 1'
DATENS  ENDS
```

Assembler-Listing MENUKEYS.ASM von MENUKEYS.EXE
(1. Fortsetzung)

```
;************************** PROGRAMMSEGMENT **************************
PROGS    SEGMENT PARA PUBLIC 'CODE'
;************************** HAUPTPROGRAMM **************************
STARTP   PROC    FAR
         ASSUME CS:PROGS,DS:DATENS,SS:STACKS,ES:NOTHING
         ORG     100H
START:
         RETURN                    ;RÜCKKEHRADRESSE SICHERN
         DSLOAD                    ;DATENSEGMENT-ADRESSE LADEN
         CURSOFF                   ;CURSOR AUSSCHALTEN
         CALL    ARGUCHK           ;ARGUMENT AUF ZULÄSSIGE LÄNGE (1, 2) PRÜFEN
         CALL    CONVERT           ;PARAMETER NUMERISCH KONVERTIEREN U. SPEICHERN
         CALL    PROMPT            ;EINGABEAUFFORDERUNG AUSGEBEN
         CALL    BEZUG             ;BEZUGSPERSON SCHREIBEN
         CALL    KEYS              ;TASTEN ABFRAGEN, ENTSPR. WERT BERECHN.,SPEICH.
         CALL    TASTE             ;ALT-Y TASTE DEFINIEREN
         CALL    SCREEN            ;BILDSCHIRM FÜR ABBRUCH VORBEREITEN
         CALL    ENDE              ;PROGRAMM BEENDEN
STARTP   ENDP

;************************** PROZEDUREN **************************

ARGUCHK  PROC    NEAR             ;ARGUMENT AUS PROGRAMMAUFRUF PRÜFEN
         MOV     CH,[ES:80H]       ;LÄNGE D. ARGUMENTS LADEN
         CMP     CH,2              ;PRÜFEN AUF LÄNGE = 2
         JE      RETUR2            ;WENN JA: OK
         CMP     CH,3              ;PRÜFEN AUF LÄNGE = 3
         JE      RETUR2            ;WENN JA: OK
         CALL    FEHLER            ;ANDERNFALLS: PARAMETERFEHLER UND ABBRUCH
RETUR2:  RET
ARGUCHK  ENDP

CONVERT  PROC NEAR                ;PARAMETER IN NUMERISCHEN WERT KONVERTIEREN
         XOR     BX,BX
         MOV     BL,[ES:82H]       ;1.ZIFFER LADEN
         CMP     BL,'1'            ;BEREICHSUNTERGRENZE PRÜFEN
         JGE     PRUEF1            ;WENN BL > = 0 WEITER, SONST:
         CALL    FEHLER            ;FEHLERMELDUNG UND ABBRUCH
PRUEF1:  CMP     BL,'9'            ;BEREICHSOBERGRENZE PRÜFEN:
         JLE     WANDL1            ;WENN BL < = 9 WEITER, SONST:
         CALL    FEHLER            ;FEHLERMELDUNG UND ABBRUCH
WANDL1:  AND     BX,OFH            ;UMWANDLUNG ASCII-CODE IN ZIFFER
         MOV     PARAM,BX          ;BX SPEICHERN
         CMP     CH,2              ;FALLS PARAMETER 1-STELLIG:
         JE      RETUR3            ;PROZEDUR BEENDEN
         MOV     AX,BX             ;FALLS PARAMETER 2-STELLIG:
         MOV     BX,10             ;1. ZIFFER MIT 10 MULTIPLIZIEREN
         MUL     BX                ;DITO
```

Assembler-Listing MENUKEYS.ASM von MENUKEYS.EXE
(2. Fortsetzung)

```
PRUEF2:
        SUB     BX,BX
        MOV     BL,[ES:83H]     ;2.ZIFFER LADEN
        CMP     BL,'0'          ;BEREICHSUNTERGRENZE PRÜFEN:
        JGE     PRUEF3          ;WENN BL >= 0 WEITER, SONST:
        CALL    FEHLER          ;FEHLERMELDUNG UND ABBRUCH
PRUEF3: CMP     BL,'9'          ;BEREICHSOBERGRENZE PRÜFEN:
        JLE     WANDL2          ;WENN BL <= 9 WEITER, SONST:
        CALL    FEHLER          ;FEHLERMELDUNG UND ABBRUCH
WANDL2: AND     BX,OFH          ;UMWANDLUNG ASCII-CODE IN ZIFFER
        ADD     BX,AX           ;UND ZUR 10-ER-STELLE ADDIEREN
        CMP     BX,20           ;PARAMETERWERT PRÜFEN
        JLE     STORE2          ;FALL PARAMETER <= 20: ZUM SPEICHERN
        CALL    FEHLER          ;ANDERNFALLS: FEHLERMELDUNG UND ABBRUCH
STORE2: MOV     PARAM,BX        ;NUMER. INHALT V. BX SPEICHERN ZUR ENDPRÜFUNG
RETUR3: RET
CONVERT ENDP


FEHLER  PROC    NEAR            ;FEHLERMELDUNG: FALSCHER PARAMETER
        CLEAR                   ;BILDSCHIRM LÖSCHEN
        CURSPOS 0,0             ;CURSOR IN LINKE OBERE ECKE
        MOV     DX,OFFSET FMELD ;OFFSET DER MELDUNG INS DX
        MOV     AH,9            ;DOS-FUNKTION 'STRING ANZEIGEN'
        DOSCALL
        INT     11H             ;CONFIGURATION MONO- O.COLORSCHIRM PRÜFEN
        AND     AL,30H          ;BITS 4 U. 5 DES AL HERAUSFILTERN
        CMP     AL,30H          ;AL AUF DEN INHALT 00110000 VERGLEICHEN
        JL      COLOR1          ;FALLS AL KLEINER ALS 00110000: COLOR
        CURSON1                 ;MONO-CURSOR WIEDERHERSTELLEN
        JMP     FEHLEND
COLOR1:
        CURSON2                 ;COLOR-CURSOR WIEDERHERSTELLEN
FEHLEND:
        CALL    ENDE            ;PROGRAMMENDE
FEHLER  ENDP


PROMPT  PROC    NEAR            ;EINGABEAUFFORDERUNG SCHREIBEN
        MOV     BX,OFFSET OKMELD
        MOV     DH,17H          ;CURSORPOSITION ZEILE EINSTELLEN
        MOV     DL,-1           ;      "         SPALTE       "
        MOV     CX,45H          ;SCHLEIFE AUF 69 EINSTELLEN


LOOP2:
        INC     DL              ;CURSORPOSITION SPALTE UM 1 WEITERBEWEGEN
        MOV     AH,2            ;CURSOR SETZEN
        BIOCALL                 ;DITO
        MOV     AL,[BX]         ;ZU SCHREIBENDES ZEICHEN LADEN
        PUSH    BX
```

Assembler-Listing MENUKEYS.ASM von MENUKEYS.EXE
(3. Fortsetzung)

```
          PUSH    CX
          MOV     BH,0          ;BILDSCHIRMSEITE = 0
          MOV     BL,240        ;ZEICHENATTRIBUT F.INVERS U.BLINKEND
          MOV     CX,1          ;ZEICHENWIEDERHOLUNGSFAKTOR = 1
          MOV     AH,9          ;ZEICHEN AUF BILDSCHIRM SCHREIBEN
          BIOCALL               ;DITO
          POP     CX
          POP     BX
          INC     BX            ;POSITION DES NÄCHSTEN ZEICHENS BERECHNEN
          LOOP    LOOP2         ;SCHLEIFE, WENN NICHT 69 ZEICHEN GESCHRIEBEN
          RET
PROMPT    ENDP

BEZUG     PROC    NEAR          ;BEZUGSPERSON ANZEIGEN
          MOV     BX,OFFSET AUTOR
          MOV     DH,17H        ;CURSORPOSITION ZEILE  EINSTELLEN
          MOV     DL,3FH        ;        "          SPALTE       "
          MOV     CX,OFH        ;SCHLEIFE AUF 15 EINSTELLEN
LOOP3:
          INC     DL            ;CURSORPOSITION SPALTE UM 1 WEITERBEWEGEN
          MOV     AH,2          ;CURSOR SETZEN
          BIOCALL               ;DITO
          MOV     AL,ÄBXÜ        ;ZU SCHREIBENDES ZEICHEN LADEN
          PUSH    BX
          PUSH    CX
          MOV     BH,0          ;BILDSCHIRMSEITE = 0
          MOV     BL,112        ;ZEICHENATTRIBUT F. INVERS
          MOV     CX,1          ;ZEICHENWIEDERHOLUNGSFAKTOR = 1
          MOV     AH,9          ;ZEICHEN AUF BILDSCHIRM SCHREIBEN
          BIOCALL               ;DITO
          POP     CX
          POP     BX
          INC     BX            ;POSITION DES NÄCHSTEN ZEICHENS BERECHNEN
          LOOP    LOOP3         ;SCHLEIFE, WENN NICHT 15 ZEICHEN GESCHRIEBEN
          CURSPOS 18H,0         ;CURSOR EINSTELLEN
          RET
BEZUG     ENDP

KEYS      PROC    NEAR
LOOP4:
          XOR     AX,AX
          MOV     AH,8H         ;ZEICHEN VON TASTATUR HOLEN
          DOSCALL               ;DITO
          CMP     AL,0          ;PRÜFEN,OB ERWEITERTER CODE (F.FUNKTIONSTASTEN)
          JNE     WEITER1       ;FALLS NEIN: AUF ZIFFERNCODE PRÜFEN, FALLS JA:
          DOSCALL               ;ZWEITER AUFRUF NOTWENDIG (ERWETERTER ASCII !)
          CMP     AL,3BH        ;FALLS AL KLEINER ALS TASTE F1:
          JL      LOOP4         ;FALSCHE EINGABE: SCHLEIFEN
          SUB     AL,3AH        ;58 SUBTRAHIEREN, DAMIT AL WERTE 1 - 10 ANNIMMT
          JMP     ENDCHK        ;ZUR ENDPRÜFUNG
```

Assembler-Listing MENUKEYS.ASM von MENUKEYS.EXE
(4. Fortsetzung)

```
WEITER1:
        CMP      AL,30H           ;AUF ZIFFERNTASTE 0 VERGLEICHEN:
        JL       LOOP4            ;FALLS TASTENWERT KLEINER: SCHLEIFEN
        JNE      WEITER2          ;FALLS      "     UNGLEICH : ZUM SUBTRAHIEREN
        MOV      AL,20            ;20 INS AL LADEN
        JMP      ENDCHK           ;ZUR ENDPRÜFUNG
WEITER2:
        SUB      AL,26H           ;38 SUBTRAHIEREN, DAMIT AL WERTE 11-19 ANNIMMT
ENDCHK:
        AND      AX,00FFH         ;NIEDERWERTIGEN TEIL VON AX EXTRAHIEREN
        MOV      BX,PARAM         ;PARAMETERWERT LADEN
        CMP      AX,BX            ;EINGABE MIT PARAMETER VERGLEICHEN, FALLS
        JG       LOOP4            ;EINGABE GRÖSSER: SCHLEIFEN
        MOV      WERT,AX          ;AX FUERS PROGRAMMENDE RETTEN
KEYS    ENDP


TASTE   PROC     NEAR            ;TASTEN ALT-Y DEFINIEREN
        MOV      DX,OFFSET ALTY  ;OFFSET DES STEUERSTRING INS DX
        MOV      AH,9            ;DOS-FUNKTION 'STRING ANZEIGEN'
        DOSCALL
TASTE   ENDP


SCREEN  PROC     NEAR            ;ABBRUCH VORBEREITEN
        CLEAR                    ;BILDSCHIRM LÖSCHEN
        CURSPOS 0,0              ;CURSOR EINSTELLEN
        INT      11H             ;CONFIGURATION MONO- O.COLORSCHIRM PRÜFEN
        AND      AL,30H          ;BITS 4 U. 5 DES AL HERAUSFILTERN
        CMP      AL,30H          ;AL AUF DEN INHALT 00110000 VERGLEICHEN
        JL       COLOR2          ;FALLS AL KLEINER ALS 00110000: COLOR
        CURSON1                  ;MONO-CURSOR WIEDERHERSTELLEN
        JMP      SCREND
COLOR2:
        CURSON2                  ;COLOR-CURSOR WIEDERHERSTELLEN
SCREND:
SCREEN  ENDP


ENDE    PROC     NEAR            ;PROGRAMM BEENDEN
        MOV      AX,WERT
        MOV      AH,4CH
        DOSCALL
ENDE    ENDP


;**************************************  PROGRAMMENDE  **************************************

PROGS   ENDS
        END      START
```

Assembler-Listing MENUKEYS.ASM von MENUKEYS.EXE
(Ende)

3.3.6   Schritt 6: Einfügen von Untermenüs

In MS-DOS kann man - wie schon gezeigt - baumartige Verzeichnisstrukturen definieren. Aus dem Stammverzeichnis läßt man Äste (Unterverzeichnisse) wachsen, die sich wiederum verästeln können und schließlich in den Blättern (Dateien) enden. Um eine dieser Struktur angepaßte Menütechnik zu schaffen, braucht man auch Untermenüs. Die Untermenüs unterscheiden sich im Prinzip nicht vom Hauptmenü. Dennoch gibt es einige neue Aspekte zu beachten:

- **Ausgang zum Hauptmenü:** Ein Untermenü besitzt immer einen Menüpunkt, der zum Hauptmenü zurückführt.

- **Ausgang zur Betriebssystem-Ebene:** Es sollte auch einen Menüpunkt haben, der den Ausgang ins DOS anbietet: und zwar in das Unterverzeichnis, in welchem das Untermenü steht. Das ist sinnvoll, um Änderungen innerhalb des Unterverzeichnisses vornehmen zu können. Im folgenden Beispiel ist das der Punkt F4.

- **Einsatz des Tastaturtreibers ANSI-SYS:** Im Hauptmenü wurden die Tasten Alt-Y durch MENUKEYS.EXE mit einer Befehlsfolge belegt, die die Rückkehr von DOS zum Hauptmenü verursacht. Für den Aufruf des Untermenüs von der DOS-Ebene aus sollte eine neue Tastenbelegung eingeführt werden, z.B. Alt-Q o.ä. Dazu ändern wir nicht etwa das Programm MENUKEYS.EXE, sondern wir verwenden in DOS-Handbüchern nicht dargestellte Techniken für den Einsatz des Tastaturtreibers ANSI.SYS.

- **Tasten sperren:** Da die Tasten Alt-Q zuweilen auch in Anwenderprogrammen Verwendung finden, sind sie beim Aufruf des Hauptmenüs vorsichtshalber wieder zu deaktivieren.

Nehmen wir nun an, es sei zur Anschaffung weiterer Utilities gekommen: zum Programm PCTOOLS kommen noch die NORTON UTILITIES und das PatchProgramm SZAP hinzu. Wir hängen an das Verzeichnis HILFE\UTIL die Verzeichnisse NORTON und SZAP an.

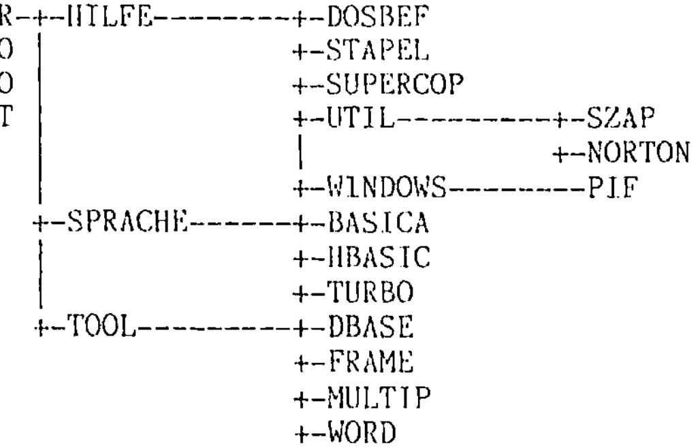

```
R-+-HILFE---------+-DOSREF
O |                +-STAPEL
O |                +-SUPERCOP
T |                +-UTIL----------+-SZAP
  |                |               +-NORTON
  |                +-WINDOWS--------PIF
  +-SPRACHE-------+-BASICA
  |               +-HBASIC
  |               +-TURBO
  +-TOOL----------+-DBASE
                  +-FRAME
                  +-MULTIP
                  +-WORD
```

Erweiterte Verzeichnisstruktur mit den neuen
Unterverzeichnissen NORTON und SZAP

Die Datei MENU.TXT im Stammverzeichnis ändert sich im Punkt 9. Dort steht jetzt statt

```
        F9              PC Tools           Esc          Hilfe
```

der neue Text:

```
        F9              Utility-Menü       F5           Hilfe\Util
```

Auch in der Datei MENU.BAT des Stammverzeichnisses werden einige Zeilen unter dem Label :F9 ausgetauscht. Der bisherige Programmtext

```
        :f9
        cd hilfe\util
        pctools
        %0
```

wird geändert zu:

```
        :f9
        cd hilfe\util
        menu
        %0
```

Statt des Programms PCTOOLS wird nun im Verzeichnis HILFE\UTIL das Untermenü aufgerufen.

3.3.6.1 Datei MENU.TXT im Unterverzeichnis HILFE\UTIL

Erweiterte DOS-Bildschirmsteuerung: Das Untermenü kann man nun genauso gestalten wie das Hauptmenü auch. Falls man aber ein wenig Spaß an abwechslungsreicher Gestaltung hat, kann man die erweiterte Bildschirmsteuerung des DOS ausnutzen.
Voraussetzung ist die Aktivierung des Tastaturtreibers ANSI.SYS mittels der Konfigurationsdatei CONFIG.SYS beim Systemstart. Bestimmte mit einem Escape-Zeichen verbundene Zeichenketten beeinflussen die Darstellungsattribute aller folgenden Zeichen am Bildschirm. Man kann solche sogenannte **Escape-Folgen bzw. Escape-Sequenzen** zwischen andere Zeichen einfügen. Die damit erreichbaren optischen Effekte sind bei Farbildschirmen besonders schön.

Eintippen von Escape: Wenn man als Editor EDLIN benutzt, muß das Escape-Zeichen etwas mühselig eingegeben werden. Man teilt EDLIN durch Drücken der Tasten Ctrl-V mit, daß man ein Steuerzeichen eingeben will. Dann gibt man die "eckige Klammer auf" ein und hat somit ein Escape-Zeichen erzeugt. Bei anderen Editoren oder Textsystemen läßt sich Escape durch Festhalten der Alt-Taste und Tippen der Tasten 2 bzw. 7 des numerischen Tastenblocks erfassen. An zwei Beispielen sei die Vorgehensweise beschrieben.

1. Beispiel einer Escape-Sequenz über BILD1:
Die Sequenz wird mit hier mit Hilfe von EDLIN.COM erstellt. Die genaue Eingabereihenfolge nach dem Aufruf des Editors lautet:
- Der EDLIN-Befehl I läßt hier EDLIN mit Zeile 1 beginnen.
- **Ctrl-V Alt-91** erzeugt ein Escape-Zeichen, welches von EDLIN später in der Form ^[angezeigt wird (siehe Abbildung).

- **Alt-91 1m** ist die Steuerzeichenfolge für intensive Anzeige.
- **Alt-219 Alt-219** bildet ein Quadrat aus 2 ASCII-Zeichen mit Nr. 219
- Der Rest der Zeile wird ebenso eingegeben, wobei 1m und 0m (normale Anzeige) jeweils wechseln.
- Das Zeichen ^C bedeutet Ctrl-C: Ctrl-C beendet die Eingabe.
- Der Befehl 1 (eins) zeigt die Zeile 1 an. Die veränderte Schreibweise des Escape-Zeichens wird sichtbar.
- Der EDLIN-Befehl E speichert die Datei.

```
B:\>edlin bild1
Neue Datei
*i
        1:*^V[[1m   ^V[[0m   ^V[[1m   ^V[[0m   ^V[[1m
        2:*^C

*1
        1:*[^[1m  [^[0m  [^[1m  [^[0m  [^[1m
        1:*^C

*e                                  Unterstrichen = unsere Eingabe
```

Eingabe der Datei BILD1 als Beispiel für die Eingabe
von Escape-Sequenzen mittels EDLIN.COM

Der Befehl
```
type bild1
```
zeigt nun intensive und normale Quadrate im Wechsel an.

2. Beispiel einer Escape-Sequenz über BILD2:

Das folgende Beispiel soll kosmetische Möglichkeiten des erweiterten IBM-ASCII-Zeichensatzes in Verbindung mit Steuersequenzen zeigen (weitere Beispiele enthalten die Abschnitte 4.3ff über Stapeldateien). Die Eingabe ist etwas komplizierter, weil die Umrahmung der Meldung mit fünf verschiedenen Zeichen (ASCII-Nummern 179, 191, 192, 217 und 218) erfolgt.

- Die Zeile 1 macht den Bildschirm leer (Esc[2J) und stellt das Anzeigeattribut auf invers (Esc[7m) um.
- Es folgen die Grafikzeichen und die Mitteilung. Alle Grafikzeichen sind über die Alt-Taste bei gleichzeitigem Tippen der entsprechenden ASCII-Nummer einzugeben.
- Die Zeile 9 schließt mit der Escapefolge für die normale Anzeige ab (Esc[m oder Esc[0m).

```
1: [^[2J[^[7m
2:
3: ┌┐┌┐┌┐┌┐┌┐┌┐┌┐┌┐┌┐┌┐┌┐┌┐┌┐┌┐┌┐┐
4: └┐                              ┌┘
5: ┌┘      W I C H T I G E         └┐
6: └┐      M I T T E I L U N G !    ┌┘
7: ┌┐┌┐┌┐┌┐┌┐┌┐┌┐┌┐┌┐┌┐┌┐┌┐┌┐┌┐┌┐┐
8: └┘└┘└┘└┘└┘└┘└┘└┘└┘└┘└┘└┘└┘└┘└┘┘
9:*                              [^[m
```

Datei BILD2 zeigt einen Rahmen aus 5 Zeichen

Für den Monochrom-Bildschirm sind sechs Zeichenattribut-Nummern vorgesehen.

Nr.	Wirkung
0	normal helle Zeichen auf dunklem Grund
1	intensiv leuchtende Zeichen
4	unterstrichene Zeichen
5	blinkende Zeichen
7	inverse Zeichen, dunkle Schrift auf hellem Grund
8	Zeichen bleiben unsichtbar bis ein anderes Attribut gewählt wird

Zeichenattribut-Nummern für Monochrom-Bildschirm

Zeichen "unsichtbar" machen: Die Nummer 8 kann in all den Fällen verwendet werden, in denen über die Tastatur eingegebene Zeichen nicht für jeden sichtbar sein sollen. Man fertigt sich beispielsweise eine Datei AUS und eine Datei EIN mit den Attributen 8 und 0 und kann damit die Anzeige nach Belieben aus- und einschalten.

Zeichenattribute mischen: Die Attribute können auch gemischt werden. Sie können auch wie andere Escape-Sequenzen mit dem ECHO-Befehl in einer Stapeldatei oder mit dem Befehl PROMPT an die Datei ANSI.SYS weitergeleitet werden.
Der Farbbildschirm nimmt die Attribute 30 bis 37 für Vordergrundfarben und 40 bis 47 für Hintergrundfarben an.

Die Datei MENU.TXT für das Untermenü soll folgendes Erscheinungsbild haben, wobei wir die Attribute 7 und 0 benutzen (siehe Beispiel 2 oben).

```
┌─────────────────────┐ UNTERMENÜ HILFE\UTIL ┌─────────────────────┐
│ ┌───────────────────────────────────────────────────────────────┐ │
│ │                                                                 │ │
│ │  Aufruf: Auswahl:           Rückkehr:   Verzeichnis:           │ │
│ │                                                                 │ │
│ │    F1    Norton Utilities   Esc         Hilfe\Util\Norton      │ │
│ │                                                                 │ │
│ │    F2    PCTOOLS            Esc         Hilfe\Util             │ │
│ │                                                                 │ │
│ │    F3    SZAP               Ctrl-Q      Hilfe\Util\Szap        │ │
│ │                                                                 │ │
│ │    F4    Ausgang zu DOS                 Hilfe\Util             │ │
│ │                                                                 │ │
│ │    F5    Hauptmenü                      Root                   │ │
│ └───────────────────────────────────────────────────────────────┘ │
└───────────────────────────────────────────────────────────────────┘
```

Datei MENU.TXT im Verzeichnis HILFE\UTIL

3.3.6.2 Datei MENU.BAT im Unterverzeichnis HILFE\UTIL

Im Unterverzeichnis HILFE\UTIL muß nun die Datei MENU.BAT zur Steuerung der Zugriffe auf weitere Unterverzeichnisse und Programme eingerichtet werden. Dazu verwenden wir MENU.BAT aus dem Stammverzeichnis und ändern diese Datei dem untenstehendem Listing entsprechend ab.

- Weil nur 5 Menüpunkte zu Auswahl stehen, setzen wir den Parameter von MENUKEYS.EXE auf diesen Wert.

- :F1 führt den Benutzer ins Verzeichnis \HILFE\UTIL\NORTON und setzt ihn dann auf der DOS-Ebene ab. Von dort kann er nach getaner Arbeit mit den Tasten Alt-Q ins Untermenü oder mit Alt-Y ins Hauptmenü gelangen.

- :F2 ruft das Programm PCTOOLS auf, das wir wie bisher im Verzeichnis \HILFE\UTIL vorfinden. Es wäre logisch, für dieses Programm ein separates Verzeichnis einzurichten. Es wurde hier belassen, um lediglich eine weitere Menüvariante zu demonstrieren.

- :F3 wechselt ins Unterverzeichnis SZAP, ruft das Programm SZAP auf und kehrt ins Verzeichnis \HILFE\UTIL zurück, um MENU.BAT (%0) auszuführen.

- :F4 bildet den Ausgang ins Verzeichnis \HILFE\UTIL.

- :F5 führt nach einem Wechsel ins Hauptverzeichnis wieder ins Hauptmenu. Vorher wird jedoch ein ECHO-Befehl ausgeführt, der die Tastenkombination Alt-Q auf ihren ursprünglichen Wert zurücksetzt. Unter dem Label :ENDE erhält Alt-Q eine Folge von Befehlen zugewiesen. Diese Tastenbelegung wird hier aufgehoben.

- :F6 bis :Z0 sind unbenutzte Labels.

- :ENDE definiert die Tasten Alt-Q, bevor MENU.BAT nach Ausgabe eines entsprechenden Textes endet. Die Sequenz Escape (eckige Klammer) ^[

  kennen wir schon vom Einsatz der Escape-Sequenzen für die Bestimmung der Zeichenattribute her (Abschnitt 3.3.6.1). Diese Sequenz teilt dem System mit, daß der Tastaturtreiber ANSI.SYS angesprochen werden soll.

- 0;16; ist ein erweiterter Tastencode und steht für die Tastenkombination Alt-Q (siehe z.B. "ASCII-Zeichencodes" und "Erweiterte Codes" im Anhang des BASIC-Handbuchs von IBM). Der Tastencode muß der zweiten eckigen Klammer folgen.

- "cd\hilfe\util";13; ist der Befehl zum Wechseln ins das Verzeichnis namens \HILFE\UTIL, gefolgt vom ASCII-Code für die Return-Taste (13). Der zweite durch Alt-Q ausgelöste Befehl ist "menu", wiederum abgeschlossen durch die Return-Taste.

- Jede Escape-Sequenz für die Tastendefinition schließt mit dem Kleinbuchstaben

       p

  ab. Davor steht kein Semikolon.

- Tastenbelegung aufheben: Die Escape-Sequenz unter dem Label :F5
  zeigt, wie eine Tastenbelegung rückgängig gemacht wird: man weist
  der Taste einfach Ihren ursprünglichen Wert zu.

```
echo off
cls
rem Name : c:\hilfe\util\menu.bat
rem Zweck: Menu anzeigen, Anwendungen aufrufen
rem Zweck: und/oder nach Verzeichnissen wechseln.
rem ----------------------------------------------------------
type menu.txt
menukeys 5
if not errorlevel 11 goto ftasten
if errorlevel 20 goto z0
if errorlevel 19 goto z9
if errorlevel 18 goto z8
if errorlevel 17 goto z7
if errorlevel 16 goto z6
if errorlevel 15 goto z5
if errorlevel 14 goto z4
if errorlevel 13 goto z3
if errorlevel 12 goto z2
if errorlevel 11 goto z1
:ftasten
if errorlevel 10 goto f10
if errorlevel 9 goto f9
if errorlevel 8 goto f8
if errorlevel 7 goto f7
if errorlevel 6 goto f6
if errorlevel 5 goto f5
if errorlevel 4 goto f4
if errorlevel 3 goto f3
if errorlevel 2 goto f2
if errorlevel 1 goto f1
:f1
cd norton
goto ende
:f2
pctools
%0
:f3
cd szap
szap
cd\hilfe\util
%0
```

Datei MENU.BAT im Verzeichnis \HILFE\UTIL (Anfang)

```
:f4
goto ende
:f5
echo ^[[0;16;0;16p
cd\
menu
:f6
:f7
:f8
:f9
:f10
:z1
:z2
:z3
:z4
:z5
:z6
:z7
:z8
:z9
:z0
%0
:ende
echo ^[[0;16;"cd\hilfe\util";13;"menu";13p
echo ********************************************
echo Die Tasten Alt + Y rufen das Hauptmenü,
echo Alt + Q das vorangegangene Untermenü.
echo ********************************************
```

Datei MENU.BAT im Verzeichnis \HILFE\UTIL (Fortsetzung)

Unsichtbare Escape-Sequenzen: Die Escape-Ssequenzen im Listing der Stapeldatei MENU.BAT bleiben unsichtbar, wenn man die Datei mit dem Befehl TYPE anzeigen läßt und zuvor ANSI.SYS beim Systemstart aktiviert hat. ANSI.SYS "schluckt" sie auf dem Weg zum Bildschirm. Das merkt man dann daran, daß nach dem Befehl TYPE MENU.BAT die Tasten Alt-Q belegt sind. Die Anzeige von MENU.BAT mittels EDLIN schafft hier Abhilfe.

Festplatten-Wegweiser für IBM PC und Kompatible unter MS-DOS

Von Stapelverarbeitung spricht man dann, wenn eine in einer Stapeldatei gespeicherte Befehlsfolge zu einem bestimmten Zeitpunkt - wie gestapelt - ausgeführt wird. Eine Stapeldatei ist eine Textdatei, in der DOS-Befehle, andere COM- und EXE-Dateien sowie spezielle MS-DOS-Stapelbefehle stehen können.

- In Abschnitt 2.4 wurden die Befehle dargestellt, die MS-DOS speziell für Stapeldateien (Stapelprogramme bzw. Batchprogramme) anbietet.
- In Abschnitt 3 wurden in drei Modellen einfache Stapeldateien zur Festplattenverwaltung eingesetzt.
- Im vorliegenden Abschnitt 4 wird auf fortgeschrittene Methoden und Techniken der Stapelprogrammierung eingegangen - natürlich stets im Hinblick auf die Organisation und Wartung der Festplatte.

4.1 Programmierung von Stapeldateien

4.4.1 Allgemeine Programmiertips

Die folgenden 17 Punkte geben - alphabetisch geordnet - einige wichtige Tips zur Programmierung von Stapeldateien:

1) **Bedienerfreundlich** müssen Stapeldateien in jedem Fall sein: Der Benutzer muß Hinweise und Warnungen erhalten. Auf die richtige Syntax ist insbesondere beim unkorrekten Programmaufruf hinzuweisen. Eine Datei darf nur nach vorheriger Eingabeprüfung gelöscht werden.

2) **BREAK=ON:** Beim Testen von Stapeldateien ist es oftmals unumgänglich, mit Ctrl-C oder Ctrl-Break einen Ablauf zu unterbrechen (z.B. bei Vorliegen einer Endlosschleife). Mit dem Befehl BREAK=ON erreichen Sie, daß MS-DOS die Tasten Ctrl-C auch immer abfragt. Geben Sie BREAK=ON von Hand ein oder setzen Sie den Befehl in eine der Dateien CONFIG.SYS bzw. AUTOEXEC.BAT (vgl. Abschnitt 2.5.2).

3) **Buffergröße** mit BUFFERS=... über CONFIG.SYS auf z.B. 32 erhöhen: Stapeldateien laufen sehr langsam ab, wenn man sie von der Diskette startet. Stellt man beim Systemstart über CONFIG.SYS (vgl. Abschnitt 2.5.2) mit BUFFERS=16 oder BUFFERS=32 eine größeren Pufferspeicher ein, geht die Ausführung rascher vonstatten. Dies gilt auch für BAT-Dateien, die auf der Festplatte abgelegt sind.

4) **COPY C:\HILFE\STAPEL*.BAT A:** Vor dem Testen von Stapeldateien auf der Festplatte (z.B. im Verzeichnis C:\HILFE\STAPEL) sind diese zur Sicherheit in jeden Fall auf einen anderen Externspeicher (z.B. auf eine Diskette in Laufwerk B:) zu kopieren.

5) **ECHO ON:** Will eine Stapeldatei einfach nicht laufen - ECHO ON protokolliert Ihnen die Ausführung jedes einzelnen Befehls am Bildschirm. Verwenden Sie dabei Ctrl-S als Start-/Stop-Schalter.

6) **Erstellen einer Stapeldatei S.BAT** (als Beispiel) auf vier Arten:
   1. edlin s.bat (Editor aufrufen)
   2. word, wordstar usw (Textverarbeitungsprogramm)
   3. copy con s.bat .... Ctrl-Z
   4. type con > s.bat .... Ctrl-Z.

7) **FOR-Befehl außerhalb einer Stapeldatei:** Dabei muß die %%Variable als %Variable (also nur ein "%") geschrieben werden (siehe Abschnitt 2.4.2 und 4.1.2, Datei datsuch1.bat). Hinter "%%" bzw. "%" muß ein Buchstabe in Klein- oder Großschreibung folgen: z.B. %%a, %%l, %w.

8) **IF String1==String2** führt einen Stringvergleich durch und berücksichtigt dabei Groß-/Kleinschreibung (z.B. ".BAT" ungleich ".bat").

9) **Menü ruft Stapeldateien auf:** In Stapeldateien sind in der Regel relativ kurze Abläufe niedergeschrieben, d.h. sie belegen selten mehr als 1 KB. Da MS-DOS beim Speichern auf der Festplatte Sektoren stets gruppenweise vergibt (eine Gruppe von Sektoren bezeichnet man auch als **Cluster**), werden für eine Stapeldatei beim PC AT (20-MB-Platte) jeweils mindestens 2048 Bytes verbraucht, beim PC XT (10-MB-Platte) sogar mindestens 4096 Bytes. Um Platz zu sparen, empfiehlt es sich deshalb, viele kleine BAT-Dateien zu einer Datei zusammenzufassen, um sie dann über ein übergeordnetes Menü aufzurufen.

10) **Labels als Sprungziele für GOTO** können länger als 8 Zeichen sein, wobei MS-DOS nur die ersten 8 Zeichen prüft. GOTO ende (ohne ":") springt zur Zeile mit :ende (mit ":").

11) **Leerzeile ausgeben** mittels ECHO: Durch Eingabe von
        ECHO Leerstelle Alt-255
gibt der ECHO-Befehl bei der Ausführung eine Leerzeile aus.

12) **Parameter:** Beliebig viele Parameter können übergeben werden. MS-DOS kann aber nur 10 Parameter %0, %1, %2, ... gleichzeitig verwalten. %0 enthält den Stapeldateinamen. SHIFT macht den nächsten Parameter verfügbar (siehe Abschnitt 2.4.2).

13) **Parameter-Stapeldateien** stets mit der Abfrage if "%1 == " goto ... oder if not "%1 == string" goto ... beginnen. Damit wird vermieden, daß die Stapeldatei bei irrtümlichem Aufruf ohne Parameterwert(e) fehlerhaft ausgeführt wird (siehe Abschnitt 4.1.2, abfrage1.bat).

14) **RAM-Disk zur Beschleunigung:** Kopiert man alle öfter benötigte BAT-Dateien beim Systemstart auf eine RAM-Disk, werden die gestapelten Befehle viel schneller ausgeführt.

15) **Speicherung von BAT-Dateien** möglichst getrennt in einem gesonderten Unterverzeichnis wie z.B. \STAPEL, nicht aber mit anderen Dateitypen wie PAS, COM, PAS, PRG und TXT "in bunter Mischung".

16) **Trennungszeichen ","** oder **"Leerstelle":** s d1 d2 und s,d1,d2 sind identisch (z.B. Stapeldatei s mit Parameterwerten d1 und d2 aufgerufen).

17) **Verkettung von Stapeldateien** durch Aufruf einer zweiten Stapeldatei am Ende der ersten (rufenden) Stapeldatei (siehe Abschnitt 4.1.2, Datei kette1.bat).
Geschachtelter Aufruf bzw. Aufruf einer Stapeldatei durch sich selbst (rekursive Stapeldatei) sind möglich und oft sinnvoll (siehe Abschnitt 4.3.2.3 mit Programm APRINT.BAT).

4.1.2 Ausgewählte Beispiele

4.1.2.1 Umgebungsvariablen ansprechen

Vom Betriebssystem her werden die drei Umgebungsvariablen PROMPT, PATH und COMSPEC gesetzt. Darüberhinaus kann der Benutzer eigene Umgebungsvariablen über den SET-Befehl definieren (siehe Abschnitt 2.5.3).

Programm BEREIT1.BAT prüft die PROMPT-Variable:
MS-DOS stellt in der PROMPT-Variablen normalerweise (d.h. standardmäßig) "ng" bereit, das Promptzeichen erscheint als "Laufwerkskennzeichen (n), gefolgt vom Größerzeichen (g)". BEREIT1.BAT zeigt an, ob dieses oder ein vom Benutzer eingestelltes Bereitschaftszeichen eingestellt wurde. Mittels %PROMPT% wird dabei die Umgebungsvariable im Stapel aufgerufen.

```
B:\>type bereit1.bat
echo off
rem Name: bereit1.bat
rem Zweck: PROMPT-Variable anzeigen
rem ------------------------------------
echo Inhalt von PROMPT: %prompt%
if "%prompt%"=="" goto normal
if "%prompt%"=="$n$g" goto normal
echo Spezielles Bereitschaftszeichen
goto ende
:normal
echo Normales Bereitschaftszeichen
:ende echo Ende von Stapel bereit1

B:\>bereit1

B:\>echo off
Inhalt von PROMPT: $p$g
Spezielles Bereitschaftszeichen
```

```
B:\>prompt=

B>bereit1

B>echo off
Inhalt von PROMPT:
Normales Bereitschaftszeichen

B>set prompt=$n$g

B>bereit1

B>echo off
Inhalt von PROMPT: $n$g
Normales Bereitschaftszeichen

B>
```

Programm PFADE1.BAT zeigt alle Pfade an, die gerade über die PATH-Variable eingestellt sind:
Durch die FOR-Schleife werden die Pfade nacheinander angezeigt. Gibt man den SET-Befehl ein, erscheinen die Pfade als Zuweisung zu PATH in einer Befehlszeile.

```
B>type pfade1.bat
echo off
rem Name: pfade1.bat
rem Zweck: Alle Suchpfade anzeigen
rem ------------------------------------
echo In PATH eingetragene Suchpfade:
for %%a in (%path%) do echo %%a
```

```
B>pfadel

B>echo off
In PATH eingetragene Suchpfade:
C:\
C:\HILFE\DOSBEF
C:\HILFE\STAPEL

B>set
COMSPEC=C:\COMMAND.COM
PROMPT=$n$g
PATH=C:\;C:\HILFE\DOSBEF;C:\HILFE\STAPEL
```

Programm UMGEBUNG.BAT protokolliert die eingestellte Umgebung:
Mit SET werden alle Umgebungsvariablen angezeigt (System und Benutzer),
mit ECHO hingegen nur die vom System eingestellten Variablen.

```
B>type umgebung.bat
echo off
rem Name: umgebung.bat
rem Zweck: Umgebungsvariablen anzeigen
rem ------------------------------------
echo Derzeit definierte Umgebungsvariablen:
set
echo Systemvariablen einzeln anzeigen:
echo comspec=%comspec%
echo prompt=%prompt%
echo path=%path%

B>umgebung

B>echo off
Derzeit definierte Umgebungsvariablen:
COMSPEC=C:\COMMAND.COM
PROMPT=$n$g
PATH=C:\;C:\HILFE\DOSBEF;C:\HILFE\STAPEL
BENUTZER=Kaier
TEXTE=c:\tool\word
Systemvariablen einzeln anzeigen:
comspec=C:\COMMAND.COM
prompt=$n$g
path=C:\;C:\HILFE\DOSBEF;C:\HILFE\STAPEL

B>
```

4.1.2.2 Eingabe von Parametern abfragen

Programm ABFRAGE1.BAT überprüft die erforderliche Parametereingabe:
Wird eine mit einem Parameterwert aufzurufende Stapeldatei aus Versehen
parameterlos aufgerufen, dann wird die Datei nach Ausgabe von "Syntax Error" dennoch ausgeführt - mit möglicherweise verhängnisvollen Auswirkun-
gen. Die Abfrage IF NOT "%1==" GOTO WEITER sorgt dafür, daß nur der
korrekte Programmaufruf weiter verarbeitet wird (nach Label :WEITER). Dabei sind die Gänsefüßchen zu beachten: Der Befehl IF NOT %1== .... könnte
keinen Leerstring feststellen.

```
B:\>type abfrage1.bat
echo off
rem Name: abfrage1.bat
rem Zweck: Parametereingabe-Fehler testen
rem ----------------------------------------
if not "%1==" goto weiter
echo Bitte abfrage1 mit Parameter aufrufen
goto ende
:weiter
echo ... Befehle ...
:ende
echo Ende von Stapel abfrage1.bat
```

```
B:\>abfrage1                          B:\>abfrage1 klaus

B:\>echo off                          B:\>echo off
Bitte abfrage1 mit Parameter aufrufen ... Befehle ...
Ende von Stapel abfrage1.bat          Ende von Stapel abfrage1.bat
```

Programm ABFRAGE2.BAT unterscheidet zwei Parameter:
IF "%1==" IF "%2==" GOTO FEHLER1   beinhaltet eine logische Verknüp-
fung: Zum Label :FEHLER1 wird nur dann verzweigt, wenn die erste UND
die zweite Bedingung erfüllt sind. Mehrere hintereinander geschriebene IF-
Befehle verknüpfen somit gemäß "logisch UND". Schreibt man IF-Befehle
dagegen in Folgezeilen, wird gemäß "logisch ODER" verknüpft.
Das Fehlen des zweiten Parameters wird von MS-DOS ignoriert. Wird nur
ein einziger Parameter angegeben, dann wird dieser stets als 1. Parameter
aufgefaßt.

```
B:\>abfrage2                          B:\>abfrage2 lena tillmann

B:\>echo off                          B:\>echo off
Fehler: beide Parameter fehlen        Parametereingabe: lena und tillmann
Ende von Stapel abfrage2.bat          Ende von Stapel abfrage2.bat

B:\>abfrage2 lena                     B:\>

B:\>echo off
Fehler: 2. Parameter fehlt
Ende von Stapel abfrage2.bat
```

```
B:\>type abfrage2.bat
echo off
rem Name: abfrage2.bat
rem Zweck: Parametereingabe-Fehler testen
rem ------------------------------------
if "%1==" if "%2==" goto fehler1
if "%2==" goto fehler2
echo Parametereingabe: %1 und %2
goto ende
:fehler1
echo Fehler: beide Parameter fehlen
goto ende
:fehler2
echo Fehler: 2. Parameter fehlt
:ende
echo Ende von Stapel abfrage2.bat
```

4.1.2.3 Parameter beim Stapelaufruf trennen

Programm KOPIERE1.BAT kopiert mit Angabe von drei Parametern:
Beim Stapelaufruf KOPIERE DAT1 B: DAT2 darf die Leerstelle zwischen B:
und DAT2 nicht vergessen werden. Nur dann wird B: nach %2 und DAT2
nach %3 zugewiesen.

```
B:\>type kopiere1.bat              B:\>kopiere1 dat1 b: dat2
echo off
rem Name: kopiere1.bat            B:\>echo off
rem Zweck: TXT-Dateien kopieren          1 Datei(en) kopiert
rem ---------------------------   Nun angelegte TXT-Dateien:
copy %1.txt %2%3.txt
echo Nun angelegte TXT-Dateien:    Dskt/Platte in Laufwerk B
dir *.txt/w                        Verzeichnis von B:\
echo Ende von Stapel kopiere1.bat
                                  DAT1    TXT    DAT2    TXT
                                        2 Datei(en)    347136 Byte frei
                                  Ende von Stapel kopiere1.bat
```

Programm KOPIERE2.BAT mit " " bzw. "," zur Trennung von Parametern:
Anstelle der Leerstelle kann auch das Komma zur Trennung von Parametern
angegeben werden. Beim Aufruf KOPIERE2 B:DAT1.TXT A: wird kein 3. Parameter eingegeben. MS-DOS ignoriert diesen: B:DAT1.TXT wird nach %1
und A: nach %2 zugewiesen. Das bedeutet, daß DAT1.TXT von B: nach A:
kopiert und dort unter demselben Namen abgelegt wird.

```
B:\>type kopiere2.bat             B:\>kopiere2 b:dat1.txt b:,dat3.txt
echo off
rem Name: kopiere2.bat            B:\>echo off
rem Zweck: Dateien kopieren               1 Datei(en) kopiert
rem ----------------------        Ende von Stapel kopiere2.bat
copy %1 %2%3
echo Ende von Stapel kopiere2.bat  B:\>
                                  B:\>kopiere2 b:dat1.txt a:

                                  B:\>echo off
                                          1 Datei(en) kopiert
                                  Ende von Stapel kopiere2.bat
```

4.1.2.4 FOR innerhalb und außerhalb des Stapels einsetzen

Die meisten Stapelverarbeitungsbefehle wie ECHO, GOTO und IF kommen
sinnvollerweise nur innerhalb eines Stapelprogramms zum Einsatz. Der FOR-
Befehl bildet hier eine Ausnahme und kann sinnvoll immer dann auch in der
MS-DOS-Befehlsebene eingesetzt werden, wenn schleifenförmig Auskunft er-
teilt werden soll. Dabei ist die %%Variable als %Variable zu schreiben.

Programm ZEISUCH1.DAT durchsucht Dateien nach einer Zeichenkette:
%1 gibt den Dateityp aller zu suchenden Dateien an und %2 den Suchstring.
Der Parameter /N zeigt die Zeilennummer im jeweiligen Stapelprogramm
an. Wird der FOR-Befehl unmittelbar am System-Prompt eingegeben, muß
%%a durch %a ersetzt werden.

```
B:\>zeisuch1 bat for

B:\>echo off

----------- BEREIT1.BAT

----------- PFADE1.BAT
[6]for %%a in (%path%) do echo %%a

----------- UMGEBUNG.BAT

----------- ABFRAGE1.BAT

----------- ABFRAGE2.BAT         B:\>type zeisuch1.bat
                                 echo off
----------- E.BAT                rem Name: zeisuch1.bat
                                 rem Zweck: Zeichen in Dateien suchen
----------- KOPIERE2.BAT         rem -----------------------------------
                                 for %%a in (*.%1) do find /n "%2" %%a
----------- KOPIERE1.BAT         echo Ende von Stapel zeisuch1.bat

----------- ZEISUCH1.BAT
[5]for %%a in (*.%1) do find /n "%2" %%a
Ende von Stapel zeisuch1.bat
```

Programm DATSUCH1.BAT zum Durchblättern aller Dateien eines bestimmten Dateityps:
"Durchblättern" bedeutet, daß der z.B. beim Aufruf von DATSUCH1 BAT der Textinhalt aller Batch-Dateien im aktuellen Laufwerk Zeile für Zeile angezeigt wird, wobei der Benutzer mit Ctrl-S stoppen und weiterfahren kann. Zu beachten ist, daß der TYPE-Befehl dabei mit einem Joker-Zeichen aufgerufen wird, was in der Befehlsebene von MS-DOS sonst nicht möglich ist.

```
B:\AB41>type datsuch1.bat
echo off
rem Name: datsuch1.bat
rem Zweck: Dateiinhalte am Bildschirm anzeigen
rem ------------------------------------------
for %%a in (*.%1) do type %%a
echo Ende von Stapel datsuch1.bat
```

4.1.2.5 Stapeldateien verketten

In einer Stapeldatei kann eine weitere Stapeldatei aufgerufen werden. Da die Kontrolle nach dem Abarbeiten eines Stapels stets direkt an die Befehlsebene von MS-DOS zurückgegeben wird, werden die dem Stapeldateiaufruf folgenden Befehle nicht ausgeführt. Aus diesem Grunde schreibt man den zu verkettenden Stapel ans Ende der rufenden Datei.

Programm KETTE1.BAT ruft Programm KETTE2.BAT auf:
Zu beachten ist, daß der letzte ECHO-Befehl der Stapels KETTE1.BAT niemals ausgeführt werden kann. Grund: Das zuvor gerufene Programm KETTE2.BAT gibt die Kontrolle an die MS-DOS-Befehlsebene zurück.

```
echo off
rem Namen: kettel.bat
rem Zweck: Verkettung von Stapeldateien
rem ---------------------------------------
echo Datei kettel.bat wird ausgefuehrt.        B:\AB41>kettel
echo kettel.bat ruft kette2.bat.
kette2
echo Diese Zeile wird nie ausgefuehrt.         B:\AB41>echo off
                                               Datei kettel.bat wird ausgefuehrt.
                                               kettel.bat ruft kette2.bat.
echo off                                       Datei kette2.bat wird ausgefuehrt.
rem Namen: kette2.bat                          Ende von kette2.bat.
rem Zweck: Verkettung von Stapeldateien
rem ---------------------------------------
echo Datei kette2.bat wird ausgefuehrt.
echo Ende von kette2.bat.
```

Verkettung und Unterprogrammaufruf nicht verwechseln: Eine Stapeldatei kann auch wie ein Unterprogramm (Prozedur) aufgerufen werden, d.h. nach der Abarbeitung zum rufenden Stapel zurückkehren. Dazu jedoch muß der COMMAND-Befehl verwendet werden (siehe Abschnitt 4.3.2.3).

4.2 Escape-Sequenzen

Eine Reihe von interessanten Variationsmöglichkeiten für die Gestaltung des Bildschirms, die Cursorsteuerung und die effiziente Verwendung von Stapeldateien werden in den MS-DOS-Handbüchern entweder nur spärlich oder gar nicht dargestellt. So bleibt es oft der Phantasie des Anwenders überlassen, aus dem geringen Informationsangebot nach dem Prinzip "Trial and Error" Nutzen für die Anpassung seines PCs an die eigenen Bedürfnisse zu ziehen. Die Autoren kennen die Mühen dieses Weges aus eigener Erfahrung und unternehmen in den folgenden Abschnitten den Versuch, dem Leser Hilfestellung zu den meist vernachlässigten Thema "Escape-Sequenzen und BAT-Dateien" zu geben.

Escape-Sequenzen in den Handbüchern: In den IBM-Handbüchern zu MS-DOS 3.0, 3.1 und 3.2 fehlt die Beschreibung von Escape-Sequenzen weitgehend. Das IBM-Handbuch zu MS-DOS 2.00 von 1983 behandelt den Einsatz von Escape-Sequenzen unter dem Titel "Erweiterte Tastatur- und Bildschirmsteuerung" recht ausführlich, unterläßt es aber, den Befehl PROMPT damit in Verbindung zu bringen. Die Beschreibung des Befehls PROMPT gibt auch keinen Hinweis zur Nutzung von Escape-Sequenzen. Doch gerade die Kopplung von Metazeichen des PROMPT mit Escape-Sequenzen kann - wie die folgenden Beispiele zeigen - sehr nützlich sein. Das IBM-Handbuch zu MS-DOS 3.1 gibt unter "PROMPT-Befehl" ein Beispiel und verweist im übrigen auf das Technical Reference Manual, das die Steuerfolgen beschreibt. Wer sich über Escape-Sequenzen umfassender informieren will, möge dort nachschlagen.

Wie bereits früher erwähnt, muß man beim Systemstart den Treiber für die erweiterte Tastatur- und Bildschirmsteuerung ANSI.SYS laden lassen; nur dann können Escape-Sequenzen verwendet werden. Die Datei CONFIG.SYS muß beim Systemstart unter DOS 3.x mindestens die zwei folgenden Befehle enthalten:

```
C:\type config.sys
COUNTRY=049
DEVICE=ANSI.SYS
```

4.2.1 Systemanfragen erzeugen

Die beiden Stapeldateien P1.BAT und P2.BAT sollen eine Anregung für den Benutzer sein. Sie zeigen, wie einfach der Benutzer eigene Systemanfragen am Bildschirm anzeigen lassen kann. Die Legende der dabei verwendeten PROMPT-Meta-Zeichen und Escape-Folgen sind in der Abbildung zusammengefaßt.

Meta-Zeichen:

$d	Anzeige des Datums
$e	Escape-Zeichen des ASCII-Codes
$g	Zeichen >
$h	Wie Backspace: Cursor zurück und 1 Zeichen löschen
$p	Anzeige des aktuellen Verzeichnisses
$t	Anzeige der Uhrzeit

Escape-Folgen:

#;#H	Cursor in die angegebene Position bringen, wobei #;# der Zeile und der Spalte des Bildschirms entsprechen
K	Zeile ab dem Cursor löschen
#A	Cursor um # Zeilen nach oben bewegen
s	Augenblickliche Cursorposition speichern
u	Cursor in gespeicherte Position bringen

... siehe Anhang 4 bis 6

Verwendete Meta-Zeichen und Escape-Folgen

4.2.1.1 Systemanfrage links unten

Ausführung von Stapeldatei P1.BAT: Die Systemanforderung (Bereitschafts-zeichen) hat nach Ausführung von P1.BAT dieses Aussehen:

```
C:\HILFE\STAPEL> _                          15.31 Uhr   Mo. 26.1.87
```

Die Systemanforderung steht immer in der linken, unteren Ecke des Bild-schirms; Zeit und Datum stehen immer in der rechten, unteren Ecke. Dieses Prompt hat zwei Vorzüge.
- Das Auge braucht den Bildschirm nicht nach dem Cursor abzusuchen, er steht immer links unten.
- Die aktuelle Zeit und das Datum werden angezeigt, sobald man die Return-Taste antippt.

```
rem Name : p2.bat
rem Zweck: Erzeugen eines Prompt mit feststehender Kopfzeile
prompt $e[s$e[24A$e[K$e[8C$e[7m Verzeichnis $p    $t$h$h$h$h$h$h Uhr

             $d $e[0m$e[u--$g
```

Stapeldatei P1.BAT

Meta-Zeichen und Escape-Folgen von P1.BAT: Die im PROMPT-Befehl von Stapeldatei P1.BAT angegebenen Steuerzeichen führen folgende Schritte aus, wenn MS-DOS nach Beendigung eines Befehls oder Anwenderprogramms die Steuerung wieder übernimmt:

- Cursor in Zeile 24, Spalte 1 bringen
- Zeile löschen
- Cursor in Zeile 25, Spalte 1 stellen
- Aktuelles Verzeichnis und > anzeigen, Leerstelle ausgeben
- Momentane Cursorposition speichern
- Cursor in Zeile 25, Spalte 55 bringen
- Zeit anzeigen
- 6 Rückschritte, um Sekunden und 1/100 Sekunden zu löschen
- Leerstelle und Text "Uhr" ausgeben
- 3 Leerstellen und Datum ausgeben
- Cursor auf gespeicherte Position (hinter Verzeichnisanzeige) setzen

4.2.1.2 Systemanfrage rechts oben

Systemanfrage durch Stapeldatei P2.BAT erzeugen: Die Stapeldatei P2.BAT erzeugt eine etwas andere Systemanfrage. Nach der Ausführung des dabei vorgesehenen PROMPT-Befehls steht die Systemanfrage immer in der obersten Zeile des Bildschirms; sie hat folgendes Aussehen (in inverser Zeichendarstellung):

```
Verzeichnis C:\HILFE\STAPEL     15.35 Uhr   Mo. 26.1.87 --> _
```

Der Cursor steht rechts vom Pfeil (->). Nach jeder Eingabe bewegt sich der Pfeil weiter nach unten und bleibt dann am unteren Rand, während sich der Bildschirminhalt nach oben schiebt. Die Systemanfrage hingegen bleibt unbewegt am Bildschirm erhalten. Das Prompt von P2.BAT erzeugt folgende Schritte:

- Momentane Cursorposition speichern
- Cursor an den obersten Bildrand bringen
- Ganze Zeile löschen
- Cursor 10 Spalten nach rechts versetzen
- Anzeigeattribut auf invers einstellen
- Text "Verzeichnis:" und aktuelles Verzeichnis anzeigen
- Zeit (wie in P1.BAT) und Datum ausgeben
- Anzeigeattribut auf normal einstellen
- Cursor an gespeicherte Position stellen
- Text "--" und > - Zeichen anzeigen

Stapeldatei P2.BAT

Systemanfrage fest einbauen: Soll eine solche Systemanfrage fest installiert werden, dann ist die PROMPT-Anweisung in die Datei AUTOEXEC.BAT aufzunehmen.

4.2.2 Zeichenattribute setzen

Schon im Abschnitt 3.3.6.1 wurde erwähnt, wie man über Escape-Sequenzen Zeichenattribute setzt. Dabei galt es, die Gestaltung des Menüs zu variieren. Nun sollen weitere Anwendungsformen zusätzliche Anregung geben.

Vier Möglichkeiten, um Escape-Sequenzen an ANSI.SYS leiten: Zunächst eine Zusammenstellung aller Möglichkeiten, um Escape-Sequenzen an die Datei ANSI.SYS zu leiten. Die Aufstellung hat auch für den folgenden Abschnitt zur Tastenbelegung Gültigkeit.

1. Möglichkeit: PROMPT-Befehl

Der PROMPT-Befehl eignet sich nur bedingt zur Übermittlung von Escape-Sequenzen an ANSI.SYS. Wendet man PROMPT in einer Stapeldatei an, werden die Escape-Sequenzen nicht wirksam, wenn der PROMPT-Befehl im ECHO-OFF-Modus ausgeführt wurde. Das bedeutet: es ist nicht möglich, mit PROMPT in Stapelprogrammen Zeichenattributsänderungen und Tastenbelegungen wirksam werden zu lassen, ohne daß der PROMPT-Befehl angezeigt wird. Außerdem muß dem Prompt mit Attribut- und Tastenbelegungsanweisungen ein zweites Prompt folgen, um die Systemanforderung wieder sichtbar zu machen.
PROMPT sollte nur zur Modifizierung der Systemanfrage (Abschnitt 4.1.1) eingesetzt werden. Das System fügt das aktuelle Prompt dabei zur Systemumgebung hinzu. Es ist mit dem Befehl SET (ohne Parameter) jederzeit abfragbar (siehe Umgebungsbefehle in Abschnitt 2.5.3).

2. Möglichkeit: TYPE-Befehl

Der TYPE-Befehl kann Dateien, die beliebige Escape-Sequenzen enthalten, an den Bildschirm senden. ANSI.SYS läßt korrekt formulierte Escape-Sequenzen nicht an den Bildschirm passieren. Sie stören Darstellungen am Bildschirm nicht. Mit TYPE abgeschickte ANSI-Treiberbefehle werden unmittelbar wirksam. Die Anwendung von TYPE empfiehlt sich, wenn man eine Reihe von Dateien mit den unterschiedlichsten Tastatur- und Bildschirmsteuerungsmöglichkeiten bilden möchte. Die Dateinamen können auf die jeweilige Funktion der enthaltenen Steuersequenzen hinweisen.

3. Möglichkeit: ECHO-Befehl

Der ECHO-Befehl vereinigt im Kontext mit Escape-Folgen die Vorzüge von TYPE mit einem weiteren Vorteil: Ohne zusätzliche Dateien einrichten zu müssen, kann man mit ECHO alle möglichen Escape-Folgen direkt an die

Datei ANSI.SYS senden. Daran hindert auch der ECHO-OFF-Modus in Stapeldateien nichts. Im Abschnitt 3.3.6.2 wurde dazu bereits eine Anwendungsvariante aufgezeigt.

4. Möglichkeit: COM-Dateien und EXE-Dateien

Alle Escape-Folgen können auch in maschinensprachliche Programme eingebunden werden. Jeder Programmierer kann sich so der vollen Bildschirmsteuerung bedienen, ohne daß er auf die Routinen der ROM-BIOS-Ebene zurückgreifen muß. Ebenso gut kann er Tastaturmakros in seinen Programmen definieren. Alle Escape-Folgen lassen sich durch die DOS-Funktionsaufrufe (int 21h) 1,2,6` und 9 aktivieren. Ein Beispiel zeigt das Listing von MENUKEYS.ASM (Modell 3 in Abschnitt 3.3.5.3).

4.2.2.1 DISKCOPY und FORMAT mit Warnung

Bekanntlich sind die DOS-Befehle FORMAT und DISKCOPY insofern gefährlich, als sie alle Dateien auf der Zieldiskette ohne Vorwarnung zerstören. Besonders fatal wirkt sich ein schnell eingegebener Format-Befehl im DOS 2.x auf der Festplatte aus, vergißt man in der Eile ein Laufwerk anzugeben. Ohne Zögern beginnt das System, die Platte zu formatieren. Das passiert zumeist dann, wenn die letzte Datensicherung vier Wochen zurückliegt. Erst ab DOS 3.1 ist eine Laufwerksbezeichnung obligatorisch: beim Formatierungsversuch auf Festplatte warnt das System.

Will man dem entgehen, benennt man die Dateien FORMAT.COM und DISKCOPY.COM beispielsweise in FORM.COM bzw. DISCOP.COM um und ruft sie nur noch innerhalb der Stapeldateien FORMAT.BAT bzw. DISKCOPY.BAT auf. Das Beispiel von DISKCOPY.BAT macht die Vorgehensweise deutlich:

```
 1: echo off
 2: cls
 3: rem Name : c:\hilfe\stapel\diskcopy.bat
 4: rem Zweck: Diskette kopieren
 5: rem --------------------------------------------
 6: echo [^[7;5m
 7: echo [^[8B[^[10C*              W A R N U N G !                     *
 8: echo G^
 9: echo [^[B[^[10C[^[0mDISKCOPY löscht alle Dateien auf der Zieldiskette

10: echo [^[B[^[10CFalls Unterbrechung erwünscht, Ctrl + C drücken.[^[9B
11: pause
12: cls
13: discop %1 %2
```

Eingabe von Escape-Zeichen [^ : bei EDLIN.COM z.B. über Ctrl-V und Alt-91 (vgl. Abschnitt 3.3.6.1).

Stapeldatei DISKCOPY.BAT

Programmbeschreibung zu DISKCOPY.BAT:

- Anzeige ausschalten, Bildschirm löschen
- Attribute invers und blinkend einstellen
- Cursor 8 Zeilen tiefer, 10 Spalten nach rechts, WARNUNG
- Cursor 1 Zeile tiefer, 10 Spalten nach rechts, Attribut auf normal stellen, Text ausgeben
- Dasselbe nochmal und Cursor 10 Zeilen tiefer stellen
- Programm anhalten auf Tastendruck warten
- Bildschirm löschen
- Programm DISCOP.COM mit 2 Parametern aufrufen

Die beiden Parameter %1 und %2 sind die Platzhalter für die Laufwerksangaben (d:)für Quelldiskette und Zieldiskette. Das Stapelprogramm muß wie folgt aufgerufen werden:

```
C:\HILFE\STAPEL > diskcopy d: d:
```

4.2.2.2 Einfaches Passwortsystem

Um unkundige Spielernaturen oder auch Kinder an unkontrollierter Nutzung des Festplatten-PCs oder gar der Zerstörung von Dateien zu hindern, kann man sich ein einfaches Passwortsystem installieren. Das Passwortsystem läßt sich auch einsetzen, wenn es sich bei den Benutzern des PCs um einen Personenkreis handelt, der keine oder nur geringe MS-DOS-Kenntnisse besitzt, und wenn zudem der Zugriff ausschließlich menügesteuert erfolgt.

Zwei Zeichenattribute: Wichtigste Hilfsmittel sind die Zeichenattribute 8 zum Ausschalten und 0 zum Einschalten der Bildschirmanzeige. Die Zeichenattribute werden im Anhang zusammengefaßt.

Aufbau des Passwortsystems in fünf Schritten: Wir bauen das System in fünf Schritten auf und erstellen dabei die vier Stapeldateien AUTOEXEC.BAT, NONAME.BAT, ADD.BAT und SUB.BAT.

Schritt 1: AUTOEXEC.BAT umbenennen

Zunächst wird im Stammverzeichnis die Datei AUTOEXEC.BAT in beispielsweise NONAME.BAT umbenannt.

```
rename autoexec.* noname.*
```

Schritt 2: neue AUTOEXEC.BAT erstellen

Nun muß eine neue Stapeldatei erstellt werden. Die entscheidenden Anweisungen der Stapeldatei stehen in Zeile 6 (ECHO-Befehl) und Zeile 7 (PROMPT-Befehl).

ECHO-Befehl in Zeile 6:
- Cursor auf dem Bildschirm in Zeile 10, Spalte 20 positionieren
- intensive Anzeige einstellen
- Text ausgeben
- Bildschirmanzeige unsichtbar schalten

PROMPT-Befehl in Zeile 7:
- "Leere" Systemanforderung auf die Position setzen, die
  dem ausgegebenen Text folgt

```
1: echo off
2: cls
3: rem Name  : c:\autoexec.bat
4: rem Zweck: Anfordern des Passworts
5: rem ----------------------------------
6: echo [^[10;20H[^[1mGeben Sie Ihr Passwort ein:[^[8m
7:*prompt $e[10;48H
```

Geänderte Datei AUTOEXEC.BAT
als erster Bestandteil des Passwortsystems

Schritt 3: NONAME.BAT zum Umschalten des Zeichenattributs ändern

In der oben gezeigten Form schaltet die Stapeldatei AUTOEXEC.BAT die
nach dem auffordernden Text eingegebenen und ausgegebenen Zeichen unsichtbar. Der in MS-DOS ungeschulte Benutzer kann nun nichts mehr mit
dem PC anfangen, es sei denn er wüßte, daß er mit der Eingabe von
NONAME als Passwort weiterkommt. Die Stapeldatei NONAME.BAT übernimmt die weitere Anpassung des Systems und stellt in der Zeile 14 über
den ECHO-Befehl das Zeichenattribut auf normal um.

```
 1: echo off
 2: cls
 3: rem Name  : c:\noname.bat
 4: rem Zweck: Anpassung durchfuehren
 5: rem ----------------------------------
 6: keybgr
 7: prl471
 8: date
 9: ver
10: light on
11: sound off
12: path c:\;c:\hilfe\dosbef;c:\hilfe\stapel;c:\hilfe\util
13: prompt $p$g
14: echo [^[0m
15: menu
```

Stapeldatei NONAME.BAT
als zweiter Bestandteil des Passwortsystems

Schritt 4: ADD.BAT zum Hinzufügen von Passwörtern erstellen

Ein Passwortsystem muß auch verwaltet werden können. Dazu gehören Programme zum Hinzufügen und zum Löschen von Passwörtern. NONAME kann als Passwort für den Passwortverwalter gelten. Alle anderen gewünschten Passwörter fügt man mit dem Stapelprogramm ADD.BAT hinzu.

```
echo off
cls
rem Name : c:\add.bat
rem Zweck: Passwort hinzufügen
rem -------------------------------
if exist %1.BAT echo Passwort bereits gebucht !
if exist %1.BAT goto ende
echo noname >%1.bat
:ende
```

Stapeldatei ADD.BAT
als dritter Bestandteil des Passwortsystems

Der Scheinparameter %1 repräsentiert das jeweilige Passwort. Das heißt, %1 wird immer durch das Passwort ersetzt. Die Programmzeilen 6 - 8 von ADD.BAT führen folgende Arbeitsschritte durch:

- Falls das Passwort schon vorhanden: Nachricht ausgeben und zum Programmende springen.
- Andernfalls: BAT-Datei anlegen, die den Programmaufruf NONAME enthält.
- Die vom ECHO-Befehl abgeschickte Meldung "noname" wird von MS-DOS durch ">" in die BAT-Datei umgeleitet.

Das "Passwort" ist der Name einer Stapeldatei. Hinter dem angenommenen Passwort FlicFlac verbirgt sich nach Ausführung des Befehls

```
add flicflac
```

die folgende Stapeldatei:

```
type flicflac.bat
noname
```

Das Programm FLICFLAC.BAT hat demnach nur die eine Aufgabe, die Datei NONAME.BAT aufzurufen.

Schritt 5: SUB.BAT zum Löschen von Passwörtern erstellen

Zum Löschen eines Passwortes oder auch einer beliebigen Stapeldatei dient das Programm SUB.BAT.

```
echo off
cls
rem Name : c:\sub.bat
rem Zweck: Passwort löschen
rem ------------------------------
if not exist %1.BAT echo Passwort nicht vorhanden !
if exist %1.BAT del %1.BAT
```

Stapeldatei SUB.BAT
als vierter Bestandteil des Passwortsystems

4.2.3 Tastenbelegung vornehmen

Tasten mit Zeichenketten belegen: Der routinierte PC-Benutzer findet es immer wieder mühsam, oft anfallende Befehle oder Befehlsfolgen wiederholt Zeichen für Zeichen einzutippen. MS-DOS kann diesbezüglich Erleichterung schaffen. Es bietet durch ANSI.SYS einen Weg, um Tasten bzw. Kombinationen der Tasten Shift, Ctrl und Alt mit Zeichenketten (Strings) zu belegen.

Scancode ungleich ASCII-Code: Der Druck auf eine Taste bewirkt, daß die Tastatur einen Abtastcode (Scancode) an die Zentraleinheit schickt. Der Abtastcode ist nicht identisch mit dem ASCII-Code. Das ROM-BIOS übernimmt den Abtastcode und übersetzt ihn in die für den Benutzer sichtbare Bedeutung, also in ein Zeichen (ASCII-Code) oder in den Code für eine Funktion.

Tastenbelegung ändern über ANSI.SYS: Bindet man nun beim Start des PCs die Datei ANSI.SYS als Einheitentreiber mit ins Betriebssystem ein, so kann man ANSI.SYS über Escape-Sequenzen mitteilen, daß eine Taste eine von der Norm abweichende Bedeutung erhalten soll. Die ANSI-Treiberroutinen wandeln daraufhin die Bedeutung der Tasten ab. Die neue Funktion der Taste bleibt so lange erhalten, bis eine Neudefinition oder ein Warmstart erfolgt bzw. der PC abgeschaltet wird.

rbeitet wie ein Filter: ANSI.SYS stellt man sich am besten als
r vor. Er prüft jeden von einer Taste stammenden Abtastcode
cht ihn mit einer Liste der Tastaturbelegungen. Die einer Taste
nde Bedeutung, die dort abgelegt ist und gefunden wird, über-

mittelt ANSI.SYS schließlich dem System. Zwei Vorgänge sind es, die man in diesem Zusammenhang trennen muß:

- ANSI.SYS registriert aufgrund einer mittels PROMPT, TYPE, ECHO oder einem COM bzw. EXE-Programm gesendeten Escape-Sequenz die Neuzuordnung eines Abtastcodes.

- ANSI.SYS interpretiert von diesem Zeitpunkt an die zugeordnete Taste ihrer neuen Bedeutung entsprechend.

Tasten kann mit PROMPT, ECHO und TYPE eine neue Bedeutung zugeordnet werden. Auf diese Möglichkeiten ist nun an Beispielen einzugehen.

4.2.3.1 Belegung von Tasten mit PROMPT

Ordnet man Tasten mit PROMPT zu, verdienen folgende Punkte besondere Beachtung:

- Vor der Ausführung von PROMPT muß sich der PC im Anzeigestatus ECHO OFF befinden.

- Die beiden Zeichen $e ersetzen das Escape-Zeichen.

- Direkt nach $e[muß der ASCII-Code für die zu belegende Taste stehen. Der Code kann aus einem oder zwei dezimalen Zahlen bestehen. Sind es zwei Zahlen, so muß die erste eine Null sein und von der zweiten Zahl durch ein Semikolon getrennt werden. Siehe die Tabelle über den ASCII-Code und den erweiterten ASCII-Code im Anhang.

- Im Anschluß an den ASCII-Code der Taste folgen, jeweils durch Semikolon abgetrennt, beliebige Zeichenketten in Anführungszeichen oder einzelne Zeichen in Form von ASCII-Code-Nummern.

- Der Ausdruck muß mit dem Kleinbuchstaben p enden.

- Nach der Tastenzuordnung mit PROMPT muß die Systemanfrage wiederhergestellt werden, d.h. ein Prompt-Befehl zur Einstellung der Systemanfrage muß die Tastendefinition abschließen.

- Für alle Methoden der Tastenzuordnung mit ANSI.SYS gilt: der maximale Umfang aller zugewiesenen Zeichenketten beträgt 190 Zeichen. Mehr nimmt ANSI.SYS nicht an.

```
 1: echo off
 2: cls
 3: rem Name : tl.bat
 4: rem Zweck: Tastaturbelegung aendern
 5: rem --------------------------------
 6: if EIN==%1 goto ein
 7: if ein==%1 goto ein
 8: if AUS==%1 goto aus
 9: if aus==%1 goto aus
10: echo Parameter ein/EIN oder aus/AUS ist anzugeben. rden.
11: goto ende
12: :ein
13: echo on
14: prompt $e[0;65;"copy "p
15: prompt $e[0;66;"dir/p";13p              24: echo on
16: prompt $e[0;67;"erase "p               25: prompt $e[0;65;0;65p
17: prompt $e[0;68;"type "p                26: prompt $e[0;66;0;66p
18: prompt $e[0;98;"tl ein";13p            27: prompt $e[0;67;0;67p
19: prompt $e[0;99;"tl aus";13p            28: prompt $e[0;68;0;68p
20: echo off                               29: echo off
21: cls                                    30: cls
22: goto ende                              31: :ende
23: :aus                                   32: prompt $p$g
```

Stapeldatei T1.BAT zum Ändern der Tastenbelegung
mit dem PROMPT-Befehl

Programmbeschreibung zu T1.BAT in Stichworten:

- Das Programm T1.BAT fordert die Eingabe eines der vier Parameter AN, an, AUS oder aus an. Zum Anschalten der Tastenbelegung gibt man z.B. ein:

    C: >tl an

- Die Zeilen 6 - 9 fragen diesen Parameter ab und verzweigen zu den Labels :an oder :aus. Der IF-Befehl unterscheidet Groß- und Kleinschreibung.

- **Wichtig:** Wählt man die Schreibweise %1==AN statt AN==%1, gibt das System SYNTAX ERROR aus, wenn versehentlich kein Parameter angegeben wurde. Das mag stören, wenn man eine selbst formulierte Fehlermeldung ausgeben will.

- Zeile 10 gibt eine Fehlermeldung aus, wenn der Parameter vergessen wurde. Dann verzweigt Zeile 11 zum Label :ende.

- Unter Label :an wird der ECHO ON-Modus eingeschaltet, um die mit PROMPT gesendeten Escape-Sequenzen wirksam werden zu lassen. Dann erfolgt die Belegung der Tasten:

Tasten:	Codes:
F7-F10	0;65 - 0;68
Ctl-F5 und Ctrl-F6	0;98 und 0;99

- Hinter den Codes folgt die neue Bedeutung der Taste. Die ASCII-Code-Nr. 13 entspricht der Return-Taste.

- Die Tasten Ctrl-F5 und Ctrl-F6 wurden mit den Befehlen T1 AN und T1 AUS belegt. Wurde das Stapelprogramm T1.BAT einmal ausgeführt, läßt sich die Belegung der Tasten F7 bis F10 mit diesen beiden Tastenkombinationen jederzeit aus- und einschalten. Sie rufen das Stapelprogramm auf. Die Tasten Ctrl-F5 und Ctrl-F6 bleiben jedoch zugeordnet.

- Die PROMPT-Befehle in den Zeilen 25 - 28 setzen die Tasten F7 - F10 auf ihre ursprüngliche Bedeutung zurück.

- Die letzte Zeile 32 von Programm T1.BAT setzt die Systemanforderung neu. Das ist nach jeder Tastenzuordnung mit PROMPT notwendig.

Es mag so scheinen, als könne man mit Escape-Sequenzen dieser Art unter einer Taste eine Art von Stapeldatei speichern; dem ist keineswegs so. Man merkt dies, wenn man versucht, eine Taste so umzudefinieren, daß sie selbst wieder eine Escape-Sequenz erzeugt - etwa um die Bildschirmanzeige auszuschalten. Da die Datei ANSI.SYS alle Tastencodes filtert und die entsprechenden Neudefinitionen erzeugt, prüft das System folgerichtig nicht mehr die von ANSI.SYS selbst erzeugten Zeichenfolgen auf das Auftreten von Escape.

4.2.3.2   Belegung von Tasten mit ECHO

Die Zuordnung von Tastenbelegungen mit dem ECHO-Befehl bietet gegenüber der Zuordnung mit dem PROMPT-Befehl nur Vorteile:

- Kein ECHO ON-Modus notwendig.
- Keine Anzeige des Belegungsvorgangs.
- Wiederherstellung der Systemanfrage hinfällig.
- Weniger Befehle.

Programmbeschreibung zu T2.BAT in Stichworten:

- Das Stapelprogramm T2.BAT weist fast den selben Algorithmus auf wie T1.BAT. Im wesentlichen sind nur die PROMPT-Befehle durch ECHO-Befehle ersetzt worden.

- Die Zeichenfolge [^[(Escapezeichen und eckige Klammer auf) ist z.B. mit dem Editor EDLIN.COM folgendermaßen zu erstellen. Die Tasten Ctrl-V drücken und dann zweimal eckige Klammer, also die Tasten Alt-91, tippen.

- Die ECHO-Befehle in den Zeilen 19 und 26 geben Nachrichten in inverser Anzeige ([^[7m) auf den leeren Bildschirm ([^[2]) aus.

```
 1: echo off
 2: cls
 3: rem Name : t2.bat
 4: rem Zweck: Tastaturbelegung ändern
 5: rem ------------------------------------
 6: if EIN==%1 goto ein
 7: if ein==%1 goto ein
 8: if AUS==%1 goto aus
 9: if aus==%1 goto aus
10: echo Parameter ein/EIN oder aus/AUS muß angegeben werden.
11: goto ende
12: :ein
13: echo [^[0;65;"copy "p
14: echo [^[0;66;"dir/p";13p
15: echo [^[0;67;"erase "p
16: echo [^[0;68;"type "p
17: echo [^[0;98;"t2 ein";13p
18: echo [^[0;99;"t2 aus";13p
19: echo [^[2J[^[7m Tastenbelegung durchgeführt [^[0m
20: goto ende
21: :aus
22: echo [^[0;65;0;65p
23: echo [^[0;66;0;66p
24: echo [^[0;67;0;67p
25: echo [^[0;68;0;68p
26: echo [^[2J[^[7m Tastenbelegung aufgehoben [^[0m
27: :ende
```

**Stapeldatei T2.BAT zum Ändern der Tastenbelegung
mit dem ECHO-Befehl**

4.2.3.3 Belegung von Tasten mit TYPE

Vorteil von TYPE: Wenn man mit TYPE Tasten umdefinieren möchte, muß
man sich dafür zwei Dateien schaffen; jeweils eine Datei für das Ein- und
Ausschalten der Tastenbelegung. Dafür jedoch erreicht man eine etwas hö-
here Verarbeitungsgeschwindigkeit als bei Stapeldateien.

Mnemotechnische Bezeichnungen: Wir wollen nun eine ganz neue Tastenbelegung erproben. Da man sich mnemotechnische Bezeichnungen für Aktionen
besser merken kann als Tastenbezeichnungen F1-F10, sollen uns Buchstaben-
tasten in Verbindung mit der Alt-Taste als Funktionstasten dienen. Die
Belegung soll folgender Liste entsprechen:

Alt-C	Befehl COPY
Alt-D	Befehl DIR/P
Alt-E	Befehl ERASE
Alt-T	Befehl TYPE
ALT-B	Verzeichnis seitenweise anzeigen (wie Baum)
Alt-N	Notizbuch aufschlagen
Alt-W	Textverarbeitung WORD direkt ansteuern

TE für "Tastatur Ein": Die folgende Datei namens TE schaltet die Tastenbelegung ein.

```
1: [^[0;46;"copy "p
2: [^[0;32;"dir/p";13p
3: [^[0;18;"erase "p
4: [^[0;20;"type "p
5: [^[0;48;"tree | more";13p
6: [^[0;49;"edlin notizen";13p
7: [^[0;17;"cd\word";13;"word/c/1";13;"cd\hilfe\stapel";13;"basica";13p
8:*[^[2J[^[7m Tastenbelegung durchgeführt [^[0m
```

Datei TE, um die Tastatur einzuschalten

Datei TE erweitert Tastendefinitionen: Die Belegungsbeispiele, die wir bereits aus den vorangegangenen Stapeldateien kennen, werden um drei weitere hilfreiche Tastendefinitionen erweitert.

- Das Ergebnis des TREE-Befehls wird bei etwas umfangreicherer Verzeichnisstruktur am besten durch MORE gefiltert (siehe Abschnitt 2.5.4). Man kann dann die Verzeichnisstruktur durchblättern.

- Mit dem Editor EDLIN.COM läßt sich ein elektronisches Notizbuch namens NOTIZEN führen. Wie hier gezeigt, kann es mit einem Tastendruck aufgeschlagen werden.

- Die letzte Definitionszeile der Datei TE demonstiert, wieviel Tastenarbeit einzusparen ist, wenn die Tasten sinnvoll belegt sind. Es kommt oft vor, daß man hauptsächlich mit einer bestimmten Arbeit in irgendeinem Verzeichnis beschäftigt ist, hin und wieder aber schnell ein anderes Programm in einem anderen Verzeichnis zu Hilfe nehmen möchte.
  Unser Beispiel geht von dem Fall aus, daß jemand vorwiegend in BASICA im Verzeichnis \SPRACHE\BASICA programmiert. Ab und zu möchte er unter Word an einem Skript weiterarbeiten, um dort seine Arbeitsergebnisse zu beschreiben. Die Tasten Alt-W rufen Word im Verzeichnis \WORD auf, und zwar **ohne** den Umweg über das Menü. Nach Beendigung von Word wechselt das System zurück ins Ausgangsverzeichnis \SPRACHE\BASICA und startet BASICA.COM neu.

TA für "Tastatur Aus": Die Datei TA stellt das Gegenstück zur Datei TE dar und schaltet die Tastenbelegung wieder aus. Die Tasten sind wieder wie ursprünglich belegt.

```
1: [^[0;46;0;46p
2: [^[0;32;0;32p
3: [^[0;18;0;18p
4: [^[0;20;0;20p
5: [^[0;48;0;48p
6: [^[0;49;0;49p
7: [^[0;17;0;17p
8:*[^[2J[^[7m Tastenbelegung aufgehoben [^[0m
```

Datei TA, um die Tastatur auszuschalten

Tastenbelegung ein- und ausschalten:

Nun fehlt noch eine elegante Methode, um die Tastenbelegung unkompliziert
ein- und auszuschalten. Wir wollen die Tasten F9 und F10 als Ausschalter
und Einschalter definieren. Die Anpassungsdatei AUTOEXEC.BAT (oder falls
das Passwortsystem benutzt wird: NONAME.BAT) soll die Definition der beiden Tasten bei Systemstart ausführen.


```
echo off
cls
rem Name  : c:\autoexec.bat
rem Zweck: Anpassung durchfuehren
rem ---------------------------------------
keybgr
pr1471
date
ver
light on
sound off
path c:\;c:\hilfe\dosbef;c:\hilfe\stapel;c:\hilfe\util
prompt $p$g
echo [0;67;"type \hilfe\stapel\te";13p
echo [0;68;"type \hilfe\stapel\ta";13p
menu
```


Datei AUTOEXEC.BAT mit Belegung der Tasten F9 und F10L
(auf Begleitdiskette AUTOEXEC.B genannt)

Zwei wichtige ECHO-Befehle in AUTOEXEC.BAT: Die ECHO-Befehle in den
Zeilen 14 und 15 ordnen den Tasten F9 und F10 TYPE-Befehle zu, mit denen die Dateien TE und TA an den Bildschirm gesendet werden. Wie aus
den vorangegangenen Abschnitten schon bekannt ist, fängt ANSI.SYS alle in
den beiden Dateien enthaltenen Escape-Sequenzen, die mit "p" enden, ab.
ANSI.SYS wandelt sie in Tastendefinitionen um.

4.3 Stapeldateien für Fortgeschrittene

Eine Reihe von Problemen der Festplattenverwaltung lassen sich oft nur unter trickreicher Ausnutzung aller Möglichkeiten lösen, welche die Stapelverarbeitungsbefehle bieten. Die Fülle dieser Möglichkeiten wird oftmals unterschätzt und auch dieses Buch kann sie nicht vollständig beschreiben.

Der geübte MS-DOS-Benutzer wird keine Mühe haben, die folgenden Algorithmen nachzuvollziehen - vor allem dann, wenn er zusätzlich etwas Programmiererfahrung besitzt. Ihm werden die dargestellten Abläufe schnell weitere Ideen zur Vereinfachung seiner Arbeit einfallen lassen.

4.3.1 Mehr Komfort bei der Festplattenverwaltung

4.3.1.1 Dateien aufspüren mit FINDFILE.BAT

Wenn eine Festplatte in viele Verzeichnisse aufgeteilt wurde, die Verzeichnisstruktur also einen weit verzweigten Baum bildet, kann man leicht den Überblick darüber verlieren, welche Datei sich nun in welchem Verzeichnis befindet. Obwohl man seine Verzeichnisse gewissenhaft sach- oder personenbezogen geordnet hat, steht man eines Tages vor dem Problem: wo verbirgt sich die Datei XY? Vielleicht möchte man auch überflüssige Dateien löschen, wenn man den Verdacht hegt, eine Datei sei mehrmals mit demselben Inhalt gespeichert.

Die folgende Stapeldatei namens FINDFILE.BAT spürt jede gesuchte Datei auf und nennt sie mit der Verzeichnisangabe, so oft sie auf der Platte vorkommt.

```
 1: echo off
 2: cls
 3: rem Name : findfile.bat
 4: rem Zweck: Dateien auf einer Platte/Diskette suchen
 5: rem ----------------------------------------------------
 6: if not "%1 == " goto find
 7: echo Suchbegriff wurde nicht angegeben !
 8: echo Aufruf: findfile SUCHBEGRIFF [Laufwerk:]
 9: goto end
10: :find
11: echo [^[5mBitte Geduld. Das System arbeitet . . .[^[m[^[23B[^[80D
12: echo N | chkdsk %2/v | find "%1"
13: echo
14: echo Falls Suche erfolglos: SUCHBEGRIFF muss grossgeschrieben sein,
15: echo                        Laufwerk: kann angegeben werden.
16: :end
```

Programm FINDFILE.BAT zum Aufspüren einer Datei

```
B:\AB43>findfile MENU.BAT

B:\AB43>echo off
    Bitte Geduld. Das System arbeitet . . .
      B:\MODELL2\HILFE\STAPEL\MENU.BAT
      B:\MODELL3\MENU.BAT
      B:\MODELL3\HILFE\UTIL\MENU.BAT
      B:\AB42\MENU.BAT

Falls Suche erfolglos: SUCHBEGRIFF muss grossgeschrieben sein,
                       Laufwerk: kann angegeben werden.
```

Ausführungsbeispiel zu FINDFILE.BAT (Suchbegriff muß groß geschrieben, Laufwerk kann genannt werden)

Programmbeschreibung zu FINDFILE.BAT:

- **Stringvergleich in Zeile 6:** Mit IF NOT "%1 == " GOTO FIND wird das Vorhandensein eines vom Benutzer beim Programmaufruf eingegebenen Parameters abgefragt. Hat der Benutzer z.B. ADD.BAT eingegeben, so ersetzt der Stapelverarbeitungsprozessor der Datei COMMAND.COM den Scheinparameter %1 durch ADD.BAT und untersucht den folgenden Ausdruck:

  IF NOT "ADD.BAT == "

  Die Zeichenketten links und rechts vom Gleichheitszeichen gleichen sich nicht, die Aussage **NOT "ADD.BAT == "** ist also wahr und der Befehl GOTO FIND wird durchgeführt. Läßt der Benutzer jeden Parameter weg, so wird der Ausdruck

  IF NOT " == "

  geprüft. Es besteht Gleichheit der Strings , die Aussage **NOT " == "** ist falsch, und der Befehl GOTO FIND kommt nicht zur Ausführung.

- **Zeichen " beim Stringvergleich nicht unbedingt erforderlich:** Es kommt nicht darauf an, daß das Zeichen " benutzt wird. Jedes andere Zeichen tut den gleichen Dienst. Das verwendete Zeichen darf auch vor oder hinter oder auf beiden Seiten des Scheinparameters stehen, allerdings ohne Leerstelle dazwischen. Die folgenden Beispiele führen alle zum gleichen Ergebnis:
  ```
      IF NOT *%1 == *
      IF NOT %1* == *
      IF NOT /%1/ == //
      IF NOT PAR%1 == PAR
  ```
  Worauf ist das zurückzuführen? Wenn wir kein zusätzliches Zeichen benutzen, z.B.
  ```
      IF NOT %1 == ,
  ```
  würde der Stapelverarbeitungsprozessor rechts vom Gleichheitszeichen buchstäblich nichts vorfinden (Leerzeichen sind hier nur Trennzeichen!)

und mit der Nachricht "Syntaxfehler" antworten, weil wir die Konventionen für die richtige Schreibweise von Stapelbefehlen nicht eingehalten haben. Also nicht vergessen: Unbedingt mindestens ein zusätzliches Zeichen in jeden IF-Befehl aufnehmen, der zwei Strings vergleicht.
Ein Hinweis zum Programmieren (Abschnitt 4.1.1): Ein Programm, das mit Parametern aufgerufen wird, sollte eine Abfrage wie oben beschrieben enthalten, damit im weiteren Programmablauf unkontrollierbare Verarbeitungsvorgänge vermieden werden.

- **Fehlermeldung in Zeile 7:** Hat der Benutzer keinen Parameter eingegeben, erhält er eine Fehlermeldung und Auskunft über den korrekten Programmaufruf. Kein Benutzer kann alle Möglichkeiten aller Programmaufrufe im Kopf behalten. Wenn ein Stapelprogramm aber nach dem fehlerhaften Aufruf die richtige Syntax anzeigt, ruft man es eben ohne Parameter auf und erhält Auskunft. Daraus folgt ein weiteres Prinzip: Kein Stapelprogramm ohne Benutzerhilfen.

- **Programmende über Zeile 9:** Das Programm endet durch Sprung zum Label :END.

- **Escape-Sequenz in Zeile 11:** Der ECHO-Befehl sendet eine Nachricht an den Bildschirm, die den Benutzer davon abhalten soll, das Programm aufgrund seines zeitaufwendigen Ablaufs zu unterbrechen. So vergehen beispielsweise auf einem IBM PC AT, dessen Platte ca. 1000 Dateien enthält, bei einer Zugriffszeit von 90 ms etwa 1,5 Minuten. Das kann ungeduldigen Benutzern schon lange werden.
  Die Escape-Sequenz [^[5m läßt die Nachricht blinken, [^[m stellt auf normale Darstellung zurück. [^[23B setzt den Cursor soweit nach unten, daß die blinkende Nachricht in dem Augenblick verschwindet, da am unteren Bildschirmrand die nächste Information erscheint. [^[80D stellt den Cursor an den linken Rand.

- **Zeile 12 enthält den Programmkern.** Bekanntlich liefert der Befehl CHKDSK in Verbindung mit dem Parameter /V neben einer Aufstellung zu Plattenkapazität, -belegung und Hauptspeicherauslastung auch eine Liste der Dateien in den einzelnen Verzeichnissen mitsamt Pfadangabe.
  Der Filter FIND untersucht Eingabedateien auf das Vorkommen von bestimmten Zeichenketten, die als Parameter von FIND, in Anführungszeichen gesetzt, angegeben werden. FIND gibt die Zeile der Datei aus, in der die Zeichenkette steht.
  Wenn man nun den Output von CHKDSK/V in eine Datei schreibt und anschließend diese Datei von FIND prüfen läßt, findet FIND die in Anführungszeichen angegebenen Dateien mit ihrer Pfadangabe.

Das Anlegen einer Datei aus dem Output von CHKDSK übernimmt der Pipe-Operator ¦ (ASCII-Nr. 124). Die Datei wird vom System temporär angelegt und nach Verarbeitung durch FIND automatisch wieder gelöscht. Auf diese Weise lassen sich problemlos Datenmengen übertragen, die ein beliebiges Programm an den Bildschirm sendet, und zwar auf ein anderes Programm, das Daten von der Tastatur erwartet.

Zwei Scheinparameter in Zeile 12: Diese Zeile enthält die Scheinparameter %1 für den Suchbegriff (also die gesuchte Datei) und %2 für das abzusuchende Laufwerk. Läßt man bei Programmstart %2 weg, so erfolgt die Suche auf dem aktuellen Laufwerk, da CHKDSK ohne Laufwerksangabe bleibt.

Merkwürdig wird man vielleicht den Anfang der Zeile finden, der diese durch den ECHO-Befehl wie eine Ausgabezeile erscheinen läßt. CHKDSK stellt, falls vorhanden, verlorene Bereiche auf einer Platte fest und fragt in diesem Falle, ob sie wiederhergestellt werden sollen. Die Antwort kann J oder N sein. Da aber durch den 2. Pipe-Operator alle Texte, die CHKDSK zum Bildschirm schickt, zum FIND-Filter umgeleitet werden, würde der Benutzer beim Auffinden eines verlorenen Bereichs von der Systemanfrage nichts erfahren. Folge: Das Programm bleibt stecken, ohne daß der Benutzer den Grund weiß.

Glücklicherweise erwartet CHKDSK die Antwort von der Tastatur. Wie schon erwähnt, kann man Output von Programmen, die diese an den Bildschirm senden, als Input in solche Programme verwenden, die normalerweise ihre Daten von der Tastatur erhalten. Der Befehl ECHO N zeigt den Buchstaben N am Bildschirm an. Wir leiten einfach diese Ausgabe an das Programm CHKDSK um. Der Erfolg: CHKDSK kann - falls notwendig - N als Eingabe benutzen oder es übergehen.

- **Hinweis auf Großschreibung des Suchbegriffs in Zeile 14:** In der Regel ist man es gewohnt, Dateinamen kleingeschrieben einzugeben. Tut man dies auch für den Suchbegriff, so wird die Suche erfolglos bleiben. Der FIND-Filter nimmt es da sehr genau. Das Inhaltsverzeichnis der Platte registriert alle Dateinamen in Großbuchstaben und so gibt sie der CHKDSK-Befehl auch an den FIND-Filter weiter. Deshalb wird der Benutzer daran erinnert, den Suchbegriff groß zu schreiben.

Suche nach Teilstrings ist vorteilhaft: Das Programm FINDFILE.BAT hat einen weiteren entscheidenden Vorzug, den kommerzielle Dienstprogramme für den gleichen Zweck oft nicht aufweisen. Suchbegriff muß nicht der vollständige Programmname sein, da FIND nach Zeichenfolgen in einer Textdatei sucht, nicht aber nach Dateinamen direkt in einem Inhaltsverzeichnis. So würde beispielweise die Suche nach "TXT" alle von WORD gespeicherten Textdateien oder etwa nach "RECH" alle erstellten Rechnungen zutage fördern. Hat man einen Dateinamen nur noch unvollständig in Erinnerung, unternimmt man eben einige Versuche mit Teilen des Namens.

Die Verwendung eines Suchbegriffs, der zu einem Verzeichnisnamen paßt, erzeugt eine Liste aller Dateien dieses Verzeichnisses. Wunderliche Ergebnisse kann es eigentlich nur geben, wenn als Suchbegriff etwa "Byte", "datei" oder andere Texte verwendet werden, die in der Nachricht von CHKDSK erscheinen. FIND prüft natürlich auch diese Nachricht ab. Doch der Fall ist unwahrscheinlich.

4.3.1.2 Textstellen in Verzeichnissen suchen mit FINDTEXT.BAT

... eine Menge Texte wurde gespeichert, viele Seiten in vielen Dateien. Und eines Tages sucht man eine Textstelle. Wo war das? In welcher Datei? Bestimmte zusammenhängende Satzteile oder Begriffe sind noch in Erinnerung, nicht aber der Name der Datei, in der sie stehen. Soll man nun jede Datei einzeln ins Textsystem laden und es mit der Suchfunktion versuchen? Eine zu beschwerliche und zeitraubende Arbeit.

Eine Stapeldatei namens FINDTEXT.BAT hilft aus der Patsche. Sie sucht jede Datei gewissenhaft ab. Eigentlich würde die richtige Kombination des Stapelbefehls FOR .. IN .. DO und des FIND-Filters genügen. Aber wer kann sich schon die komplizierte Syntax merken?

```
 1: echo off
 2: cls
 3: rem Name : findtext.bat
 4: rem Zweck: Textstellen in Dateien einer Directory suchen
 5: rem ----------------------------------------------------
 6: if not "%1 == " goto go_on
 7: echo Parameterangabe fehlt !
 8: echo Aufruf: findtext Suchbegriff [Laufwerk:\Pfad]
 9: goto end
10: :go_on
11: if not "%2 == " goto find
12: echo Ohne Pfadangabe wird das Stammverzeichnis
13: echo nach der Zeichenfolge "%1" durchsucht.
14: echo Unterbrechen Sie mit Ctrl-C, oder . . .
15: pause
16: :find
17: for %%d in (%2\*.*) do find "%1" %%d
18:*:end
```

Programm FINDTEXT.BAT zum Suchen von Textstellen

Programmbeschreibung zu FINDTEXT.BAT:

- **Parameterabfrage in Zeile 6:** Das Programm beginnt mit der üblichen, bereits oben beschriebenen Abfrage nach fehlenden Parametern. Hier ist das Vorhandensein von zwei Parametern zu prüfen. Denn fehlt die Pfadangabe als 2. Parameter, sucht das Programm immer im Stammverzeichnis des aktuellen Laufwerks, was womöglich unerwünscht ist. Dafür ist eine Abbruchmöglichkeit vorgesehen. Der Stapelprozessor fragt nach Ctrl-C mit "Stapeljob beenden (J/N) ?"; J beendet das Stapelprogramm.
  Die Eingabe von Ctrl-C bzw. Ctrl-Break ist der einzige Weg, ein Stapelprogramm benutzergesteuert zu verlassen, wenn man nicht die in Abschnitt 3.3 verwendete Menü-Technik mit einem Programm wie MENUKEYS.EXE einsetzt. Auch wenn ein Stapelprogramm nicht zunächst - wie in unserem Beispiel - durch den Befehl PAUSE angehalten wird, unterbrechen Ctrl-C und Ctrl-Break den Ablauf.

```
B:\AB43>findtext off b:\modell2

B:\AB43>echo off

----------- b:\modell2\AUTOEXEC.BAT
echo off
sound off

----------- b:\modell2\CONFIG.SYS
break=off


B:\AB43>findtext "fin"

B:\AB43>echo off
Ohne Pfadangabe wird das Stammverzeichnis
nach der Zeichenfolge ""fin"" durchsucht.
Unterbrechen Sie mit Ctrl-C, oder . . .
Wenn bereit, eine Taste betätigen. . .


B:\AB43>findtext

B:\AB43>echo off
Parameterangabe fehlt !
Aufruf: findtext Suchbegriff [Laufwerk:\Pfad]
```

1. Ausführung korrekt

2. Ausführung mit nur
einem Parameter

3. Ausführung ohne
Parameter

Ausführungsbeispiel zu Programm FINDTEXT.BAT

- **Die vorletzte Zeile 17 führt** die **eigentliche Arbeit aus.** Dabei handelt
  es sich zunächst um eine FOR-Schleife. Der FOR-Befehl gestattet es,
  einen bestimmten Befehl oder ein Programm mehrmals durchführen zu
  lassen, in diesem Falle das FIND-Filterprogramm.

- **Ist FOR eine Zählerschleife oder nicht?** Alte Programmierhasen sagen
  sich nun: Alles klar, eine typische Zählerschleife! Weit gefehlt. Eine
  Zählervariable gibt es für diesen Befehl nicht, insofern gibt es keine
  Parallele zu den FOR-Strukturbefehlen höherer Programmiersprachen.
  Das bedeutet: es ist nicht ohne weiteres möglich, die Wiederholung
  einer Arbeit, z.B. mehrmaliges Drucken desselben Textes, zahlenmäßig
  zu bestimmen.
  Genau besehen wäre das auch nicht sinnvoll. Denn mit welchem Befehl sollte man eine Zahl in ein Stapelprogramm eingeben? Und Parameter eines Stapelprogramms sind immer Zeichenketten, also alphanu-
  merische Inhalte, ungeeignet für die numerische Kontrolle der Wiederholungen.
  Wie aber werden die Wiederholungen kontrolliert? Wie oft wiederholt
  sich die Verarbeitung? Genau so oft wie sich Dateien in der in der
  Klammer definierten Menge von Dateien befinden. Mengenlehre? Nur

ein wenig! Angenommen, die Dateiangabe *.BAT beschreibt eine Menge von 12 Stapeldateien eines Verzeichnisses und ein FOR-Befehl wird mit diesem Ausdruck in seiner Klammer gestartet: der Befehl, der dem DO folgt, wiederholt sich 12 mal. Steht in der Klammer ein bestimmter Dateiname, so definiert der Klammerinhalt eine Menge von nur einer Datei: die Arbeit wird nun 1 mal ausgeführt, was einer nicht gerade arbeitssparenden Verwendung des FOR-Befehls gleichkommt.

- **FOR %%D IN (%2*.*) DO FIND "%1" %%D:** In unserem Beispiel weist die Klammer die Menge %2*.* aus. Da der Scheinparameter %2 hier Laufwerk und/oder Pfad repräsentiert, legt %2*.* die Menge aller Dateien im Verzeichnis %2 fest. Das heißt, der FOR-Befehl führt für alle Dateien des Verzeichnisses %2 den FIND-Filterbefehl je 1 mal aus.

- **Was ist "%%d"?** Das ist eine Variable. Die %%-Variable enthält jeweils den Namen der Datei, für welche der FOR-Befehl im Augenblick eine Wiederholung bzw. Verarbeitung einleitet. Nehmen wir an, in einem Verzeichnis befinden sich die drei Dateien FRIEDA.TXT, TRAUTE.TXT und OLIVIA.TXT. Der Befehl

    FOR %%d IN (*.TXT) DO FIND "Rendevous" %%d

wird dann 3 mal den FIND-Filterbefehl zur Ausführung bringen und dabei wird %%d jedesmal einen anderen der oben genannten Textdateinamen enthalten. Das heißt in jeder der drei Dateien wird nach einer Zeile mit dem Wort "Rendevous" gesucht. Die %%-Variable darf mit jedem beliebigen Zeichen gebildet werden, außer mit den Ziffern 0-9.

- **Keine Jokerzeichen im FIND-Befehl:** Falls die Eingabe nicht über den Pipe-Operator ¦ kommt, hat der FIND-Filterbefehl folgendes Eingabeformat (vgl. auch Abschnitt 2.5.4):

    FIND "Zeichenfolge" Dateiname (Dateiname) ...

Schlaue Köpfe können nun auf die naheliegende Idee kommen, den Dateinamen durch einen Jokerausdruck der Form *.TXT oder *.* zu ersetzen. Dann wäre das Programm FINDTEXT.BAT überflüssig. Geht nicht! Joker sind beim FIND-Filter unzulässig.

Eine interessante Programmodifikation in Zeile 17: Statt des Klammerinhalts %2*.* setzt man lediglich %2 ein. Der Benutzer kann nun die Dateispezifikation auf bestimmte Dateien selbst eingrenzen, z.B. nur auf Textdateien. Dann muß man aber vom Benutzer die Eingabe von Laufwerk: Pfad Dateiangabe als Parameter %2 zwingend anfordern; sonst könnte die Klammer leer bleiben, d.h. %2 könnte durch eine "leere Eingabe" ersetzt werden. Es ist also von vornherein die Existenz zweier Parameter zu prüfen.

- **Zwei Parameter in Zeile 6 abfragen:** Möchte man die Existenz zweier Parameter gleichzeitig (d.h. in einer Zeile) prüfen, bietet sich die logische UND-Verknüpfung beider zu prüfender Bedingungen an. Auch das geht in einer Stapeldatei. Zeile 6 des Programms FINDTEXT.BAT wird dann wie folgt modifiziert:

IF NOT "%1 == " IF NOT "%2 == " GOTO FIND

Die Zeilen 10 bis 15 von Programm FINDTEXT.BAT sind in diesem Fall natürlich zu löschen.

- **Ctrl-S als Start-/Stop-Schalter:** In der praktischen Anwendung stellt sich heraus, daß das Programm meist ziemlich viel Output hat, der dann über den Bildschirm flimmert und verschwindet. Jede durchsuchte Datei wird schließlich angezeigt. Ratsam ist deshalb die Benutzung der Tasten **Ctrl-S** als Start-/Stop-Schalter. Oder man schaltet die Hardcopy-Einrichtung durch die Tasten Ctrl-PrtSc vor dem Programmstart an. Wenn man eine Spool-Einrichtung unterhält, verzögert das Ausdrucken die Arbeit mit der Stapeldatei nicht.

4.3.1.3   Dateien sichern mit BACK.BAT

Die Sicherung der Daten einer Festplatte ist ein sich periodisch wiederholendes Geschäft, das man gerne mal hinausschiebt: einerseits, weil es zeitaufwendig ist, andererseits, weil man mal wieder wegen der verflixten Syntax ins Handbuch schauen muß. ...wie war das gleich mit den Parametern von BACKUP.COM?
Das folgende Programm namens BACK.BAT geht davon aus, daß man auf dem Laufwerk C: in allen Verzeichnissen entweder alle oder nur die seit der letzten Sicherung bewegten Dateien sichern möchte. Das Programm nutzt die Tatsache, daß der Befehl BACKUP.COM nach seinem Ablauf einen ERRORLEVEL speichert, der abfragbar ist, um dem Benutzer dann eine entsprechende Mitteilung anzuzeigen.

```
B:\AB43>back

B:\AB43>echo off
Sie muessen fuer die Sicherung einer 10MB-Platte 9 Stueck
1,2 MB-formatierte oder 28 Stueck 360KB-formatierte
Disketten bereithalten.
Entweder Abbruch der Datensicherung mit Ctrl-C, oder . .
Wenn bereit, eine Taste betätigen. . .

Falscher oder fehlender Parameter.

Gueltige Aufrufe von BACK.BAT :
Vollstaendige Sicherung der Platte C : BACK 1
Sicherung der bewegten Dateien auf C : BACK 2

Wenn bereit, eine Taste betätigen. . .
```

Ausführungsbeispiel zu BACK.BAT: Aufruf ohne Parameter

```
 1: echo off
 2: cls
 3: rem Name : back.bat
 4: rem Zweck: Datensicherung fuer Dateien in allen Verzeichnissen
 5: rem ---------------------------------------------------------------
 6: echo Sie muessen fuer die Sicherung einer 10MB-Platte 9 Stueck
 7: echo 1,2 MB-formatierte oder 28 Stueck 360KB-formatierte
 8: echo Disketten bereithalten.
 9: echo Entweder Abbruch der Datensicherung mit Ctrl-C, oder . .
10: pause
11: if 1 == %1 goto back1
12: if 2 == %1 goto back2
13: echo G^
14: echo Falscher oder fehlender Parameter.
15: echo
16: echo Gueltige Aufrufe von BACK.BAT :
17: echo Vollstaendige Sicherung der Platte C : BACK 1
18: echo Sicherung der bewegten Dateien auf C : BACK 2
19: goto ende
20: :back1
21: backup c:\*.*   a:/s
22: goto check
23: :back2
24: backup c:\*.*   a:/s/m
25: :check
26: if errorlevel 1 goto err
27: echo
28: echo Die Datensicherung wurde fehlerfrei beendet.
29: goto ende
30: :err
31: echo G^
32: echo [^[7;5mDie Datensicherung wurde nicht korrekt durchgeführt.[^[m
33: :ende
34: echo
35: pause
36: cls
```

Programm BACK.BAT zur Datensicherung

Programmbeschreibung zu BACK.BAT:

- **Zeile 6:** Der Benutzer wird zunächst über den Bedarf an formatierten Disketten aufgeklärt.

- **Parameterabfrage in Zeilen 11 und 12:** Die Abfrage des Parameters sieht hier etwas ungewohnt aus. Sie funktioniert auch, selbst wenn beim Programmaufruf kein Parameter eingegeben wurde. Zwei verschiedene Parameterwerte können dem Aufruf angefügt werden: 1 für eine Vollsicherung und 2 für eine teilweise Sicherung.

- **Warnton in Zeile 13:** Der Warnton wird über echo Alt-7 ausgegeben.

- **Meldungen in Zeilen 14 bis 18:** Der Benutzer erhält eine Nachricht und Hilfen, wenn die Abfragen in Zeilen 11 und 12 eine falsche Parametereingabe zeigten.

- **BACKUP-Befehl in Zeile 21:** Dieser BACKUP-Befehl sichert alle Dateien des Laufwerks C:, und zwar vom Stammverzeichnis ausgehend für alle dort mündenden Verzeichnisse des Laufwerks. Obwohl die Pfadangabe C:*.* darauf hinzuweisen scheint, als würden nur die im Stammverzeichnis abgelegten Dateien erfaßt, berücksichtigt der Parameter /S die Sicherung auf alle am Stammverzeichnis angebundenen Verzeichnisse. Wichtig ist der Backslash (Schrägstrich rückwärts) in der Pfadangabe. Fehlt er, beginnt das System vom jeweils aktuellen Verzeichnis aus zu sichern. Das bedeutet, nur die Daten des aktuellen Verzeichnisses und der daran anschließenden Verzeichnisse gesichert würden. Ein womöglich fataler Irrtum.

- **Sicherung nach Laufwerk A: in den Zeilen 21 und 24:** Das Ziel der Datensicherung ist hier das Laufwerk A:. Wer eine Liste aller gesicherten Dateien mitschreiben lassen möchte, hängt an die Zeilen 21 und 24 einfach den Datenumleitungsoperator ">" und die Gerätebezeichnung PRN an, also:

        BACKUP C:*.* A:/S > PRN

- **Der Datenumleitungsoperator ">"** führt Daten, die ein Befehl oder Programm normalerweise an den Bildschirm schickt, an diesem vorbei zu einem Ausgabegerät; oder er schreibt die Daten, falls kein geschützter Gerätename verwendet wird, in eine Datei. So wird beispielsweise der Befehl

        ECHO X > DATEIX

eine Datei namens DATEIX erzeugen, die nur den einen Buchstaben "X" enthält.

- **BACKUP-Parameter /M in Zeile 24:** Der Parameter /M beschränkt die Datensicherung auf die seit der letzten Datensicherung bewegten Dateien.

- **IF ERRORLEVEL 1 GOTO ERR in Zeile 26** prüft den ERRORLEVEL, den der Befehl BACKUP.COM nach seiner Ausführung gespeichert hat, auf größer oder gleich 1. Ein ERRORLEVEL größer oder gleich 1 zeigt an, daß die Datensicherung nicht korrekt abgelaufen ist. Der Benutzer muß in diesem Falle entsprechend informiert werden. Eine Prüfung auf ERRORLEVEL 0 würde hier zum falschen Ergebnis führen, obwohl eine fehlerfreie Datensicherung ERRORLEVEL 0 erzeugt. Grund: die IF-ERRORLEVEL-Abfrage testet den ERRORLEVEL auf größer oder gleich ab, darunter fallen eben auch Werte über 0.

- **Escape-Folgen in den Zeilen 31 und 32** warnen den Benutzer durch Warnton (wie Zeile 13). Er bekommt eine Mitteilung in blinkender Umkehranzeige ([^[7;5m). Die Escape-Folge [^[m setzt auf Normalanzeige zurück.

- Die Zeilen 35 und 36 sind ein kleiner Service für den Benutzer. Er soll nach Programmabschluß einen leeren Bildschirm vor sich haben.

- **Leerzeilen über die Zeilen 15, 27 und 34:** Die Leerzeilen werden mit ECHO Alt-255 erzeugt und sollen die Lesbarkeit der Nachrichten verbessern.

4.3.1.4   Dateien zurückspeichern mit REST.BAT

Das Programm REST.BAT dient dem Zurückspeicherung der gesicherten Dateien und besitzt die gleiche Struktur wie das Programm BACK.BAT von Abschnitt 4.3.1.3.

```
 1: echo off
 2: cls
 3: rem Name : rest.bat
 4: rem Zweck: Gesicherte Dateien in alle
 5: rem           Verzeichnissen zurueckspeichern
 6: rem ------------------------------------------
 7: if 1 == %1 goto rest1
 8: if 2 == %1 goto rest2
 9: echo Falscher oder fehlender Parameter.
10: echo
11: echo Gueltige Aufrufe von REST.BAT :
12: echo Rueckspeichern in allen Verzeichnissen von C    : REST 1
13: echo Das gleiche mit Rueckfrage fuer bewegte Dateien: REST 2
14: goto ende
15: :rest1
16: restore a:  c:\*.* /s
17: goto check
18: :rest2
19: restore a:  c:\*.* /s/p
20: :check
21: if errorlevel 1 goto err
22: echo
23: echo Alle Dateien wurden korrekt zurueckgespeichert.
24: goto ende
25: :err
26: echo G^
27: echo [^[7;5mDie Rueckspeicherung wurde durch einen Fehler beendet.[^[m
28: :ende
29: echo
30: pause
31: cls
```

Wichtig für DOS-3.2-Benutzer:
Speichern Sie immer mit dem Aufruf REST 2 zurück. Dann wird auch bei verborgenen Dateien (z.B. IBMBIO.COM) zurückgefragt. Speichern Sie diese nie zurück, da sonst Ihre Festplatte die Bootfähigkeit verlieren kann.

Programm REST.BAT zum Zurückspeichern von Dateien

Programmbeschreibung zu REST.BAT:

- **P-Parameter im RESTORE-Befehl von Zeile 19:** Das Programm unterscheidet sich von BACK.BAT im wesentlichen durch den Parameter /P des RESTORE-Befehls. Es kommt schon mal vor, daß Dateien zerstört werden und man sich gezwungen sieht, auf die letzte oder vorletzte Datensicherung zurückzugehen. Inzwischen hat man aber bereits Dateien verändert, deren Inhalt in Ordnung ist und die so bestehen bleiben sollen.
  Der Parameter /P, durch den Aufruf von REST 2 aktiviert, berücksichtigt diese Situation. Wird er aktiv, so fragt das System jedesmal den Benutzer, ob eine seit der letzten Datensicherung geänderte Datei beim Zurückschreiben überschrieben werden soll oder nicht.

4.3.1.5 Dateien aktualisieren mit ACTUAL.BAT und PCOPY.BAT

Die MS-DOS-Version 3.2 hat uns einen Befehl beschert, der lange vermißt wurde, der uns in die Lage versetzt, Verzeichnisse schnell zu aktualisieren: den REPLACE-Befehl zum selektiven Kopieren. Mußte man doch bisher befürchten, durch den COPY-Befehl (Diskette als Quelle und Plattenverzeichnis als Ziel) infolge Überschreibens gleichnamiger Dateien Daten zu verlieren. Oder man kopierte beim absichtlichen Überschreiben von Dateien global anderen "Schrott" gleich mit, der anschließend umständlich wieder gelöscht werden mußte.' Nun kommen nicht alle PC-Benutzer gleich in den Genuß von MS-DOS 3.2. Deshalb sollen die Stapelprogramme ACTUAL.BAT und PCOPY.BAT die wichtigsten Vorzüge des REPLACE-Befehls simulieren: ACTUAL.BAT ersetzt, PCOPY.BAT ergänzt Dateien eines Verzeichnisses.

Zum REPLACE-Befehl: Die in Abschnitt 4.3.1.6 dargestellte Stapeldatei REPL.BAT verwendet den REPLACE-Befehl, erspart aber dem Benutzer, dessen aufwendige Syntax zu beherrschen.

Programmbeschreibung zu ACTUAL.BAT:

- **Eingabeprüfung über "logisch UND" in Zeile 6:** IF unternimmt eine Prüfung, ob beide Parameter eingegeben wurden. Die Verkettung von IF-Befehlen wirkt wie eine logische UND-Verknüpfung.

- Die Zeilen 7 bis 16 zeigen Benutzerhilfen mittels ECHO an.

- **Kontrollfrage in den Zeilen 19 bis 23:** Die hier gestellte Frage soll verhindern, daß die falschen Dateien für die Aktualisierung zur Verwendung kommen. Aus später erwähnten Gründen muß das Quellverzeichnis das aktuelle Verzeichnis sein. Weil das so wichtig ist, wurden zwei PAUSE-Befehle benutzt, um nicht Unheil durch einen versehentlichen Tastendruck herbeizuführen.

- **FOR-Befehl in Zeile 24:** Hier geschieht die Arbeit. Hinsichtlich einer genauen Beschreibung der Vorgänge in der FOR-Schleife sei auf Abschnitt 4.3.1.2 verwiesen.

Der in der Klammer stehende Ausdruck beschreibt die Menge der für die Aktualisierung bzw. das Ersetzen zu Verfügung stehenden Dateien. %1 kann aus einem Dateinamen oder ersatzweise aus sog. globalen Jokerzeichen "?" bzw. "*" bestehen. Für jedes Element dieser Dateimenge wird nun mit IF EXIST getestet, ob sich ein gleicher Name auf dem Zielverzeichnis %2 befindet. Falls dies zutrifft, kopiert das System diese Datei vom Quellverzeichnis auf das Zielverzeichnis. Die Variable %%d speichert während des gesamten Vorgangs jeweils den Dateinamen, dessen Existenz im Zielverzeichnis im Augenblick gerade zu Prüfung kommt.

Der Versuch, das Programm dadurch zu verbessern, daß man für %1 auch Pfadangaben vor dem Dateinamen zuläßt, schlägt fehl. In diesem Falle würde unter %%d der ‎Pfadname mitgespeichert und die Existenz einer Datei mit Zielverzeichnis plus Quellverzeichnis getestet.

```
 1: echo off
 2: cls
 3: rem Name : actual.bat
 4: rem Zweck: Aktualisieren bereits vorhandener Dateien
 5: rem ----------------------------------------------
 6: if not "%1 == " if not "%2 == " goto go_on
 7: echo Quell- und/oder Zielangabe fehlen !
 8: echo
 9: echo Gueltiger Aufruf von ACTUAL.BAT:
10: echo
11: echo [LW:][Pfad]ACTUAL Dateiname[.Erw] LW: u./o. Pfad
12: echo (     Befehl     ) (     Quelle     ) (     Ziel     )
13: echo
14: echo Dateiname und Erw koennen auch durch Joker ( * ? )
15: echo ersetzt werden.
16: echo
17: goto end
18: :go_on
19: echo Sind Sie sicher, dass das aktuelle Verzeichnis
20: echo Quelle sein soll ?
21: echo Wenn nicht, abbrechen mit Ctrl - C.
22: pause
23: pause
24: for %%d in (%1) do if exist %2\%%d copy %%d %2
25: :end
```

Programm ACTUAL.BAT zum Aktualisieren von Dateien

Von Programm ACTUAL.BAT zu Programm PCOPY.BAT:
Während das oben beschriebene Programm ACTUAL.BAT nur Dateien ersetzt, deren Namen dem Zielverzeichnis bereits bekannt sind, kopiert das folgende Programm namens PCOPY.BAT nur Dateien, deren Namen im Zielverzeichnis noch fehlen.

```
 1: echo off
 2: cls
 3: rem Name : pcopy.bat
 4: rem Zweck: Ergaenzen von Dateien
 5: rem ---------------------------------
 6: if not "%1 == " if not "%2 == " goto go_on
 7: echo Quell- und/oder Zielangabe fehlen !
 8: echo
 9: echo Gueltiger Aufruf von PCOPY.BAT:
10: echo
11: echo [LW:][Pfad]PCOPY Dateiname[.Erw] LW: u./o. Pfad
12: echo (     Befehl    ) (    Quelle   ) (    Ziel    )
13: echo
14: echo Dateiname und Erw koennen auch durch Joker ( * ? )
15: echo ersetzt werden.
16: echo
17: goto end
18: :go_on
19: echo Sind Sie sicher, dass das aktuelle Verzeichnis
20: echo Quelle sein soll ?
21: echo Wenn nicht, abbrechen mit Ctrl - C.
22: pause
23: pause
24: for %%d in (%1) do if not exist %2\%%d copy %%d %2
25: :end
```

Programm PCOPY.BAT zum Ergänzen von Dateien

Programmbeschreibung zu PCOPY.BAT:

- PCOPY.BAT unterscheidet sich von ACTUAL.BAT im wesentlichen nur durch die Zeile 24. Dort wurde IF EXIST gegen IF NOT EXIST ausgetauscht.

4.3.1.6   Dateien ersetzen oder ergänzen mit REPL.BAT

Das Stapelprogramm REPL.BAT ist ein Beispiel dafür, wie man Befehle, deren Syntax etwas schwerfällig zu handhaben ist, mit einer Stapeldatei umgänglicher machen kann. REPL.BAT dient dazu, den REPLACE-Befehl benutzerfreundlich einzusetzen.

Das Programm gibt Hilfen bei fehlerhafter Eingabe und zeigt ein Menü an, das sicherheitshalber einen Überblick über die Quell-/Zielsituation bietet. Der von REPLACE.EXE erzeugte ERRORLEVEL wird verwendet, um im Falle aufgetretener Fehler Benutzerhinweise zu geben.

```
 1: echo off
 2: cls
 3: rem Name : repl.bat
 4: rem Zweck: Ersetzen oder ergaenzen von Dateien
 5: rem -------------------------------------------
 6: if not "%1 == " goto go_on
 7: :help
 8: echo
 9: echo Folgende Aufrufe von REPL.BAT sind moeglich:
10: echo
11: echo [LW][Pfad]REPL [LW][Pfad]Datei[.Erw] [LW][Pfad][/R]
12: echo (   Befehl   ) (        Quelle        ) (  Ziel  )
13: echo
14: echo Datei.Erw kann teilweise oder ganz durch Joker (? *)
15: echo ersetzt werden.
16: echo Wird Ziel weggelassen, ist das aktuelle LW das Ziel.
17: goto end
18: :go_on
19: echo REPLACE - MENUE
20: echo
21: echo Rueckfrage
22: echo ohne  mit              Aktion
23: echo
24: echo F1     F2    "%1" ersetzen in "%2" (""=aktuelles LW)
25: echo
26: echo F3     F4    "%1" ersetzen in allen Verzeichn. von C:
27: echo
28: echo F5     F6    "%1" ergänzen in "%2" (""=aktuelles LW)
29: echo
30: echo     F7        Programm beenden
31: menukeys 7
32: if errorlevel 7 goto end
33: if errorlevel 6 goto f6
34: if errorlevel 5 goto f5
35: if errorlevel 4 goto f4
36: if errorlevel 3 goto f3
37: if errorlevel 2 goto f2
38: :f1
39: replace %1 %2 /s
40: goto error
41: :f2
42: replace %1 %2 /s/p
43: goto error
44: :f3
45: replace %1 C:\ /s
46: goto error
47: :f4
48: replace %1 C:\ /s/p
49: goto error
50: :f5
51: replace %1 %2 /a
52: goto error
```

Programm REPL.BAT (Fortsetzung umseitig)

```
53: :f6
54: replace %1 %2 /a/p
55: :error
56: if errorlevel 22 goto err22
57: if errorlevel 15 goto err15
58: if errorlevel 11 goto err11
59: if errorlevel 8 goto err8
60: if errorlevel 3 goto err3
61: if errorlevel 2 goto err2
62: goto end
63: :err22
64: echo Der Befehl kann nur ab MSDOS-Version 3.2 benutzt werden.
65: goto end
66: :err15
67: echo Geben Sie ein anderes Laufwerk an.
68: goto end
69: :err11
70: echo Die Befehlszeile enthaelt ungueltige Parameter.
71: echo
72: goto help
73: :err8
74: echo Die Platte ist voll.
75: goto end
76: :err3
77: echo Der Quell- oder Zielpfad wurde nicht gefunden.
78: echo Oder:
79: echo Eine zu ersetzende Datei besitzt das Nur-Lesen-Attribut
80: echo Fuegen Sie ihrem Befehl den Parameter  /R (ohne Leer-
81: echo stelle!) an, wenn solche Dateien ersetzt werden sollen.
82: goto help
83: :err2
84: echo Der Quellpfad enthaelt keine Datei(en) zum Ersetzen oder Ergaenzen
85: echo oder es wurden keine Quelldateien angegeben.
86: :end
```

Programm REPL.BAT zum Ersetzen und Ergänzen von Dateien

Programmbeschreibung zu REPL.BAT:

- **Hilfen in den Zeilen 6 bis 17:** Nach der Prüfung auf einen eingegebenen Parameter werden über ECHO syntaktische Hilfen gegeben.

- **Menü in den Zeilen 18 bis 30:** Das Menü mit 7 Punkten zeigt infolge der Einbeziehung der Scheinparameter %1 und %2 dem Benutzer deutlich an, welche Transaktionen er in Gang setzt. Er kann das Programm noch immer beenden.

- Zeilen 31 bis 37: Zur Verwendung von MENUKEYS.EXE mit der IF ERRORLEVEL-Abfrage sei auf Abschnitt 3.3.5 verwiesen.

- Zeilen 38 bis 54 führen die gewünschten Aktionen, d.h. die verschiedenen REPLACE-Anwendungen, aus.

- Zeilen 55 bis 86: Nach jeder REPLACE-Anwendung muß geprüft werden, ob Fehler unterlaufen sind, für die der Benutzer helfende Hinweise bekommen soll. Zwar erhält der Benutzer schon durch den REPLACE-Befehl eine kurze Nachricht, doch ist diese wenig instruktiv. In einigen Fällen verzweigt das Programm in die HELP-Anzeige der Zeilen 7-17.

4.3.2 Drucken ohne Grenzen

Externer MS-DOS-Befehl PRINT.COM: Das Ausdrucken von Schriftstücken und Programmen ist ein täglich anfallendes Geschäft. Und die Druckaufgaben sind vielfältig. Da ist der PRINT-Befehl oft nur der Tropfen auf dem heißen Stein. Er druckt maximal 32 Dateien in der Warteschlange mit jeweils einem Seitenvorschub am Ende jeder Datei und hat den Vorzug, daß er eine Art von **Multitasking** zuläßt: man kann während des Druckvorganges am PC weiterarbeiten, wenn man dabei nicht den Drucker ansprechen muß.

Hat man während des Druckens aber mal was Eiliges dazwischen zu drucken, dann geht nichts. Will man beispielsweise den aktuellen Bildschirminhalt über die Hardcopy-Tasten schnell festhalten - keine Reaktion des Systems! Möchte man im MS-DOS oder in einem Anwendungprogramm einen Druckauftrag erteilen - keine Chance! Stattdessen erhält man die Meldung "Nicht bereit. Schreibfehler Einheit PRN". Der Drucker hält an und wartet auf den Abbruch der Druckeranforderung.

Spooler-Programme: Es gibt eine Reihe guter und preiswerter Spooler-Programme (to spool für spulen, abwickeln). Manche erhält man zusammen mit Speichererweiterungskarten im Preis inbegriffen. Solche Programme sind in der Lage, Druckaufträge - wie sie ankommen - im RAM in einem Spoolbereich zu stapeln und nacheinander an den Drucker weiterzugeben (man spricht auch vom Spoolout-Betrieb, da Daten bei der Datenausgabe zwischengespeichert werden). Dabei treten keinerlei Störungen der übrigen parallellaufenden Arbeiten auf. Ob Hardcopy oder Datei, alles wird akzeptiert und immer oben auf den Stapel gelegt, bis der Spoolbereich voll ist. Diesen Bereich kann man selbst beliebig groß definieren.

Spooler-Programme ersetzen PRINT.COM: Hat man einen Spooler, so benötigt man PRINT.COM nicht unbedingt, um neben dem Drucken weiterarbeiten zu können. Dann eignet sich auch jeder andere Ausgabebefehl zum Drucken.

Die folgenden Abschnitte gehen auf die vielfältigen Möglichkeiten des Druckens unter MS-DOS ein, auf die Gestaltung des Druckgutes und die Druckersteuerung. Die darin vorgestellten Programmbeispiele führen ein Stück tiefer in die Trickkiste von MS-DOS. Auch Druckersteuerzeichen kommen zur Sprache. Die verwendeten Steuerzeichen sind mit den meisten Druckern kompatibel.

4.3.2.1 Einen Text mehrfach mit Verteiler drucken mit VPRINT.BAT

Das Programm VPRINT.BAT druckt einen Text so oft aus, wie eine beim Aufruf angegebene Liste Namen enthält.

```
 1: echo off
 2: cls
 3: rem Name : vprint.bat
 4: rem Zweck: Eine Textdatei mit Verteiler mehrfach drucken
 5: rem ----------------------------------------------------
 6: if not "%1 == " if not "%2 == " goto check
 7: echo Gueltiger Programmaufruf:
 8: echo vprint Dateiangabe Person1 Person2 . . .
 9: goto end
10: :check
11: if exist %1 goto druck
12: echo Die Druckdatei wurde (im angegebenen Verzeichnis)
13: echo nicht gefunden.
14: goto end
15: :druck
16: echo [^CH > prn
17: copy %1 # > nul
18: shift
19: :loop
20: echo [^-1%1[^-O >prn
21: echo    >prn
22: type # > prn
23: echo L^ >prn
24: shift
25: if not "%1 == " goto loop
26: del #
27: :end
```

Programm VPRINT.BAT zum Mehrfachdrucken

Programmbeschreibung zu VPRINT.BAT:

Der IF-Befehl in Zeile 6 testet den formal gültigen Programmaufruf. Im Fehlerfalle wird eine Hilfe angezeigt.

IF EXIST %1 GOTO DRUCK in Zeile 11 prüft die Existenz der vom Benutzer als ersten Parameter genannten Datei. Eine Mitteilung erfolgt bei fehlendem Dateieintrag im jeweils bezeichneten bzw. im aktuellen Verzeichnis.

Druckvorgang starten in Zeile 16: Der ECHO-Befehl in Zeile 16 leitet den Druckvorgang ein. Der Befehl sendet die Steuerzeichensequenz für Formularanfang und Formularlänge (72 Zeilen) an den Drucker.

Druckersteuerzeichen je nach Handbuch einstellen: Die in Zeile 16 einzutragenden Steuerzeichen sind dem jeweiligen Druckerhandbuch bzw. dem zum PC gelieferten Bedienerhandbuch zu entnehmen. Die Steuerzeichenfolgen beginnen - wie hier auch - zumeist mit dem Escape-Zeichen (ASCII-Nr. 27).
Die Zeichenfolge besteht aus dem Escape-Zeichen und den Großbuchstaben C und H. Die Zeichenfolge Escape-C teilt dem Drucker mit: das nächste Zeichen ist der Wert für die Seitenlänge! Der Großbuchstabe H hat den dezimalen Wert 72 auf der ASCII-Code-Tabelle. Zur Eingabemöglichkeit von Escape mit EDLIN.COM siehe Abschnitt 4.2.
Der ECHO-Befehl versucht die Zeichenfolge direkt an den Bildschirm zu leiten, aber der Operator " > " fängt die Steuerfolge auf und leitet sie zum Drucker (PRN) um.

Tip: Steuerzeichen vor jedem Drucken einstellen. Diese Steuerfolge sollte auch dann immer vor dem Druckbeginn den Drucker erreichen, wenn der Drucker hardwaremäßig, d.h. durch seine Dip-Schalter, für den deutschen Markt auf 72 Zeilen/Seite eingestellt ist. Der Drucker hat, solange er eingeschaltet bleibt, die Einstellung des Seitenanfangs im Gedächtnis. Beim Einschalten stellt sich sein internes Zählprogramm auf den Seitenanfang ein. Nun passiert es oft, daß man den Drucker per Hand verstellt. Bald steht der von uns per Hand eingestellte Seitenanfang nicht mehr im Einklang mit dem, was der Drucker gespeichert hat. Das kann dann zu unerwarteten Seitenvorschüben führen. Schickt man an den Drucker aber die oben erläuterte Steuerzeichenfolge ab, dann stellt er sich neu ein.

COPY %1 # > NUL in Zeile 17 von Programm VPRINT.BAT: Dieser Befehl kopiert die angegebene Datei in eine Datei namens # und läßt darauf die Systemnachricht "1 Datei(en) kopiert" verschwinden. Dieser Kopiervorgang muß sein, denn nach dem SHIFT-Befehl in Zeile 18 enthält %1 nicht mehr den Namen der Druckdatei. Die Datei # besteht nur temporär und wird am Ende des Programms gelöscht.

NUL als Systemeinheitenname: NUL bezeichnet eine Einrichtung, die ursprünglich für Programmtestzwecke gedacht ist. Die Systemeinheit ist das "Nichts" im Computer. Daten, die man ihr als Ausgabeeinheit anbietet, verschwinden spurlos. Will man von ihr als Eingabeeinheit Daten beziehen, so verschließt sie sich sofort, d.h. mehr als ein Dateiende erzeugt sie nicht. Das Experiment

```
type nul > test
```

endet damit, daß im Verzeichnis ein Dateieintrag ohne Platzbelegung vorgenommen wird.

SHIFT in Zeile 18: Der SHIFT-Befehl ermöglicht durch eine Parameterverschiebung um 1 die Verwendung von mehr als 10 Parametern %0-%9 in Stapelprogrammen (siehe Abschnitt 2.4). Hier wird er eingesetzt, um den Scheinparameter %1 auf die nächste Parameterposition, d.h. auf den 2. angegebenen Parameter zu versetzen. Dazu folgendes Beispiel: Ein Benutzer gibt ein:

```
vprint text1 H.Paul H.Fritz_
```

Einen Text für Herrn Paul und Herrn Fritz also. Vor dem SHIFT-Befehl ist text1=%1, H.Paul=%2 und H.Fritz=%3. Nach Ausführung der Zeile 18 jedoch ist text1=%0, H.Paul=%1 und H.Fritz=%2. Auf diese Weise wird vor jedem Druckvorgang quasi ein "Zeiger" auf den Namen eingestellt, der als Verteiler mitgedruckt werden soll, denn in der Druckschleife wird weiter "geshiftet".

Verteiler drucken in Zeile 20: Vor und hinter dem Parameter %1 stehen die Steuersequenzen für das Ein- und Ausschalten des unterstrichenen Drucks. Die Folge "Esc, Bindestrich, 1" schaltet die Unterstreichung ein und "Esc, Bindestrich, 0" hebt sie wieder auf.

Leerzeile drucken in Zeile 21: ECHO   >PRN druckt eine Leerzeile mit dem unsichtbaren ASCII-Zeichen 255 (Alt-255).

Textdatei # drucken in Zeile 22: Nun bekommt der Drucker über den Befehl TYPE # >PRN die Textdatei, die den Namen # erhielt. Auch der TYPE-Befehl gibt am Bildschirm aus, auch seine Ausgabe läßt sich zum Drucker umleiten. Der Befehl
                    COPY # PRN > NUL
hätte hier den gleichen Dienst getan.

Zeilenvorschub über Zeile 23: Dieser ECHO-Befehl schickt ein Seitenvorschubzeichen hinterher. Das Zeichen hat die ASCII-Nr. 12 (Alt-12).

Zeile 24: Nochmal ein SHIFT vor dem nächsten Druckvorgang, um den nächsten Namen auf der Liste dem Scheinparameter %1 zuzuordnen.

Frage "Alles ausgedruckt?" in Zeile 25: Der IF-Befehl untersucht, ob %1 nicht schon "leer" ist. Wurde %1 auf der Parameterliste nach rechts auf eine Stelle geshiftet, wo kein Name mehr steht, bleibt %1 leer und der Sprung zum Label :LOOP unterbleibt.

Temporäre Datei löschen in Zeile 26: Die nun überflüssige Datei # wird wieder entfernt.

Zusatzproblem "Dokumente ohne Verteiler ausdrucken":

Nun möchte man auch Dokumente ohne Verteiler drucken. Das scheint einfacher zu sein als mit Verteiler. Es gibt nun aber keine Namenliste mehr, die die Anzahl der zu druckenden Texte definiert. Was tun? Dann benutzen wir eine **Pseudonamensliste** und gehen wie folgt vor:

1. Wir kopieren das Programm VPRINT.BAT z.B. in ein Programm namens BPRINT.BAT um.
2. BPRINT.BAT muß nun geändert werden. Zeile 8 schreiben wir um in:
        ECHO BPRINT Dateiangabe # # # . . .
   Statt # können auch irgendwelche anderen Zeichen eingegeben werden. Es müssen nur soviele Zeichen eingegeben werden, wie Ausdrucke erwünscht sind.
3. Die Programmzeilen 20 und 21 entfallen ganz und werden gelöscht.

4.3.2.2 Etikettendruck für jeden Bedarf mit EPRINT.BAT

Das folgende Programm EPRINT.BAT hat die Aufgabe, eine gewünschte Anzahl von Etiketten mit beliebiger Beschriftung zu drucken.
Der für den Etikettendruck eingesetzte Drucker sollte in jedem Fall eine Traktorführung besitzen. Wer einmal den Drucker zerlegen mußte, um ein unter der Gummiwalze festgeklebtes Etikett zu enfernen, verliert sehr schnell den Spaß am Experimentieren. Außerdem müssen Etiketten präzise geführt werden, um professionell auszusehen.

```
 1: echo off
 2: cls
 3: rem Name : eprint.bat
 4: rem Zweck: Bestimmte Anzahl Etiketten drucken
 5: rem --------------------------------------------
 6: if not "%1 == " goto file
 7: echo Gueltiger Programmaufruf:
 8: echo eprint # # # . . .(in entspr. Anzahl)
 9: goto end
10: :file
11: echo           Hubert Schmitt > #
12: echo           Roter Buckel 23  >> #
13: echo    >> #
14: echo           8123 Kaiserwald >> #
15: :loop
16: type # > prn
17: echo K^K^K^K^K^ > prn
18: shift
19: if not "%1 == " goto loop
20: del #
21:*:end
```

Programm EPRINT.BAT zum Etikettendruck

Programmbeschreibung zu EPRINT.BAT:

Datei öffnen in Zeile 11: Der Befehl ECHO ... # öffnet eine Datei namens # und speichert dort die erste Zeile Text für das Etikett. Der Operator ">" leitet die Bildschirmausgabe des ECHO-Befehls zur Datei # um.

Operator ">>" zum Anhängen von Text in Zeile 12: schreibt die zweite Textzeile. Wäre hier wieder der Operator ">" verwendet worden, so hätte dieser die Datei eröffnet und von Anfang an neu beschrieben, d.h. die erste Zeile gelöscht. Der Operator ">>" öffnet die Datei # zur Fortschreibung und hängt den Text an.

Leerzeile schreiben in Zeile 13: schreibt eine Leerzeile (Alt-255) in die Datei.

Datei drucken in Zeile 16: TYPE # > PRN druckt die Datei namens # aus, die aus vier Zeilen besteht..

Leerzeilen drucken in Zeile 17: ECHO gibt 5 Leerzeilen aus (Annahme: 8,5-zeiliges Etikett mit 0,5-zeiligem Abstand auf Trägerband ergibt 9 Zeilen pro Etikett). Diesmal wurde nicht das Zeichen ASCII-Nr. 255 für eine Leerzeile benutzt, sondern das Zeichen mit der ASCII-Nr. 11, die Steuerung des Vertikaltabulators also. Mit ASCII-Nr. 255 wären fünf Ausgabebefehle zu programmieren. Das ASCII-Zeichen Nr. 11 hat zudem den Vorteil, auf dem Bildschirm sichtbar zu erscheinen.

Einige Änderungen zu Programm EPRINT.BAT:

- Das Programm gestattet eine Reihe von Modifikationen. So kann man den Dateierstellungsteil herausnehmen und mit verschiedenen vorgefertigten Textdateien für Etikette arbeiten. Dann muß man sich stärker an den Algorithmus von BPRINT.BAT halten (siehe vorhergehender Abschnitt).

- Weitere Änderungen können die Schriftart und den Zeilenabstand betreffen, um etwa erheblich mehr Text auf ein Etikett zu bringen, oder um Fett- bzw. Breitschrift zu schreiben. Dafür wären entsprechende Ausgabezeilen für die Druckersteuerung einzubeziehen. Beispiele zur Druckersteuerung zeigt das in Abschnitt 4.3.2.4 vorgestellte Programm SETPRN.BAT.

4.3.2.3 Dateigruppen drucken mit APRINT.BAT als rekursivem Programm

Es kommt immer wieder vor: Man möchte eine Reihe kurzer Texte, Stapel- oder Pascal-Programme (im Textformat) "in einem Aufwasch" mal schnell auflisten. Frage: Welchen Befehl verwenden? Da ist der PRINT-Befehl. PRINT.COM druckt zwar, kennzeichnet die gedruckten Dateien aber nicht mit ihren Namen. Nach dem Drucken vieler Dateien haben wir das Problem der Zuordnung: welcher Dateiname gehört zu welchem Ausdruck. Außerdem führt PRINT.COM nach jeder Datei einen Seitenvorschub aus, bei kleinen Dateien eine ärgerliche Papierverschwendung.

... da hilft nur APRINT.BAT: Das Programm kennzeichnet jede gedruckte Datei groß und fett mit ihrem Namen. Es trennt die Dateien wahlweise durch Leerzeilen oder Seitenvorschub. Und wenn man will, druckt es auch noch das aktuelle Datum und die Tageszeit in den Kopfteil. Trotz all dieser Vorzüge ist das Programm erfreulich kurz.
Rekursion: Der Clou bei diesem Programm ist der Selbstaufruf des in sich verschachtelten Programms - eine Technik, die auch andere sonst nicht lösbare Probleme bewältigt. Ein Programm, das sich selbst aufruft, bezeichnet man als rekursives Programm (lat. recurrere für zurücklaufen).

```
 1: echo off
 2: cls
 3: rem Name : aprint.bat
 4: rem Zweck: Ausgewaehlte Dateien und/oder Dateigruppen
 5: rem          einer Directory mit Zeilenvorschub und
 6: rem          Dateibezeichnung als Kopf in Serie drucken
 7: rem ----------------------------------------------------
 8: if "%1 == "@@@ goto lprint
 9: if not "%1 == " goto recurs
10: echo Keine Druckdatei angegeben!
11: echo Aufruf: aprint Dateiangabe1 Dateiangabe2 . . .
12: echo oder Dateinamen durch Joker-Ausdruecke ersetzen.
13: goto end
14: :recurs
15: for %%d in (%1) do command /c aprint.bat @@@ %%d
16: shift
17: if "%1 == " echo G^Arbeit beendet.
18: if "%1 == " goto end
19: goto recurs
20: :lprint
21: echo Das System arbeitet . . .
22: if exist %2 goto go_on
23:*echo G^ Datei %2 nicht gefunden!
24: pause
25: goto end
26: :go_on
27: echo [^-1[^EN^Datei: %2[^-0 [^F K^ > prn
28: copy %2 prn > nul
29: echo K^K^K^ > prn
30:*:end
```

Rekursives Programm APRINT.BAT zum
Ausdrucken einer Datei bzw. Dateigruppe

Programmbeschreibung zu APRINT.BAT:

Das Programm APRINT.BAT besteht algorithmisch aus zwei wesentlichen Teilen:

1. **Hauptprogramm:** Die Zeilen 8-19 bilden den Teil, der die Verwaltung der Arbeit übernimmt. Er definiert den Beginn und das Ende für den Druck einer Datei oder Dateigruppe und das Ende der gesamten Druckarbeit. Man könnte diesen Teil mit Haupt- oder Treiberprogramm bezeichnen.

2. **Druckroutine:** Die Zeilen 20-30 führen im wesentlichen die Druckarbeit aus. Sie werden immer dann aktiv, wenn das Hauptprogramm eine Arbeit ausgewählt hat. Wir bezeichnen diese Zeilen als Druckroutine.

Parametereingabe prüfen in Zeile 8: Der IF-Befehl unternimmt eine Prüfung auf einen ersten Parameter mit dem Inhalt " @@@ " (der Inhalt ist frei gewählt). Wir erkennen aus Zeile 11, daß beim Programmaufruf kein solcher

Parameter verlangt wird, es sei denn, eine Datei hieße " @@@ ", was wir nicht annehmen wollen. Beim Programmaufruf durch den Benutzer findet demnach der Sprung nach Label :LPRINT nicht statt. Später kommen wir auf diese Zeile zurück.

Zeile 9 testet lediglich, ob überhaupt ein Parameter eingegeben wurde. Die Eingabe mindestens einer Datei oder Dateigruppe ist obligatorisch. Andernfalls erfolgt die Anzeige einer Benutzerhilfe und die Programmbeendigung.

Zeilen 14 und 15: Hat der Benutzer einen Parameter eingegeben, geht es hier weiter. Die FOR-Schleife kennen wir schon von vorangegangenen Abschnitten. Diese hier gibt Anweisung, daß für jede Datei, die sich in der Menge %1 befinden, die Schleife bzw. der rechts von DO stehende Befehl einmal durchgeführt werden soll. %1 kann ein Dateiname oder eine globale Dateibezeichnung sein.

COMMAND-Befehl in FOR-Schleife von Zeile 15 aufrufen: Rechts von DO steht der COMMAND-Befehl mit dem Parameter /C. Wir kennen die Datei COMMAND.COM als eine der drei wesentlichen Betriebssystemdateien auf der Diskette (neben verborgenen Dateien wie z.B. IBMBIO.COM und IBM-DOS.COM). Das Betriebssystem lädt zum Start mit COMMAND.COM den residenten Teil als Befehlsinterpreter in den Hauptspeicher. Dort wartet er, um interne Befehle wie TYPE, DIR, COPY usw. und eventuell gestartete Stapelprogramme auszuführen. Das hat aber alles mit unserem Aufruf von COMMAND.COM in Zeile 15 nicht viel zu tun.
- Ruft man COMMAND.COM wie einen Befehl auf, dann bildet MS-DOS eine ganz neue **Betriebssystemebene.** Das System legt sozusagen eine neue Ebene über die bisherige aktive Ebene. Der residente Teil der Betriebssystemdateien erhöht sich um ca. 3000 Bytes, d.h. der verfügbare Hauptspeicher wird kleiner. Man kann das leicht mit dem CHKDSK-Befehl nachprüfen. Dabei können laufende Anwendungsprogramme "eingefroren" werden.
- Wer das Textprogramm Word 3.0 besitzt, kann das ausprobieren, in dem er beim Menüpunkt "BIBLIOTHEK BETRIEBSSYSTEM" den COMMAND-Befehl eingibt. Daraufhin kann man andere Programme oder Befehle benutzen und dann später wieder nach Word zurückkehren, das sich noch im alten Zustand befindet. Mit dem Befehl EXIT wird die neue Betriebssystemschicht wieder abgetragen.
- Unser COMMAND-Aufruf COMMAND /C verwendet den Parameter /C. Auf diese Weise wird die Möglichkeit geschaffen, für die Ausführung eines einzigen Befehls oder Programms eine neue Betriebsystemebene aufzubauen und sie danach automatisch wieder zu verlassen.
- Mit **COMMAND /C APRINT.BAT @@@ %%D** wird unsere Stapeldatei selbst erneut aufgerufen, und zwar mit den Parametern @@@ und %%d. Der Parameter %%d der FOR-Schleife enthält den gerade in Arbeit befindlichen Dateinamen mitsamt Pfadangabe. Was passiert nun, wenn APRINT.BAT mit den Parametern @@@ und dem Dateinamen auf einer höheren Betriebsystemebene aufgerufen wird? Wenden wir uns dazu wieder Zeile 8 zu.

Von Zeile 8 Sprung zu Zeile 21 mit der Druckroutine: Ist der 1. Parameter beim Aufruf des Programms @@@ , dann erfolgt ein Sprung zum Label :LPRINT, also in die Druckroutine.

Zeile 21: Mitteilung für Ungeduldige

Zeile 22: Um gleich einem Irrtum vorzubeugen: Parameter %2 ist nicht der 2. vom Benutzer eingegebene Parameter! Das Programm arbeitet an dieser Stelle auf der 2. Betriebssystemebene. Es wurde durch COMMAND /C gestartet und bei diesem Aufruf ist der 2. Parameter %%d. Das heißt: Parameter %2 (in den Zeilen 22 und 28) hat den Inhalt von %%d übernommen.

Druckteil in den Zeilen 26 bis 29: Hat der Benutzer eine Datei vorgesehen, die gar nicht existiert, muß der Druckteil des Programms (Zeilen 26-29) übergangen werden. Das heißt aber nicht, daß das Programm beendet wird, weil es zum Label :END verzweigt. Es läuft ja im Augenblick noch auf der 2. Betriebssystemebene! Wenn es wieder zur ersten Ebene zurückkehrt, muß das Hauptprogramm prüfen, ob es noch weitere Druckaufräge zu vergeben hat.

Zeile 27: Der ECHO-Befehl nennt Druckersteuerzeichen, Text und dem Parameter %2. Am besten nimmt man sich dazu das Druckerhandbuch oder das IBM-Bedienerhandbuch zur Hand.
- Die ersten 3 Zeichen Escape, Bindstrich, 1 schalten die Unterstreichung ein.
- Es folgen Escape, E für Fettschrift.
- Das Zeichen ASCII-Nr. 14 wählt für eine Zeile doppelt breite Schrift. Der Text "Datei:" wird also doppelt breit, fett und unterstrichen gedruckt. Mit Leerzeichen dazwischen wird der Dateiname (Inhalt von %2) angefügt.
- Dann kommen: Escape, Bindestrich, 0 für Unterstreichung aus, Escape, F für Fettschrift aus und ein Vertikaltabulatorzeichen (ASCII-Nr. 11) für eine Leerzeile.

COPY %2 PRN > NUL in **Zeile 28** kopiert den Inhalt der Datei auf den Drucker und läßt die Systemmitteilung "1 Datei(en) kopiert" verschwinden.

Zeile 29: Ausgabe von 3 Vertikaltabulatorzeichen, also von 3 Leerzeilen. Diese 3 Zeichen kann man auch durch ein Seitenvorschubzeichen (ASCII-Nr. 12) ersetzen.

In Zeile 30: Programmende! ... **und auch wieder nicht!** Das Ende der Verarbeitung ist noch nicht erreicht. Der Ablauf geht nun in Zeile 15 weiter.

Wechsel der **Betriebssystemebene in Zeile 15:** Der mit Parameter /C gestartete COMMAND-Befehl nimmt nach der Ausführung von APRINT.BAT in der zweiten Betriebsystemebene diese Ebene wieder zurück und die FOR-Schleife prüft erneut, ob in der Menge %1 noch weitere Dateien für die Bearbeitung anstehen. Ist dies der Fall, dann werden die gerade beschriebenen Vorgänge wiederholt. Andernfalls fährt das Programm in Zeile 16 fort.

Zu Zeile 16: Der SHIFT-Befehl verschiebt nun den Scheinparameter %1 auf der vom Benutzer eingegebenen Parameterliste um eine Position nach rechts auf die nächste Dateieingabe (zum SHIFT-Befehl siehe auch den Abschnitt 2.4.2).

Ende-Meldung in Zeile 17: IF macht Meldung an den Benutzer, wenn der SHIFT-Befehl den Scheinparameter auf den ersten leeren Parameterplatz geschoben hat. Das Steuerzeichen vor dem Text hat die ASCII-Nr. 7 und erzeugt einen Warnton.

Tatsächliches Programmende in Zeile 18: Da der IF-Befehl nur einen einzigen Befehl zur Ausführung bringen kann, muß die gleiche Prüfung wie in Zeile 17 nochmals erfolgen, um gegebenenfalls die Verzweigung zum Programmende einzuleiten. Diesmal wird das Programmende im Gegensatz zu oben (siehe bei Zeile 30) auch tatsächlich erreicht. Wir befinden uns nun ja endlich auf der ersten Betriebssystemebene.

Parameter von Programm APRINT.BAT:

Beim Programmaufruf sind als Parameter zur "Dateiangabe" alle beim PRINT-Befehl üblichen Dateispezifikationen möglich, wie z.B.:

    APRINT *.BAT C: MENU.TXT A:*.* . . .

Anzeige von Tagesdatum und Uhrzeit als Programmerweiterung:

Es gibt noch eine interessante Erweiterung des Programms APRINT.BAT. Es läßt sich durch 3 Zeilen so modifizieren, daß im Kopf jeder Druckdatei auch noch das aktuelle Tagesdatum und die Uhrzeit angezeigt werden. Dazu schieben wir nach der Zeile 27 folgende drei Zeilen ein:

```
28: type enter | date | find "datum" > prn
29: type enter | time | find "zeit" > prn
30: echo --------------------K^ > prn
```

Zusatzzeile 28: Bekanntlich gibt der DATE-Befehl das Tagesdatum aus. Die Zeile filtert aus der Bildschirmausgabe des Befehls DATE die 1. Zeile heraus. Der Befehl DATE verlangt jedoch die Eingabe eines Datums oder das Tippen der Eingabetaste. Das muß im Stapelprogramm verhindert werden. Um dem Befehl DATE die Zeichen zuleiten zu können, welche die Eingabetaste erzeugt, müssen wir sie zunächst in einer Datei speichern. Die Eingabetaste erzeugt die beiden ASCII-Zeichen Nr. 13 und 10.

- Die Datei "enter" soll das Zeichen aufnehmen. Das wird so gemacht:

```
copy con enter (Eingabetaste)
(Eingabetaste)
(Taste F6) ^z (Eingabetaste)
```

Damit kopieren wir von der Console, in diesem Falle der Tastatur, beide Zeichen in die Datei ENTER. CON ist eine geschützte Gerätebezeichnung und bezeichnet die Einheit von Bildschirm und Tastatur. Die Taste F6 stellt das Dateiendezeichen (ASCII-Nr. 26) zur Verfügung, das jede Datei abschließen muß.

- Der Befehl TYPE sendet den Inhalt von ENTER an den Bildschirm. Der Pipe-Operator | (ASCII-Nr. 124) leitet den Dateiinhalt um, und zwar an den DATE-Befehl. Der wiederum sendet an den Bildschirm:

      Systemdatum: Di. 17.03.1987
      Neues Datum (tt.mm.jj) eingeben:

- Die Sendung wird wieder vom Pipe-Operator abgefangen und an den FIND-Filter weitergegeben. Der sucht nun die Zeile heraus, die den Text "datum" aufweist, um sie am Bildschirm auszugeben; worauf der Datenumleitungsoperator > die Zeile auf den Drucker (PRN) schickt.

Zusatzzeile 29 macht das gleiche wie Zeile 28, nur nicht mit DATE, sondern mit dem TIME-Befehl.

Zusatzzeile 30 zieht unter die Ausgabe noch einen Strich. Außer dem Strich geht noch ein Vertikaltabulatorzeichen mit an den Drucker ab, um eine Leerzeile zu erzeugen.

Das Ergebnis der Programmerweiterung sieht am Ende z.B. folgendermaßen aus:

```
DATEI: VPRINT.BAT

Systemdatum: Di. 17.03.1987
Systemzeit: 15.38.05,00

echo off
cls
rem Name: vprint.bat
rem Zweck: Eine Textdatei ......
....
....
usw.
```

Ergebnis der Programmerweiterung von APRINT.BAT

4.3.2.4 Druckkosmetik mit SETPRN.BAT

Gedehnte Schrift für eine Projektionsfolie oder für ein Skript, um einen Vortrag besser ablesen zu können – und das vielleicht fett; komprimierte Schrift, um in der Horizontalen mehr aufs DIN-A4-Blatt zu bekommen; vielleicht auch ganz kleine Schrift für ein Etikett. Und irgendwann braucht man das alles. Doch: wie bringe ich es meinem Drucker bei?
Nun sind Druckerhandbücher manchmal etwas spröde. Bei einigen braucht man Muße, um sich einzulesen, bei anderen hingegen ... Aber Zaudern hilft nicht. Will man seinen Drucker richtig ausnutzen, muß man sich eben mit dem Handbuch anfreunden, es neben den PC legen und einfach mal experimentieren.

Eine kleine Anleitung dazu soll das folgende Programm SETPRN.BAT geben. Es dient dazu, den Drucker auf verschiedene Druckmodi einzustellen. Es verwendet nur Drucksteuerzeichen, die auf den üblichen Druckern vorkommen. Das Programm bietet sicher einen nur kleinen Ausschnitt von dem, was Drucker (auch die der unteren Preisklasse) wirklich können. Aber schließlich soll das Programm SETPRN.BAT nur eine Anregung geben, um die Möglichkeiten des eigenen Druckers benutzerfreundlich anzusteuern.

```
 1: echo off
 2: cls
 3: rem Name  : setprn.bat
 4: rem Zweck: Drucker einstellen
 5: rem --------------------------------
 6: echo G^[^[10;20H [^[5m Bitte Drucker on-line schalten. [^[m [^[9B
 7: pause
 8: mode lpt1: 132, > nul
 9: :loop
10: cls
11: echo
12: echo
13: echo                  DRUCKER - MENUE
14: echo
15: echo
16: echo       Taste      Wirkung
17: echo
18: echo       F1         Komprimierte Schrift
19: echo       F2         Gedehnte Schrift
20: echo       F3         Fettschrift
21: echo       F4         Indexschrift u. 1/2-zeilig
22: echo       F5         Zeilenabstand 1/8 Zoll
23: echo       F6         72 Zeilen/Seite u. Seitenanfang
24: echo       F7         Drucker normieren
25: echo       F8         Programm beenden
26: echo
27: echo
28: menukeys 8
```

Programm SETPRN.BAT zur Druckereinstellung
(Fortsetzung umseitig)

```
29: if errorlevel 8 goto f8
30: if errorlevel 7 goto f7
31: if errorlevel 6 goto f6
32: if errorlevel 5 goto f5
33: if errorlevel 4 goto f4
34: if errorlevel 3 goto f3
35: if errorlevel 2 goto f2
36: :f1
37: echo 0^ > prn
38: goto loop
39: :f2
40: echo [^W1 > prn
41: goto loop
42: :f3
43: echo [^E > prn
44: goto loop
45: :f4
46: echo [^S1[^3R^ > prn

47: goto loop
48: :f5
49: echo [^0 > prn
50: goto loop
51: :f6
52: echo [^CI1 > prn
53: goto loop
54: :f7
55: echo R^[^W0[^F[^3$[^T > prn
56: goto loop
57: :f8
```

Programm SETPRN.BAT zum Druckereinstellen

Programmbeschreibung zu SETPRN.BAT:

"Drucker an" in **Zeile 6**: Der ECHO-Befehl fordert den Benutzer dazu auf, den Drucker bereit zu machen. Ist der nicht eingeschaltet, kommen die Steuerzeichen nicht bei ihm an. Die Zeile 6 gibt folgende Steuerzeichen für die Bildschirmsteuerung und den Lautsprecher aus:

Bel	Warnton
Esc [10;20H	Cursor an Bildschirmposition Zeile 10, Spalte 20
Esc [5m	Blinkende Anzeige
Esc [m	Normalanzeige
Esc [9B	Cursor um 9 Zeilen abwärts

Das Zeichen Bel hat die ASCII-Nr. 7 (Eingabe: Alt-7) und Esc die ASCII-Nr. 27. Die Eingabe von Esc (Escape) und anderer Steuerzeichen mittels EDLIN.COM wird im Abschnitt 4.2 erläutert.

Zeile 7 wartet auf einen Tastendruck und zeigt dies an.

Zeile 8 setzt mit Hilfe des MODE-Befehls vorsorglich eine Schreibbreite von 132 Zeichen und wirft die von MODE erzeugte Nachricht mit dem Datenumleitungsoperator in den geräteinternen "Müllschlucker" NUL. Die Schreibbreite von 132 Zeichen erreicht man auf einem DIN-A4-Blatt im Hochformat bei komprimierter Schrift.

Zeilen 11-27 bieten ein Menü an: Die Umrahmung bilden sechs Grafikzeichen des IBM-Zeichensatzes im Bereich der ASCII-Nummern 179 bis 218.

Zeile 28 aktiviert das schon früher (Menümodell 3, Abschnitt 3.3) dargestellte Programm MENUKEYS.EXE.

Auswahlstruktur über die Zeilen 29-35: Die IF ERRORLEVEL-Befehle sorgen dafür, daß entsprechend der Menüwahl zu den Steuersequenzen verzweigt wird.

Zeile 37 sendet das Zeichen für komprimierte Schrift zum Drucker, das ist die ASCII-Nr. 15.

Zeile 40: Gedehnte Schrift wird dauerhaft mit der Zeichenfolge "Esc,W,1" eingestellt. Das Zeichen ASCII-Nr. 14 bewirkt auch die gedehnte Schrift, allerdings nur für die direkt anschließende Zeile (siehe APRINT.BAT in Abschnitt 4.3.2.3).

Zeile 43: Fettschrift erzeugen über die Zeichen "Esc,E".

Zeile 46: Nach der Sequenz "Esc,S,1" schreibt der Drucker eine sehr kleine und kräftige sog. Indexschrift. Damit der mit ihr angedruckte Text hübsch aussieht, muß auch der Zeilenabstand verändert werden. Die Zeichenfolge "Esc,3,ASCII-Nr. 18 (Alt-18)" stellt den Zeilenabstand auf 18/216 Zoll um.

Zeile 49: Der normale Zeilenabstand ist 1/6 Zoll. Um etwas mehr aufs Papier zu bekommen, kann man den Zeilenabstand mit den Zeichen "Esc,0" auf 1/8 Zoll verringern. Dann beträgt die Seitenlänge 96 und nicht mehr 72 Zeilen. Dennoch berührt dies den Seitenvorschub nicht.

Zeile 52 stellt die Formularlänge auf 72 Normalzeilen ein. Diese Einstellung besitzen die in die BRD gelieferten Drucker normalerweise schon ab Werk (mittels Dip-Schalter eingestellt). Was wichtiger ist: Die Steuerzeichenfolge stellt gleichzeitig den Formularanfang ein. Der interne Zähler des Druckers wird zurückgesetzt. Der Drucker betrachtet die augenblickliche Papierstellung nun als Seitenanfang.
Die Steuerfolge besteht aus "Esc,C,H", wobei H (ASCII-Nr. 72) die Seitenlänge definiert. Jede andere Seitenlänge im Bereich von 1-127 ist üblicherweise durch Austausch von H gegen ein anderes Zeichen einstellbar.

Zeile 55 macht alle Einstellungen rückgängig. Die Steuerzeichenfolge ist:

ASCII-Nr. 18	Komprimierte Schrift ausschalten
Esc,W,0	Gedehnte Schrift ausschalten
Esc,F	Fettschrift ausschalten
Esc,3,$	Zeilenabstand 36/216 Zoll (normal)
Esc,T	Indexschrift ausschalten

Für das Normieren gibt es bei vielen Druckern eine einzige Escapefolge wie z.B "Esc,@" bei Epson-Kompatiblen. Übrigens: Aus- und Einschalten normiert den Drucker auch.

Zu Programm SETPRN.BAT allgemein:

- Bei der Eingabe der Druckersteuerzeichen ist darauf zu achten, daß die Buchstaben in den Steuerfolgen großzuschreiben sind.

- Verschiedene Kombinationen der einzelnen Menüpunkte sind möglich. Man kann z.B. gedehnte Schrift fett drucken, indem man nacheinander die Menüpunkte F2 und F3 wählt. Der Drucker erhält dann beide Escape-Sequenzen nacheinander und stellt sich ein.

- Ein reizvoller Test: Man fügt nach der Zeile 9 folgende Zeile ein:
      ECHO Dies ist eine Schriftprobe! > PRN
  Nach dem Programmstart wird der Text in Normalschrift gedruckt. Bei jedem Anwählen eines Menüpunktes, listet der Drucker die Zeile in der gewünschten Art neu auf. Man kann auch mehrere Zeilen einfügen, um die Zeilenabstände besser zu erkennen.

4.3.2.5 Platzsparender Druckprogrammaufruf mit Menüprogramm PR.BAT

Cluster als Zusammenfassung von Sektoren: Wer zum ersten Mal im Besitz einer Festplatte von 10, 20, 30 oder mehr Megabyte Kapazität ist, wähnt sich für die Zukunft aller Speichersorgen enthoben. Wenn aber schon nach ein paar Wochen die ersten 10 MB dahingeschmolzen sind, fragt man sich, wie das weitergehen soll. Eine Möglichkeit besteht darin: Dateien älteren Datums auf Diskette auslagern. Eine weitere Möglichkeit: von Anfang an etwas knausriger mit dem Speicherplatz umgehen. Bei jedem Anlegen einer Datei - und sei sie noch so klein - verwendet das System auf der Platte mindestens einen **Cluster.** Das sind z.B. beim PC AT 2048 Bytes (2 KB) und beim PC XT sogar 4096 Bytes (4 KB). Das bedeutet einerseits, daß ein 1 KB großes Programm 4 KB auf der Festplatte beansprucht, und andererseits, daß es platzsparend sein kann, mehrere kleine Programme zu einem Menüprogramm zusammenzufassen.

Menüprogramm PR.BAT hilft Speicherplatz sparen: In den vorangehenden Abschnitten 4.3.2.1 bis 4.3.2.4 werden fünf Programme zum Drucken erläutert, die jeweils zwischen 500 und 1600 Bytes groß sind. Zählt man den Speicherbedarf zusammen, kommt man auf unter 4 KB, also auf 1 bzw. 2 Cluster. Doch in Wirklichkeit nehmen die fünf Stapeldateien 5 Cluster in Anspruch, das sind 10 KB beim PC AT oder gar 20 KB beim PC XT. Durch Zusammenfassen aller Stapeldateien zu einem Menüprogramm namens PR.BAT kann viel Speicherplatz gespart werden.

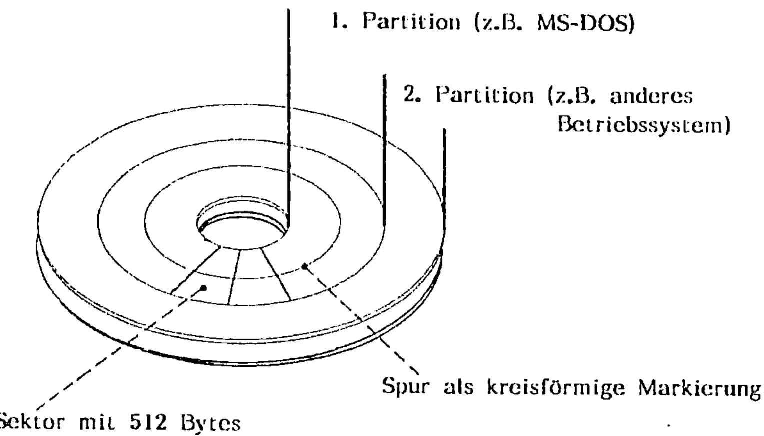

- Zwei Strukturebenen der Festplatte: 1. Aufteilen in Partitions und 2. Organisation jeder einzelnen Partition (vgl. z.B. Abschnitt 2.2.1) unter dem jeweiligen Betriebssystem.

- 10 MB-Festplatte des XT mit einer DOS-Partition: 512 Byte je Sektor, 17 Sektoren je Zylinder, vier Seiten bzw. Schreib-/Leseköpfe je Zylinder und 306 Zylinder je Festplatte. 8 Sektoren werden zu einem Cluster zusammengefaßt.

- 20 MB-Festplatte des AT mit einer DOS-Partition: 512 Bytes je Sektor, 17 Sektoren je Zylinder, vier Seiten je Zylinder, 615 Zylinder insgesamt bei einer Clusterlänge von 4 Sektoren.

Clusterlänge am Beispiel der 10 MB-Festplatte: 8 Sektoren werden
zu einem Cluster mit 4096 Bytes zusammengefaßt

Programm PR.BAT ruft Menü PMENU.BAT auf: Die Stapeldatei PMENU.BAT wird vom Benutzer nicht direkt aufgerufen. Sie dient als Orientierungshilfe für den Benutzer und wird vom Stapelprogramm PR.BAT dann gestartet, wenn der Benutzer dieses Programm ohne Parameter in Gang gesetzt hat oder ein Eingabefehler vorliegt. Der Benutzer muß also nur den Programmaufruf "PR" kennen.

Die Programme PR.BAT und PMENU.BAT sollten in einem Verzeichnis liegen, das in der AUTOEXEC.BAT im PATH-Befehl genannt wird. Auf diese Weise ist PR.BAT auch aus jedem anderen Verzeichnis heraus verfügbar. Das gilt im übrigen für alle Utilities, die man ständig braucht.

```
 1: echo off
 2: cls
 3: rem Name  : pmenu.bat
 4: rem Zweck: Auswahl druckbezogener Stapelprogramme
 5: rem --------------------------------------------------
 6: echo    ┌──────────────────────────────────────────────┐
 7: echo    │                                              │
 8: echo    │      DRUCK UND DRUCKEREINSTELLUNG            │
 9: echo    │                                              │
10: echo    │ Druckprogramme:      Programmaufruf          │
11: echo    │                                              │
12: echo    │ Versch. Dateien      PR 1 Dateiang.1 Dateiang.2 . . │
13: echo    │ 1 Datei mehrfach     PR 2 Datei # # . . .    │
14: echo    │ 1 Datei m. Vert.     PR 3 Datei Name1 Name2 . . . . │
15: echo    │ Etiketten            PR 4 Datei # # . . .    │
16: echo    │                                              │
17: echo    │ Druckereinstellung: PR 5                     │
18: echo    │                                              │
19: echo    └──────────────────────────────────────────────┘
```

Menüprogramm PMENU.BAT

Programmbeschreibung zu PR.BAT:

Parametereingabe testen in Zeile 6: Der IF-Befehl testet die Eingabe eines Parameters und verzweigt bei gültiger Eingabe nach Zeile 11.

Menü aufrufen in Zeile 8: Wenn der Benutzer keinen Parameter eingegeben hat, ruft PMENU die Stapeldatei PMENU.BAT auf, um dem Benutzer die Übersicht aller verfügbaren Verarbeitungen und deren korrekten Aufruf anzuzeigen. Infolge der Verkettung der Stapeldatei PR.BAT mit der Stapeldatei PMENU.BAT endet PR.BAT, denn PMENU.BAT übernimmt die Steuerung des weitern Ablaufs. Nach dem Abarbeiten von PMENU.BAT wird die Steuerung an die MS-DOS-Betriebssystemebene übergeben; das Prompt erscheint.

Fehlermeldung in Zeilen 9-11: Findet PR.BAT die Datei PMENU.BAT nicht, dann meldet das System "Falscher Befehl oder Dateiname", die Texte der Zeilen 9 und 10 werden angezeigt und das Programm endet, durch Verzweigung zum Ende.

Zeilen 12: Hat der Benutzer einen Parameter angegeben, fährt das Programm hier fort.

Verzweigung entsprechend der Menüauswahl in den Zeilen 13-18: Der Scheinparameter %1 darf nur Werte von 1 bis 5 annehmen. In diesen Fällen erfolgt eine Verzweigung zum entsprechenden Unterprogramm. Die Unterprogramme sind durch REM-Anweisungen für den Leser kenntlich gemacht. Findet das System keinen Parameter im Bereich 1-5, sorgt die Zeile 18 durch Rücksprung nach Zeile 7 dafür, daß der Benutzer Hilfen bekommt. :PR1 bis :PR5 sind die Einsprungstellen in die Unterprogramme.

Den ersten Parameter "wegshiften" in den Zeilen 21, 45, 65 und 87: Wir führen einen SHIFT-Befehl direkt nach Einsprung ins Unterprogramm durch. Das hat den Zweck, den ersten Parameter, also die Ziffern 1-4 der Menüwahl, auszublenden. Sie werden in den Unterprogrammen nicht mehr benötigt. Die vom Benutzer eingegebene Parameterliste rutscht dadurch um eine Stelle nach links.

Ausführung der Unterprogramme: Alle Unterprogramme wurden in den Abschnitten 4.3.2.1 bis 4.3.2.4 ausführlich als Einzelprogramme besprochen. Im einzelnen entsprechen sich:

Unterprogramm in PR.BAT: Einzelprogramm:

    PR 1   4.3.2.3: aprint.bat
    PR 2   4.3.2.3: bprint.bat
    PR 3   4.3.2.1: vprint.bat
    PR 4   4.3.2.2: eprint.bat
    PR 5   4.3.2.4: setprn.bat

Änderungen in den Unterprogrammen: Bei Übernahme der Einzelprogramme in das Menüprogramm PR.BAT wurden u.a. folgende Modifikationen vorgenommen:
- Die Labelbezeichnungen sind so geändert, daß jeder Label um die dem Unterprogrogramm entsprechende Ziffer ergänzt wird (z.B. wird LOOP zu LOOP2). Dadurch werden Doppelbenennungen unterbunden.
- Alle Unterprogramme, außer dem letzten, hören mit dem Befehl GOTO END und nicht mit dem Label :END auf.

Änderung beim Druck der Etiketten: Eine wesentliche Änderung ergibt sich für den Etikettendruck in PR4 gegenüber dem in Abschnitt 4.3.2.2. dargestellten Programm EPRINT.BAT: Es muß eine Textdatei mit dem Etiketteninhalt vorliegen. Diese kann jederzeit schnell z.B. unter dem Namen ETIKETT über einen der Befehle
        word ...
        edlin etikett
        copy con etikett
        type con > etikett
hergestellt werden. Die Textdatei muß 7 Zeilen aufweisen. Eine 8. und 9. Zeile (Leerzeilen) macht das Programm selbst, wobei von einem 9-zeiligen Vorschub pro Etikett ausgegangen wird. Beispiel:

```
copy con etikett (Eingabetaste)
       !!! SCHULUNGSEXEMPLAR !!! (Eingabetaste)
       Mitnahme außerhalb dieses  (Eingabetaste)
       Raumes ist nicht gestattet.(Eingabetaste)
(Eingabetaste)
(Eingabetaste)
(Eingabetaste)
(Eingabetaste)
(Taste F6 für Ctrl-Z) (Eingabetaste)
       1 Datei(en) kopiert
```

Die Taste F6 erzeugt das Dateiendezeichen (ASCII-Nr. 26). Vor den einzelnen Textzeilen gibt man evtl. einige Leerzeichen ein, um einen linken Rand zu erzeugen.

```
 1: echo off
 2: cls
 3: rem Name : pr.bat
 4: rem Zweck: Ausfuchren von Druckauftraegen
 5: rem -----------------------------------------
 6: if not "%1 == " goto go_on
 7: :help
 8: pmenu
 9: echo Das Stapelprogramm PMENU.BAT fehlt.
10: echo Es beschreibt den korrekten Programmaufruf.
11: goto end
12: :go_on
13: if "%1 == "1 goto pr1
14: if "%1 == "2 goto pr2
15: if "%1 == "3 goto pr3
16: if "%1 == "4 goto pr4
17: if "%1 == "5 goto pr5
18: goto help
19: rem ------------------- PR 1 --------------------------
20: :pr1
21: shift
22: if "%1 == "@@@ goto lprint1
23:*if not "%1 == " goto recurs1
24: echo Keine Druckdatei angegeben!
25: echo Dateinamen durch Joker-Ausdruecke ersetzbar.
26: pause
27: goto help
28: :recurs1
29: for %%d in (%1) do command /c pr.bat 1 @@@ %%d
30: shift
31: if "%1 == " goto end
32: goto recurs1
33: :lprint1
34: if exist %2 goto go_on1
35: echo G^Die Druckdatei [^[1m%2[^[m wurde nicht gefunden !
36: pause
37: goto end
38: :go_on1
39: echo [^-1[^EN^Datei: %2[^-O [^F K^ > prn
40: copy %2 prn > nul
41: echo K^K^K^ > prn
42: goto end
43: rem ------------------- PR 2 --------------------------
44: :pr2
45: shift
46:*if not "%1 == " if not "%2 == " goto check2
47: goto help
48: :check2
49: if exist %1 goto druck2
50: echo Die Druckdatei [^[1m%1[^[m wurde nicht gefunden.
51: goto end
```

Programm PR.BAT zum Ausführen von Druckaufträgen
(Anfang)

```
 52: :druck2
 53: echo [^CH > prn
 54: copy %1 # > nul
 55: shift
 56: :loop2
 57: type # > prn
 58: echo L^ >prn
 59: shift
 60: if not "%1 == " goto loop2
 61: del #
 62: goto end
 63: rem -------------------- PR 3  --------------------
 64: :pr3
 65: shift
 66: if not "%1 == " if not "%2 == " goto check3
 67: goto help
 68: :check3
 69:*if exist %1 goto druck3
 70: echo Die Druckdatei [^[1m%1[^[m wurde nicht gefunden.
 71: goto end
 72: :druck3
 73: echo [^CH > prn
 74: copy %1 # > nul
 75: shift
 76: :loop3
 77: echo [^-1%1[^-0 >prn
 78: echo K^ >prn
 79: type # > prn
 80: echo L^ >prn
 81: shift
 82: if not "%1 == " goto loop3
 83: del #
 84: goto end
 85: rem -------------------- PR 4  --------------------
 86: :pr4
 87: shift
 88: if not "%1 == " if not "%2 == " goto check4
 89: goto help
 90: :check4
 91: if exist %1 goto druck4
 92:*echo Die Druckdatei [^[1m%1[^[m wurde nicht gefunden.
 93: goto end
 94: :druck4
 95: copy %1 # > nul
 96: shift
 97: :loop4
 98: type # > prn
 99: echo K^ > prn
100: shift
101: if not "%1 == " goto loop4
102: del #
103: goto end
```

Programm PR.BAT zum Ausführen von Druckaufträgen
(1. Fortsetzung)

```
104: rem ------------------- PR 5 ---------------------
105: :pr5
106: echo G^[^[10;20H {^[5m Bitte Drucker on-line schalten. [^[m [^[9B
107: pause
108: mode lpt1: 132, > nul
109: :loop5
110: cls
111: echo
112: echo
113: echo       MENUE FUER DIE DRUCKEREINSTELLUNG
114: echo
115:*echo
116: echo       Taste      Wirkung
117: echo
118: echo       F1         Komprimierte Schrift
119: echo       F2         Gedehnte Schrift
120: echo       F3         Fettschrift
121: echo       F4         Indexschrift u. 1/2-zeilig
122: echo       F5         Zeilenabstand 1/8 Zoll
123: echo       F6         72 Zeilen/Seite u. Seitenanfang
124: echo       F7         Drucker normieren
125: echo       F8         Programm beenden
126: echo
127: echo
128: menukeys 8
129: if errorlevel 8 goto f8
130: if errorlevel 7 goto f7
131: if errorlevel 6 goto f6
132: if errorlevel 5 goto f5
133: if errorlevel 4 goto f4
134: if errorlevel 3 goto f3
135: if errorlevel 2 goto f2
136: :f1
137: echo 0^ > prn
138:*goto loop5
139: :f2
140: echo [^W1 > prn
141: goto loop5
142: :f3
143: echo [^E > prn
144: goto loop5
145: :f4
146: echo [^S1[^3R^ > prn
147: goto loop5
148: :f5
149: echo [^0 > prn          154: :f7
150: goto loop5             155: echo R^[^W0[^F[^3$[^T > prn
151: :f6                    156: goto loop5
152: echo [^CH > prn        157: :f8
153: goto loop5             158:*:end
```

Programm PR.BAT zum Ausführen von Druckaufträgen
(2. Fortsetzung)

4.3.3 RAM-Disk-Schalter für virtuelle Speicher

4.3.3.1 RAM-Disk einrichten mit RAMDISK1.BAT

Der RAM (Random Access Memory) ist das schnellste Speichermedium, zu dem der Benutzer Zugriff hat. Während der Arbeit mit dem PC befinden sich nur diejenigen Programme des Betriebssystems, Anwendungsprogramme und Daten im RAM, die für die Verarbeitung gerade gebraucht werden. Oft bleibt ein Teil des RAM frei und ungenutzt. Dies kommt insbesondere dann häufig vor, wenn man einen Personalcomputer mit 640 KB RAM oder einen mit Extended Memory (Erweiterung über 640 KB) besitzt.

Unverbrauchter Speicherplatz RAM ist für eine RAM-Disk nutzbar: Eine RAM-Disk ist ein scheinbares (virtuelles) Laufwerk, das sich im RAM befindet. Es wird wie ein anderes internes Laufwerk angesprochen; so z.B. unter der Bezeichnung D:, wenn bereits die drei realen Laufwerke A:, B: und C: existieren. Für die Installation einer RAM-Disk braucht man keine zusätzliche Hardware, sondern ein Programm. Diese Programme werden zu Erweiterungkarten wie MULTI, QUADRAM, AST mitgeliefert. Aber auch MS-DOS ab Version 3.0 schließt ein solches Programm mit ein: VDISK.SYS (siehe z.B. Abschnitt 2.5.2.2). Wenn mann MS-DOS 3.x besitzt, sollte man der Verträglichkeit halber dieses Programm benutzen.

RAM-Disk als schneller, aber flüchtiger Speicher: Der Vorzug einer RAM-Disk ist die Zugriffsgeschwindigkeit zu den darauf befindlichen Daten. Kein Laufwerk reicht an dieses Tempo heran. Aus begreiflichen Gründen: Eine RAM-Disk besitzt keine Mechanik und ist vollelektronisch - ideal für einen Datenträger. Gerade dieser Umstand ist aber auch ihr Nachteil: Wird das Gerät abgeschaltet oder warm gestartet, so ist der bisherige Inhalt der RAM-Disk verloren: RAM-Disk wie RAM sind flüchtige Speicher. Bei der Arbeit mit einer RAM-Disk gilt also ein wichtiges Prinzip: Niemals abschalten oder neu starten, ohne die RAM-Disk auf ein reales Laufwerk umzukopieren. Das Kopieren geht nur mit dem Befehl COPY, nicht mit DISKCOPY.

Programm oder Daten auf der RAM-Disk ablegen: Trotz dieses Handicaps erfreuen sich RAM-Disks großer Beliebtheit. Sei es, daß dort Programmsysteme hineingelegt werden, die immer wieder Zugriffe auf Hilfsdateien oder temporäre Dateien machen (z.B. WORD 3.0), sei es, daß man dort größere Datenmengen unterbringt, die oft durchsucht werden müssen (z.B. eine Datenbank). Im ersten Falle ist es nicht einmal gefährlich, ohne Sicherung abzuschalten. Das System ist ja noch auf Diskette vorhanden.

RAM-Disk über VDISK-SYS einstellen: Das Programm VDISK.SYS von MS-DOS·3.x ist als Einheitentreiber ausgebildet. Als solcher muß es wie andere Einheitentreiber (ANSI.SYS, DRIVER.SYS) in der Datei CONFIG.SYS genannt werden, damit gleich beim Start Platz reserviert und der Treiber resident gemacht wird. Die Anweisung in der CONFIG.SYS muß z.B. lauten:

```
device=c:\hilfe\dosbef\vdisk.sys 360 512 112
```

Hier wird angenommen, VDISK.SYS liege im Verzeichnis \HILFE\DOSBEF. Der Parameter 360 definiert die RAM-Disk-Kapazität in Kilobyte. Dieser Wert kann von 1 KB bis zur verfügbaren Hauptspeichergröße frei gewählt werden. Parameter 512 und 112 legen die Sektorgröße (erlaubt: 128, 256, 512) und die Anzahl der möglichen Verzeichniseinträge (erlaubt: 2-512) der RAM-Disk fest. Die für das Beispiel gewählte Definition orientiert sich an den Merkmalen der 360 KB-Diskette. Das System wählt für die RAM-Disk automatisch den nächsten freien Laufwerknamen, bei drei internen Laufwerken also D: (siehe auch Abschnitt 2).

Mehr als eine RAM-Disk einrichten: Die Definition mehrerer RAM-Disks ist möglich, wird sich in der Regel aber erst auszahlen, wenn eine Hauptspeichererweiterung wesentlich über die 640 KB hinausgeht. Da MS-DOS nur 640 KB für Anwendungen unterstützt und den Adressraum bis 1 MB für andere Zwecke benutzt, kann der darüber liegende Teil des RAM für RAM-Disks und/oder Druckspooler nutzbar gemacht werden. Definiert man beim PC AT eine RAM-Disk für den erweiterten Speicherbereich über 1 MB, muß die Definition den Parameter /E aufweisen, z.B.:

```
device=vdisk.sys 720 512 224 /e
```

RAM-Disk bequem über Stapeldateien einrichten: Die anschließend besprochenen Programme RAMDISK1.BAT und RAMDISK2.BAT bieten die Möglichkeit, jederzeit bequem eine RAM-Disk einzurichten.
- Die beiden Dateien bereiten die Programme CONFIG.SYS und AUTO-EXEC.BAT so vor, daß nach einem automatisch durchgeführten Warmstart eine RAM-Disk zur Verfügung steht.
- Falls gewünscht, wird der Inhalt der Diskette in Laufwerk B: selbsttätig auf die RAM-Disk kopiert.
- Die Datensicherung nach Arbeitsende kann das Programm dem Benutzer nicht abnehmen.
- RAMDISK1.BAT verlangt 4 Dateien und läuft ca. doppelt so schnell wie RAMDISK2.BAT.
- RAMDISK2.BAT kommt völlig ohne Zusatzdateien aus und benötigt auf einem IBM PC AT mit 20 MB Platte ungefähr 10 Sekunden bis zum Warmstart.
- Falls kein Laufwerk B: vorhanden ist, benutzt der PC automatisch Laufwerk A: (trotz der abweichenden Laufwerksangabe).

Programmbeschreibung zu RAMDISK1.BAT:

Eingabeprüfung in Zeile 6: IF prüft die Eingabe eines Parameters. Ein Programmaufruf ohne Parameter erzeugt die Anzeige von Benutzerhilfen.

Verzweigung je nach Parametereingabe in den Zeilen 14-18: Falls ein Parameter eingegeben wurde, fährt das Programm hier fort. Die drei gültigen Parameter 0, 1 und 2 werden abgefragt. Liegt keiner dieser Parameter vor, erhält der Benutzer eine entsprechende Meldung und Hilfen durch einen Rücksprung nach Zeile 8.

Parameterwahl 0 in den Zeilen 21 bis 24 verarbeiten: Hat der Benutzer den Parameter 0 gewählt, so soll die existierende RAM-Disk entfernt werden. Die Datei CONFIG.SYS darf keine VDISK-Definition enthalten. Deshalb wird die Datei CONFIG.RM0 ins Stammverzeichnis so umkopiert, daß sie die Erweiterung .SYS erhält.

```
 1: echo off
 2: cls
 3: rem Name : ramdisk1.bat
 4: rem Zweck: Eine virtuelle Platte ein- und ausschalten
 5: rem -------------------------------------------------------
 6: if not "%1 == " goto go_on
 7: echo Parameter fehlt !
 8: :help
 9: echo Gueltige Aufrufe:
10: echo Warmstart ohne Ramdisk        : RAMDISK1 0
11: echo Ramdisk von 360 KB einrichten: RAMDISK1 1
12: echo dito. und B: hineinkopieren   : RAMDISK1 2
13: goto end
14: :go_on
15: echo Das System arbeitet . . .
16: if "%1 == "0 goto rm0
17: if "%1 == "1 goto rm1
18: if "%1 == "2 goto rm2
19: echo Falscher Parameter !
20: goto help
21: :rm0
22: copy c:\hilfe\stapel\config.rm0 c:\*.sys > nul
23: copy c:\hilfe\stapel\autoexec.rm0 c:\*.bat > nul
24: goto boot
25: :rm1
26: copy c:\hilfe\stapel\config.rm1 c:\*.sys > nul
27: copy c:\hilfe\stapel\autoexec.rm0 c:\*.bat > nul
28: goto boot
29: :rm2
30: copy c:\hilfe\stapel\config.rm1 c:\*.sys > nul
31: copy c:\hilfe\stapel\autoexec.rm2 c:\*.bat > nul
32: :boot
33: basica c:\sprache\basica\boot.bas
34: :end
```

**Programm RAMDISK1.BAT zum Ein- und Ausschalten
einer virtuellen Platte bzw. RAM-Disk**

Dieser Inhalt einer Startdatei ist uns bereits von Modell 2 (in Abschnitt
3.2.3.1) bekannt. Zeile 23 von Programm RAMDISK1.BAT führt denselben
Vorgang für die Datei AUTOEXEC.RM0 bzw. AUTOEXEC.BAT aus.

```
 1: break=off
 2: files=8
 3: country=49
 4: device=c:\hilfe\dosbef\ansi.sys
```

Startdatei CONFIG.RM0

```
 1:  echo off
 2:  cls
 3:  rem Name  : c:\autoexec.rm0
 4:  rem Zweck: Anpassung durchführen
 5:  rem ------------------------------
 6:  keybgr
 7:  pr1471
 8:  date
 9:  ver
10:  light on
11:  sound off
12:  path c:\;c:\hilfe\dosbef;c:\hilfe\stapel;c:\hilfe\util
13:  prompt $p$g
14:  menu
```

Anpassungsdatei AUTOEXEC.RM0

GOTO BOOT in Zeile 24: Der Inhalt von AUTOEXEC.RM0 wird in Abschnitt
3.2.3.2 genau beschrieben. Nach den beiden Kopiervorgängen verzweigt das
Programm zum Label BOOT, um einen Warmstart durchzuführen.

Parameterwahl 1 in den Zeilen 25 bis 28 verarbeiten: Wenn der Benutzer
den Parameter 1 eingibt, so hat er eine RAM-Disk gewählt. Die Datei
CONFIG.RM1 wird nun in die Datei C:\CONFIG.SYS umkopiert.

```
 1:  break=off
 2:  files=8
 3:  country=49
 4:  device=a:\hilfe\dosbef\ansi.sys
 5:  device=a:\hilfe\dosbef\vdisk.sys 360 256 112
```

Konfigurationsdatei CONFIG.RM1

Die Datei CONFIG.RM1 unterscheidet sich von CONFIG.RM0 durch die letzte Zeile: Mit DEVICE ... VDISK.SYS ... wird eine RAM-Disk definiert. Der
zweite Kopiervorgang betrifft die AUTOEXEC.RM0.

Parameterwahl 2 in den Zeilen 29 bis 31 verarbeiten: Führt das Programm
diesen Abschnitt aus, so hat der Benutzer den Parameter 2 gewählt. Das
Programm soll eine RAM-Disk vorbereiten und die Diskette in Laufwerk B:
komplett automatisch hineinkopieren.

Unterschiede zwischen AUTOEXEC.RM2 und AUTOEXEC.RM0 in drei Zeilen:
- Eine Aufforderung an den Benutzer, das Laufwerk B: vorzubereiten.
- Der folgende Befehl PAUSE.
- Der Befehl für das Kopieren des gesamten Inhalts der Diskette in B:
  auf die RAM-Disk, die als Laufwerk D: angenommen wird. Welche
  Laufwerksbezeichnung das System automatisch wählt, hängt von der
  Anzahl der installierten Laufwerke ab.

```
 1: echo off
 2: cls
 3: rem Name  : c:\autoexec.rm2
 4: rem Zweck: Anpassung durchführen
 5: rem ------------------------------
 6: echo G^Bitte Laufwerk B: bereitmachen.
 7: pause
 8: copy b:*.* d:
 9: keybgr
10: pr1471
11: date
12: ver
13: light on
14: sound off
15: path c:\;c:\hilfe\dosbef;c:\hilfe\stapel;c:\hilfe\util
16: prompt $p$g
17: menu
```

Anpassungsdatei AUTOEXEC.RM2

Booten über die Zeilen 32-34: Jeder korrekte Aufruf von RAMDISK1.BAT führt zur Zeile 32, d.h. zum Label BOOT. Zeile 33 leitet einen Warmstart ein. Zunächst wird der BASICA-Interpreter aufgerufen, der wiederum sofort das Basic-Programm BOOT.BAS ausführt. Das Programm BOOT.BAS als ASCII-Datei:

```
B:\AB43>type boot.bas
10 SUBRT%=&HFFF0:DEF SEG=&HF000:CALL SUBRT%
```

Programm BOOT.BAS als ASCII-Datei

EXE- bzw. COM-Programme zum Warmstarten: Es werden verschiedene Programme angeboten, die einen Warmstart bewirken. Wer ein solches EXE- oder COM-Programm besitzt, sollte es statt dem in Zeile 33 gewählten Autostart von BOOT.BAS verwenden. Es wird den Warmstart schneller herbeiführen. Wer keinen IBM PC benutzt, ersetzt BASICA durch GWBASIC.

4.3.3.2   Automatische Programmgenerierung mit RAMDISK2.BAT

Vorteile von Programm RAMDISK2.BAT gegenüber RAMDISK1.BAT:

- Das Stapelprogramm RAMDISK1.BAT hat einen Nachteil. Es braucht vier zusätzliche Dateien: AUTOEXEC.RM0, AUTOEXEC.RM2, CONFIG.RM0 und CONFIG.RM1. Wer mitrechnet, weiß, daß damit schon wieder 20 KB beim PC XT bzw. 10 KB beim PC AT weg an Speicherplatz beansprucht werden..

- Das folgende Programm RAMDISK2.BAT vermeidet eine solche Platzverschwendung, allerdings um den Preis einer etwas längeren Laufzeit (ca. 10 Sekunden).

- RAMDISK2.BAT generiert die Dateien CONFIG.SYS und AUTOEXEC.BAT immer von Grund auf neu. **Das Programm ist ein Beispiel dafür, wie man mittels Stapeldateien Dateien erzeugen** kann und wie die Startbedingungen für den PC durch Tastendruck beliebig neu definiert werden können.

Programmbeschreibung zu RAMDISK2.BAT:

Die Zeilen 6-20 sind von Programm RAMDISK1.BAT her bekannt.

Befehl COUNTRY=049 in Datei CONFIG.SYS schreiben in Zeile 22: Der Text "country=049" wird durch den Befehl ECHO an die Standardausgabeeinheit CON (Bildschirm und Tastatur) gesendet. Der Operator > leitet die Daten um, eröffnet die Datei C:\CONFIG.SYS neu und schreibt die Daten dort als 1. Zeile hinein.
Wichtig: Ein vorangehendes Löschen einer durch den Operator > eröffneten Datei erübrigt sich, weil der Operator die Datei völlig neu erstellt.

Befehl ECHO OFF in AUTOEXEC.BAT schreiben in Zeile 23: Der gleiche Vorgang wie für CONFIG.SYS wiederholt sich für C:\AUTOEXEC.BAT in der Zeile 23.

Befehl CLS in AUTOEXEC.BAT schreiben in Zeile 24: Der Operator >> leitet ebenfalls Daten um, eröffnet eine Datei jedoch für Fortschreibung, d.h. er hängt die umgeleiteten Daten an die Datei an. Er wird benutzt um die 2. Zeile von AUTOEXEC.BAT zu schreiben. Dann erfolgt Sprung zum Label :BOOT.
Zeilen 26-39: In diesen beiden Abschnitten eröffnet das Programm nur jeweils die Dateien C:\CONFIG.SYS und C:\AUTOEXEC.BAT und schreibt nur diejenigen Zeilen der Dateien CONFIG.SYS und AUTOEXEC.BAT, welche für die Wahl des Benutzers spezifisch sind.

Weitere Befehle schreiben in den Zeilen 40-50: Jeder gültige Aufruf des Programms führt die Anweisungen dieser Zeilen aus. Hier werden die unspezifischen Zeilen den Dateien CONFIG.SYS und AUTOEXEC.BAT angefügt.

Zeile 51 von RAMDISK2.BAT entspricht der Zeile 33 von RAMDISK1.BAT.

```
 1: echo off
 2: cls
 3: rem Name : ramdisk2.bat
 4: rem Zweck: Eine virtuelle Platte ein- und ausschalten
 5: rem --------------------------------------------------
 6: if not "%1 == " goto go_on
 7: echo Parameter fehlt !
 8: :help
 9: echo Gueltige Aufrufe:
10: echo Warmstart ohne Ramdisk          : RAMDISK2 0
11: echo Ramdisk von 360 KB einrichten: RAMDISK2 1
12: echo dito. und B: hineinkopieren   : RAMDISK2 2
13: goto end
14: :go_on
15: echo Das System arbeitet . . .
16: if "%1 == "0 goto rm0
17: if "%1 == "1 goto rm1
18: if "%1 == "2 goto rm2
19: echo Falscher Parameter !
20: goto help
21: :rm0
22: echo country=049 > c:\config.sys
23: echo echo off > c:\autoexec.bat
24: echo cls >> c:\autoexec.bat
25: goto boot
26: :rm1
27: echo country=049 > c:\config.sys
28: echo device=c:\hilfe\dosbef\vdisk.sys 360 256 112 >> c:\config.sys
29: echo echo off > c:\autoexec.bat
30: echo cls >> c:\autoexec.bat
31: goto boot
32: :rm2
33: echo country=049 > c:\config.sys
34: echo device=c:\hilfe\dosbef\vdisk.sys 360 256 112 >> c:\config.sys
35: echo echo off > c:\autoexec.bat
36: echo cls >> c:\autoexec.bat
37: echo echo G^Bitte Laufwerk B: bereitmachen. >> c:\autoexec.bat
38: echo pause >> c:\autoexec.bat
39: echo copy b:*.* d: >> c:\autoexec.bat
40: :boot
41: echo device=ansi.sys >> c:\config.sys
42: echo keybgr >> c:\autoexec.bat
43: echo pr1471 >> c:\autoexec.bat
44: echo date >> c:\autoexec.bat
45: echo ver >> c:\autoexec.bat
46: echo light on >> c:\autoexec.bat
47: echo sound off >> c:\autoexec.bat
48: echo path c:\;c:\hilfe\dosbef;c:\hilfe\stapel;c:\hilfe\util >> c:\autoexec.bat
49: echo prompt $p$g >> c:\autoexec.bat
50: echo menu >> c:\autoexec.bat
51: basica c:\sprache\basica\boot.bas
52: :end
```

Programm RAMDISK2.BAT zum Definieren einer RAM-Disk

4.3.4   Bequemes Blättern und Löschen

4.3.4.1   In Dateien blättern mit TYPE1.BAT

MS-DOS kann es nicht? Wer hat es als Anfänger nicht schon probiert:
```
      MORE > *.TXT
      TYPE *.TXT | MORE
```
Nichts als Fehlermeldungen. Erfolglos und enttäuscht blieb einem nichts anderes übrig, als jede Datei, in der man blättern wollte, einzeln einzugeben. Als DOS-Profi hat man es vielleicht nochmals so versucht:
```
      FOR %F IN (*.TXT) DO MORE > %F
      FOR %F IN (*.TXT) DO TYPE %F | MORE
```
Und hat dann aufgegeben - überzeugt, daß MS-DOS das eben nicht kann.

MS-DOS kann es doch! Allerdings muß man mehr Mühe aufwenden. Die folgende Stapeldatei TYPE1.BAT ähnelt im Algorithmus APRINT.BAT und ist in der Lage, einzelne Dateien und Dateigruppen bunt gewürfelt alle auf einmal zu akzeptieren und nacheinander zu bearbeiten.

```
 1: echo off
 2: cls
 3: rem Name : type1.bat
 4: rem Zweck: Ausgewaehlte Dateien und/oder
 5: rem          Dateigruppen seitenweise anzeigen.
 6: rem ----------------------------------------------
 7: if "%1 == "@@@ goto pmore
 8: if not "%1 == " goto recurs
 9: echo Keine Datei angegeben!
10: echo Aufruf: type1 Dateiangabe1 Dateiangabe2 . . .
11: echo Dateiangabe kann Joker-Ausdruck sein.
12: goto end
13: :recurs
14: for %%d in (%1) do command /c type1 @@@ %%d
15: shift
16: if "%1 == " goto end
17: goto recurs
18: :pmore
19: if exist %2 goto go_on
20: echo 1 Datei nicht gefunden !
21: pause
22: goto end
23: :go_on
24: more < %2
25: pause
26: :end
```

Stapeldatei TYPE1.BAT zum Blättern in Dateien

Programmbeschreibung zu TYPE1.BAT:

Zur Beschreibung des prinzipiellen Programmaufbaus sei auf den Abschnitt 4.3.2.3 verwiesen. Dort wird der Selbstaufruf von Stapeldateien mit Hilfe des Befehls COMMAND anhand des Stapelprogramms APRINT.COM ausführlich erklärt. Aus diesem Grunde wird TYPE1.BAT hier nur kurz beschrieben.

Zeilen 18 - 21: Nach dem Selbstaufruf von TYPE1.BAT mit COMMAND /C befindet sich das System auf einer höheren Betriebssystemebene. Der Programmablauf folgt jetzt den Zeilen 18-25 (siehe Zeilen 14 und 7). Parameter %2 enthält den Namen der gerade in Arbeit befindlichen Datei. Dieser Name wird von %%d an %2 übergeben. Falls die Datei nicht existiert (was bei Verwendung von globalen Dateibezeichnungen natürlich nicht vorkommen kann), erfolgt eine Meldung und ein Programmstop.

Zeile 22: Trotz Sprung zum Label :end endet das Programm nicht. Es arbeitet bis zu dieser Zeile auf der höheren, in Zeile 14 aufgebauten Betriebssystemebene. An diese Zeile wird die Kontrolle nun zurückgegeben.

Zeilen 23-25: Der MORE-Filter segmentiert die in %2 benannte Datei in bildschirmgroße Teile und gibt sie einzeln aus. Nach der Ausgabe jeder Datei stoppt das Programm, bis der Benutzer eine Taste tippt.

4.3.4.2 Blättern bei Angabe des Dateinamens mit TYPE2.BAT

Sind mehrere Dateien nacheinander zu durchsuchen, vermißt man bei Programm TYPE1.BAT bald einen Hinweis auf den Namen der gerade angezeigten Datei. Man möchte schließlich wissen, welche Datei man gerade auf dem Bildschirm hat. Man kann versuchen, den Namen der in %2 angegebenen Datei mit dem ECHO-Befehl vor der Zeile 24 einzublenden. Etwa so:

```
24: echo %2
25: more < %2
```

Das funktioniert aber nicht, weil der MORE-Filter 24 Zeilen an den Bildschirm sendet und dadurch den mittels ECHO angezeigten Dateinamen über den oberen Bildschirmrand schiebt. Eine andere Methode verwendet das Programm TYPE2.BAT, das hier nur ausschnittweise aufgeführt wird, weil sich gegenüber TYPE1.BAT nur die Anweisungen ab Zeile 24 geändert haben.

Der ECHO-Befehl in Zeile 24 sendet den Text " Datei:" und den Dateinamen in Umkehrschrift (Escapefolge: ^[[7m) an den Bildschirm. Die Escapefolge ^[[m setzt wieder zurück auf normale Anzeige. Der Umleitungsoperator > leitet die Bildschirmausgabe in die temporäre Datei namens # um. Auf dem Bildschirm wird also noch gar nichts angezeigt.

TYPE %2 in Zeile 25 gibt die Datei nicht auf den Bildschirm aus, sondern wird an die Datei # angehängt. Der Text " Datei:", der Dateiname und die auszugebende Datei sind nun in einer temporären Hilfsdatei # vereinigt.

MORE # in Zeile 26 gibt die temporäre Datei # nun bildschirmweise aus.

```
24: echo [^[7m Datei: %2 [^[m > #
25: type %2 >> #
26: more < #
27: del #
28: pause
29:*:end
```
          Zeilen 1 bis 23 identisch
          mit Programm TYPE1.BAT

          Stapeldatei TYPE2.BAT zum Blättern mit Namensangabe (Ausschnitt)

4.3.4.3 Verzeichnisse mit einem Befehl löschen mit SCRATCH.BAT

Das Löschen von Verzeichnissen ist umständlich, wenn sich dort noch Dateien befinden: Man muß jeweils zwei Befehle (ERASE *.* und RD Pfad) angeben und auf die Frage "Sind Sie sicher (J/N)?" mit J antworten. Die Stapeldatei SCRATCH.BAT vereinfacht diesen Vorgang auf einen Befehl. Sie demonstriert auch den Einsatz des Programms WAIT.COM (Abschnitt 6.4).

Zeilen 17, 18: Das Programm WAIT.COM mit dem Parameter B erzeugt eine Pause von ca. 6 Sekunden (getestet auf IBM AT). In der Zeile 18 wird die in Zeile 16 angezeigte Zahl 12 gegen die Zahl 6 ausgewechselt.

Zeilen 19, 20: WAIT.COM mit Parameter A hält das Programm 3 Sekunden an. Dann wird die Zahl 6 gegen die Zahl 3 getauscht.

ECHO in Zeile 21 stellt auf normale Anzeige zurück

WAIT A in Zeile 22 verzögert die Programmausführung um drei Sekunden.

Der DEL-Befehl in Zeile 24 löscht alle Dateien des Verzeichnisses %1. Um ein Anhalten des Programms durch die Anfrage "Sind Sie sicher (J/N)?" zu unterdrücken, erhält DEL durch ECHO über den Pipe-Operator das "J", und die Meldung wird an die Pseudoeinheit NUL umgeleitet.

```
 1: echo off
 2: cls
 3: rem Name : scratch.bat
 4: rem Zweck: Directory samt allen Dateien entfernen
 5: rem -----------------------------------------------
 6: if not "%1 == " goto erase
 7: echo Pfad wurde nicht angegeben !
 8: echo Aufruf: scratch [laufwerk:]\Pfad
 9: goto end
10: :erase
11: echo [^[7;5m[^[3;10H ☐☐☐☐☐☐☐☐☐ ][^[m W A R N U N G ! [^[7;5m☐][^[m
12: echo G^
13: echo [^[10;10HSCRATCH loescht alle Dateien des Ziel-Directory:
14: echo [^[1m[^[12;10H                     %1[^[m
15: echo [^[14;10HFalls Unterbrechung erwuenscht, Ctrl-C druecken.
16: echo [^[1m[^[20;10H[^[10   -----------P^ Noch 12 Sekunden Q^-----------
17: wait B
18: echo [^[20;30H[^[10   6
19: wait A
20: echo [^[20;30H[^[10   3
21: echo [^[m
22: wait A
23:*cls
24: echo J | del %1\*.* > nul
25: rd %1
26:*:end
```

Stapeldatei SCRATCH.BAT zum Löschen von Verzeichnissen "mit Inhalt"

Festplatten-Wegweiser für IBM PC und Kompatible unter MS-DOS

5.1 Benutzeroberfläche 1Dir

5.1.1 Kurzbeschreibung

1Dir ist ein Produkt von Bourbaki Inc. Zum Lieferumfang gehört eine Diskette und ein ungefähr 70 Seiten starkes Handbuch.
1Dir wird vom Hersteller als Benutzeroberfläche beschrieben, das den Umgang mit dem Betriebssystem MS-DOS erleichtern soll.

1Dir unterteilt den Bildschirm in die vier Teile Directory-, Statistik- und Toggle-Fenster sowie die Befehlszeile.

Directory-Fenster   Statistik-Fenster   Toggle-Fenster

Drive B	Name	Ext	Size
	HARDDISK	UEB	VOLUME
	HILFE		SUB-DIR
	SPRACHE		SUB-DIR
	TOOL		SUB-DIR
	AUTOEXEC	BAT	74
	COMMAND	COM	23706
	KEYBGR	COM	2418

Statistics
Disk Usage
2 Hidden files
3 User files
263168 bytes left
67584 bytes used
362496 bytes total
Memory Usage
258736 bytes left
265552 bytes used
524288 bytes total
Today Is
Monday the 16th
12:21:59am

Toggles	
Main Menu	
Caps	Print
Batch	Edit
Set-up	
Pause	On
Sort	Name
Default	B:
Display	B:

B>_ _ _ _ _ _ _ _ _ _ _ _ _ _ _ _

Compose	Copy	Type	Rename	Erase	Date	Mkdir	Options

The 1 DIR Version 3.50F - Copyright (c) Bourbaki, Inc. 1984, 1985

Befehlszeile mit 8 Befehlen

IDIR unterteilt den Bildschirm in vier Teile

Das oben wiedergegebene Beispiel bezieht sich auf die Diskette HARDDISK-UEB, auf der die Verzeichnisse und Dateien des Modells 1 (siehe Abschnitt 3.1.1) gespeichert sind.

1. **Directory-Fenster:** In diesem Fenster werden gleichzeitig jeweils 15 Dateien aufgelistet. Mit den Pfeiltasten kann man einen Zeiger bewegen, um so die entsprechende Datei zu markieren. Je nach dem gerade aktivierten Befehl trägt der Zeiger die Aufschrift Select, Copy, Type, Rename, Erase bzw. Verify.

2. **Statistik-Fenster:** Hier werden die Angaben zum aktuellen Laufwerk bzw. Verzeichnis, zur aktuellen Datei und zum RAM gemacht.

3. **Toggle-Fenster:** Hier wird der Zustand verschiedener Einstellungen angezeigt. Besonders wichtig dabei ist der Set-up-Modus, in den man über die Taste Break oder Ctrl-Q gelangt, um das Laufwerk bzw. Verzeichnis zu wechseln. Die Toggles Batch, Caps und Print werden über die Tasten Capslock, Ctrl-P und Ctrl-B eingestellt.

4. **Befehlszeile:** Unten werden die acht 1Dir-Befehle genannt, die über die Pfeiltaste (rechts) bzw. die Funktionstasten F1 bis F8 angewählt werden können.

Compose-Befehl:
- Datei im Directory-Fenster markieren (über den Select-Pfeil).
- Dateien können mit der "+"-Taste markiert und dann als Block weiterverarbeitet werden.
- "-"-Taste macht Markierungen rückgängig.
- Mit Ctrl-B kann der Batch-Builder aufgerufen werden, um eine Stapeldatei zu benennen und Befehle einzugeben und zu speichern. Ctrl-B schaltet den Batch-Builder wieder aus (Batch als Toggle oben rechts im Toggle-Fenster).

Copy-Befehl:
- Nach Aktivieren des Copy-Befehls wird der "Select-Pfeil" im Directory-Fenster durch den Copy-Pfeil ersetzt.
- Wichtig ist, daß mehrere Dateien blockweise kopiert werden können, auch wenn sie nicht hintereinander stehen.

Type-Befehl:
- Ausgabe bzw. Anzeigen der Dateien, die mit dem "Type-Pfeil" im Directory-Fenster markiert sind.

Rename-Befehl:
- Umbenennen von Dateien bzw. Unterverzeichnissen (Sub-Dir), die mit dem "Rename-Pfeil" markiert worden sind.

Erase-Befehl:
- Löschen aller   mit dem "Erase-Pfeil" markierten Einträge.

Date-Befehl:
- Datum ändern. Wichtig, da Einträge nach dem Datum sortiert werden können.

Mkdir-Befehl:
- Neue Unterverzeichnisse (Sub-Dir) anlegen.

Options-Befehl:
- 1Dir den eigenen Anforderungen anpassen.
- Beispiel: Die Befehlszeile kann neu belegt werden, etwa mit einem anderen MS-DOS-Befehl oder einem Programmaufruf.
- Beispiel: Mehrere selbst angelegte Befehlszeilen können über ein Menü wahlweise aufgerufen werden.

Einstellungen im Set-up-Modus ändern:

1. Durch Break oder Ctrl-Q in den Set-up-Modus wechseln (Set-up blinkt).
2. Mit den Pfeiltasten Pause, Sort, Default bzw. Display markieren.
3. Pause on/off als Schalter.
4. Sortierbegriff: Durch Eingabe von D, E, N bzw. S festlegen, ob die Dateien im Directory-Fenster nach dem D)atum, der E)rweiterung (Extension), dem N)amen bzw. der Speichergröße (Size) sortiert werden sollen.
5. **Laufwerk wechseln:** Display markieren und den Laufwerksbuchstaben (z.B. C) eintippen.
6. Default-Laufwerk einstellen: Default markieren und Laufwerksbuchstaben eintippen. Der Default-Wert ist wichtig beim Mkdir-Befehl.

5.1.2 Unterstützung beim Organisieren der Festplatte

1Dir ist nicht eigens zur Verwaltung der Festplatte bzw. zur Verwaltung von Verzeichnisbäumen ausgerichtet. Dennoch ist es durch den Befehl Mkdir möglich, neue Verzeichnisse anzulegen. Am Beispiel des Festplattenmodells 1 (Abschnitt 3.1.1) soll gezeigt werden, wie folgende Aufgabe gelöst werden kann:
- Unterverzeichnis LOTUS zu TOOL einrichten.
- Unterverzeichnisse ANWEND und SYSTEM zu LOTUS einrichten.
- ANWEND in ANWENDEN umbenennen.
- Die drei Verzeichnisse wieder löschen.

Schritt 1: Verzeichnis anzeigen
Aktuelles Laufwerk B: einstellen: Durch Break-Taste in den Set-up-Modus gehen und "Default"- und "Display"-Toggle auf B: einstellen. Im Directory-Fenster erscheint das Inhaltsverzeichnis von Modell 1 (siehe Abbildung in Abschnitt 5.1.1).

Schritt 2: Neues Unterverzeichnis LOTUS zu TOOL einrichten
Den Befehl Compose in der Befehlszeile markieren. Das Verzeichnis TOOL im Directory-Fenster markieren. Nach Eingabe der Ret-Taste wird das Verzeichnis TOOL mit den Unterverzeichnissen DBASE, FRAME, MULTIP und WORD angezeigt. In der Befehlszeile nun den Befehl Mkdir markieren (alternativ: Taste F7) und ausführen. Auf die Frage "Enter directory name:" jetzt LOTUS eintippen. Nun ist LOTUS als Unterverzeichnis eingerichtet. Wie die Abbildung zeigt, wurde LOTUS einsortiert; Grund: Sort-Toggle ist auf Name eingestellt, d.h. im Directory-Fenster wird nach Namen sortiert angezeigt.

```
Directory listing of : B:\TOOL

Sub-Directories:
DBASE    .    SUB-DIR   Jan 04, 1987 00:27am
FRAME    .    SUB-DIR   Jan 04, 1987 00:28am
LOTUS    .    SUB-DIR   Mar 16, 1987 00:36am
MULTIP   .    SUB-DIR   Jan 04, 1987 00:28am
WORD     .    SUB-DIR   Jan 04, 1987 00:28am
        5 sub-directories
```

Schritt 3: Unterverzeichnisse ANWEND und SYSTEM zu LOTUS einrichten
Über den Compose-Befehl und den "Select-Pfeil" nach TOOL LOTUS wechseln. Dann entsprechend wie in Schritt 2 vorgehen.

Schritt 4: Verzeichnisname ANWEND in ANWENDEN ändern
Den Rename-Befehl markieren, mit dem "Rename-Pfeil" das Verzeichnis ANWEND markieren und dann den Namen ändern. Über Shift-PrtSc wird nun folgender Inhalt des Unterverzeichnisses LOTUS angezeigt:

```
Directory listing of : B:\TOOL\LOTUS

Sub-Directories:
ANWENDEN.      SUB-DIR  Mar 16, 1987 00:43am
SYSTEM  .      SUB-DIR  Mar 16, 1987 00:43am
         2 sub-directories
```

Schritt 5: Verzeichnisse SYSTEM, ANWENDEN und LOTUS löschen:
ANWENDEN über den Compose-Befehl markieren und am Promptzeichen den Befehl RD ANWENDEN direkt eintippen. Über den 1Dir-Befehl Erase lassen sich nur Files (Nutzdateien) löschen, nicht aber Sub-Directories (Verzeichnisse).

Directory in einer Datei speichern:
Gerade bei der Verwaltung der Festplatte ist es sinnvoll, das Inhaltsverzeichnis als Textdatei auf Diskette sicherzustellen. Anstelle der **Umleitung in MS-DOS** kann dies elegant über die Print-Utility vorgenommen werden:

1. Mit Ctrl-P den Print-Toggle aktivieren.
2. Select-Pfeil auf LOTUS-Unterverzeichnis stellen.
3. Shift-PrtSc eingeben. 1Dir bietet folgende Wahlmöglichkeit:
   Print Utility. Enter Options:
                  Normal (Normalanzeige)
                  Wide (breite verkürzte Anzeige)
                  Screen Dump (Bildschirminhalt drucken)
4. N für Normal eingeben. 1Dir bietet folgende Entscheidung:
                  Press Return (für Ausgabe auf Drucker)
                  Press D (für Ausgabe auf Diskette)
5. D eintippen. 1Dir speichert das Directory auf Diskette unter dem Namen DIRECT.LST ab.

```
Directory listing of : B:\TOOL

Sub-Directories:
DBASE   .      SUB-DIR  Jan 04, 1987 00:27am
FRAME   .      SUB-DIR  Jan 04, 1987 00:28am
LOTUS   .      SUB-DIR  Mar 16, 1987 00:36am
MULTIP  .      SUB-DIR  Jan 04, 1987 00:28am
WORD    .      SUB-DIR  Jan 04, 1987 00:28am
         5 sub-directories

Files:
DIRECT  .LST        425  Mar 16, 1987 01:09am
         1 User file
```

5.2 Dateihilfsprogramm PC Tools

5.2.1 Kurzbeschreibung

- PC Tools ist ein Produkt von Central Point Software INC, das in der BRD von MCS Werner Kortmann, 6239 Eppstein-Bremthal, vertrieben wird.

- Lieferumfang: Diskette mit PCTOOLS.COM (124672 Bytes der Version 2.03) und Handbuch mit 68 Seiten (Version 2.03, 1987).

- PC Tools ist ein "Platten- und Dateihilfsprogramm für IBM PCs und kompatible Computer" (Handbuch, S. 1).

- Aufruf durch PCTOOLS (Monochrom oder Color) bzw. PCTOOLS/BW (Farbe wird ignoriert und nur schwarz/weiß ausgegeben).

- Aufruf in speicherresidenter Form durch den Parameter R.

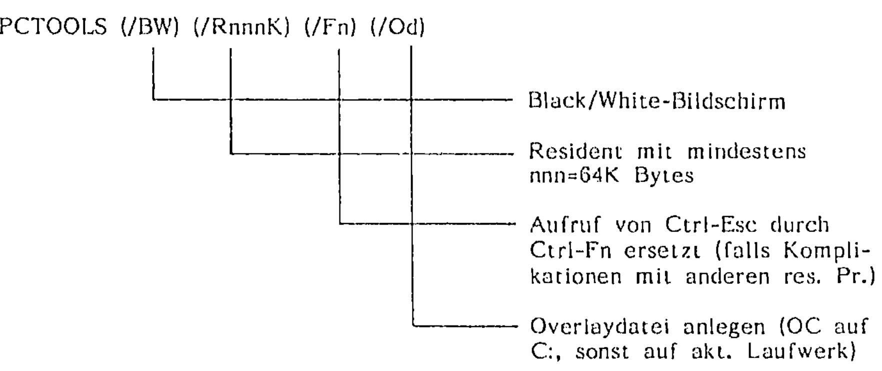

Vier Parameter zum Aufrufen von PCTOOLS

5.2.2 Drei Dienstleistungen über zwei Menüs erreichbar

Nach dem Aufrufen von PCTOOLS meldet sich das Programm mit einer Begrüßung (Welcome):

```
WELCOME !

PC Tools R2.03

(C)Copyright 1985,1986  Central Point Software, Inc.

Press any key for File Functions
```

```
F3=go directly to Disk and Special Functions

F10=change drive/path from C:\HILFE\UTIL

Press ESC to Exit
```

Wie in der Begrüßung mitgeteilt, werden die folgenden drei Funktionen (Functions) bzw. Dienste (Services) unterschieden: Datei- und Disketten- orientierte Dienste einerseits sowie spezielle Dienste andererseits.

1. FILE SERVICES für dateiorientierte Aufgaben

- Attribute: Dateikennzeichen anzeigen und/oder ändern (auch Datum, Zeit und Read Only ...)
- Copy: Kopieren einzelner Dateien bzw. Dateigruppen
- Delete: Eine Datei bzw. Dateigruppe löschen
- view/Edit: Bytes einer Datei betrachten bzw. ändern
- Find: Bestimmte Zeichenfolge in einer Datei bzw. Dateigruppe auf- finden
- List: Aktuelle Information drucken
- Map: Position einer Datei anzeigen
- Move: Wie Copy, aber mit Löschen der kopierten Datei(en)
- cOmpare: Vergleichen von Dateien
- Print: Datei(-inhalt) drucken
- Rename: Dateiname ändern
- Verify: Sektoren einer Datei bzw. Dateigruppe auf Lesbarkeit prüfen

2. DISK SERVICES für disketten- bzw. plattenorientierte Dienste

- Copy: Kopieren einer Diskette/Platte
- cOmpare: Vergleichen von Disketten/Platte
- view/Edit: Daten (Bytes) in einer Diskette/Platte ändern
- Find: Bestimmte Zeichenfolge in einer Diskette/Platte suchen
- Locate: Datei in allen Verzeichnissen suchen
- Map: Disketten-/Plattenbelegung anzeigen (Mapping)
- iNitialize: Diskette/Festplatte formatieren in den Formaten 720K (3.5") sowie 360K, 320K, 180K, 160K und 1.2M (jeweils 5.25")
- Rename: Volume-Namen neu benennen
- Verify: Sektoren einer Diskette/Platte auf Lesbarkeit prüfen

3. SPECIAL SERVICES

- **Directory maint:** Sortieren, Anlegen, Umbenennen, Löschen und Ver- schieben von Verzeichnissen
- **Help:** Texte mit Hilfestellungen
- **system Info:** Informationsübersicht über den verwendeten PC
- **Undelete:** Wiederherstellen gelöschter Dateien bzw. Verzeichnisse

Drei Dienste bzw. Funktionen von PCTOOLS

Diese drei Dienste werden in zwei Menüs bereitgestellt, wobei zwischen den
beiden Menüs durch F3 hin- und hergeschaltet werden kann. Den folgenden
Tasten kommt bei PCTOOLS eine besondere Bedeutung zu:

- Ret (Return, Enter) als Bestätigung
- Esc als "unwirksame Flucht bzw. zum Rückgängigmachen"
- F3 zum Umschalten zwischen den beiden Hauptmenüs
- F10 zum Wechseln der aktuellen Verzeichnisse mittels Cursor-
  markierung (über F10 wird dazu der Verzeichnisbaum des aktuellen
  Laufwerks angezeigt)

```
PC Tools R2.03                                      Vol Label=HARDDISKUE
--------------------------------------Path Functions--------------------------------------
Path=A:\*.*
    Name     Ext      Size  #Clu    Date     Time   Attributes
    IBMBIO   COM      9591    10   4/10/85   5:21p  Hidden,System,Read-Only,Archive
    IBMDOS   COM     27760    28   4/22/85  12:17p  Hidden,System,Read-Only,Archive
    COMMAND  COM     23706    24   4/22/85  12:00p  Normal,Archive
    AUTOEXEC BAT        74     1   1/04/87  12:19a  Normal,Archive
    KEYBGR   COM      2418     3   4/22/85  12:00p  Normal,Archive


                 ================================================
                 "   Enter NEW drive letter below. Press   "
                 "   "<+" for no change, "Esc" to return.   "
                 "            NEW Drive ID - [A]             "
                 "        Valid letters are A thru F.        "
                 ================================================
+----------------------------------------------------------------------------------------
|   5 files LISTed    =    63549 bytes.    5 files in sub-dir =    63549 bytes.
|   0 files SELECTed  =        0 bytes.    Available on volume =   275456 bytes.
+----------------------------------------------------------------------------------------
|   Copy Move cOmpare Find Rename Delete Verify view/Edit Attribute Print List
| Sort Help <+=SELECT F1=UNselect F2=alt dir lst F3=other menu Esc=exit PC Tools
|  F8=directory LIST argument  F9=file SELECTion argument  F10=chg drive/path
+----------------------------------------------------------------------------------------
```

Menü für dateiorientierte Dienste

Der obige Menüausdruck bezieht sich auf die Diskette HARDDISKUEB, die
in Abschnitt 3.1.1 im Zusammenhang mit Modell 1 verwendet wurde:

- Da der Pfad A:*.* gewählt wurde, werden die fünf Dateien des
  Stammverzeichnisses der Diskette HARDDISKUEB angezeigt.
- Mit der Taste F2 wurde die erweiterte Directory-Anzeige gewählt.
- Mit der Taste F10 wurde das Fenster "Enter NEW drive ..." auf den
  Bildschirm gebracht. Nach Eingabe von C: würde nun in dieses Lauf-
  werk gewechselt.

```
PC Tools R2.03
-----------------------------Disk and Special Functions----------------

+----------------------------------------------------------------------+
|DISK SERVICES: Copy cOmpare Find Rename Verify view/Edit Map Locate iNitialize|
|SPECIAL SERVICES: Directory maint  Undelete  system Info  Help         |
|  F3=return to file services  Esc=exit PC Tools                        |
+----------------------------------------------------------------------+
```

Menü für diskettenorientierte und spezielle Dienste

5.2.3   Unterstützung beim Organisieren der Festplatte

PCTOOLS ist nicht speziell auf die Verwaltung einer Festplatte ausgerichtet. Gleichwohl wird insbesondere ab der Version 2.03 auch die **Verzeichniswartung** recht komfortabel unterstützt. Dazu wird im Menü "spezielle Dienste" das Untermenü "Directory maint" mit folgenden 5 Befehlen bereitgestellt:

- F1=rename zum Umbenennen eines Verzeichnisses
- F2=create zum Anlegen eines neuen Verzeichnisses
- F3=remove zum Löschen eines Verzeichnisses
- F4=chg DOS current directory zum Wechseln
- F5=prune & graft zum Ändern des Zugriffspfades

```
PC Tools R2.03                                      Vol Label=HARDDISKUEB
-------------------------Directory Maintenance Service------------------
Path=A:\TOOL\WORD                                        BLINK=DOS current

     Use cursor arrow keys to follow the chain to the desired directory.
      Then choose a directory maintenance option below, or Esc to exit.
F1=rename F2=create F3=remove F4=chg DOS current directory  F5=prune & graft
```

Untermenü "Directory maintaince Service" bzw.
Verzeichniswartung

Vorgehen zum Ändern des Zugriffspfades mittels Befehl F5:

1. F5 eingeben
2. Quell-Verzeichnis, das zu ändern ist, mit dem Cursor im Verzeichnisbaum markieren und Ret eingeben
3. Frage mit Ret bestätigen
4. Mit dem Cursor das Ziel-Verzeichnis markieren, in das Quell-Verzeichnis zu verschieben ist und Ret eingeben
5. Das Verzeichnis wird neu geschrieben

Vorgehen zum Anlegen und Löschen von Verzeichnissen:

Das folgende Beispiel bezieht sich auf das Modell 1 (Abschnitt 3.1.1), in dem auf der Diskette namens HARDDISKUEB 16 Verzeichnisse eingetragen wurden.

Schritt 1: Verzeichnisbaum anzeigen
Befehl "Directory maint" bzw. "D" im Menü "SPECIAL SERVICES" anwählen. Folgender Baum wird gezeigt:

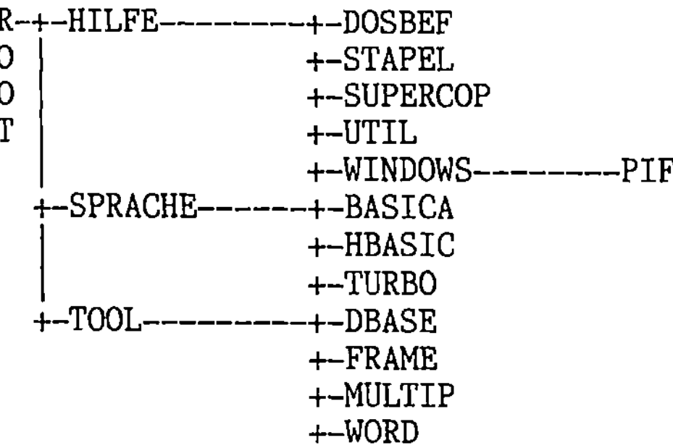

```
R-+-HILFE---------+-DOSBEF
O |                +-STAPEL
O |                +-SUPERCOP
T |                +-UTIL
  |                +-WINDOWS---------PIF
  +-SPRACHE-------+-BASICA
  |                +-HBASIC
  |                +-TURBO
  +-TOOL----------+-DBASE
                   +-FRAME
                   +-MULTIP
                   +-WORD
```

Schritt 2: Neues Unterverzeichnis LOTUS zu TOOL einrichten
TOOL mit dem Cursor markieren. Dann mit dem Befehl F2=create drücken und den Namen LOTUS eingeben. LOTUS wird als zusätzliches Unterverzeichnis zu TOOL eingetragen. F2 simuliert somit den DOS-Befehl MD.

Schritt 3: Unterverzeichnisse SYSTEM und ANWEND zu LOTUS einrichten
Entsprechend Schritt 2.

Schritt 4: Verzeichnisname ANWEND in ANWENDEN ändern
Name ANWEND markieren, F1=rename drücken und ANWENDEN als neuen Namen eingeben. F1 simuliert also den Befehl RENAME. Das geänderte Verzeichnis hat nun folgende Struktur:

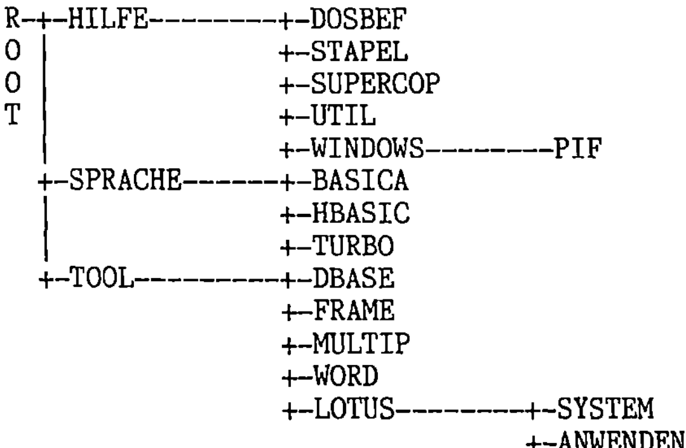

```
R-+-HILFE---------+-DOSBEF
O |                +-STAPEL
O |                +-SUPERCOP
T |                +-UTIL
  |                +-WINDOWS---------PIF
  +-SPRACHE-------+-BASICA
  |                +-HBASIC
  |                +-TURBO
  +-TOOL----------+-DBASE
                   +-FRAME
                   +-MULTIP
                   +-WORD
                   +-LOTUS---------+-SYSTEM
                                    +-ANWENDEN
```

Schritt 5: Verzeichnisse SYSTEM, ANWENDEN und LOTUS löschen
SYSTEM markieren, F3=remove drücken usw. F3 simuliert somit den DOS-Befehl RD.

5.3 Dateiverwaltungsprogramm XTREE

5.3.1 Kurzbeschreibung

- XTREE ist ein Produkt von Executice Systems INC und wird in der BRD von PublicSoft, 4830 Gütersloh 1, vertrieben.

- Lieferumfang: Diskette, für IBM PC und Kompatible im 5.25"-Format, und deutsches Handbuch.

- XTREE wird laut Handbuch als "Standard zur Dateiverwaltung" angeboten.

- Aufruf durch XTREE im aktiven Laufwerk (bei schlechter Bildschirmqualität ggf. XTREE2 eingeben).

- Wichtige Tasten:
  - Return bzw. Enter: Eingabe wirksam beenden. Wechsel des Fensters.
  - F1:   Ende von XTREE
  - F2:   Info (Hilfsinformationen)
  - F3:   Storno (Vorgang unwirksam abbrechen)
  - F4:   Großer Bildschirm

5.3.2 Drei Dienstleistungen

XTREE stellt drei Dienstleitungen zur Verfügung: Erklärende Informationen sowie DIRECTORY KOMMANDOS und FILE KOMMANDOS.

1. INFOs bzw. erklärende Informationen zu XTREE selbst werden über die Taste F2 bereitgestellt.
2. DIRECTORY KOMMANDOS werden unmittelbar nach dem Starten bereitgestellt. Die KOMMANDOS beziehen sich auf das im DIRECTORY-Fenster gerade aktive Verzeichnis.
3. FILE KOMMANDOS werden durch die Return-Taste aufgerufen und beziehen sich auf eine im FILE-Fenster aktiviertes Datei.

Drei Dienstleistungen von XTREE

1. Dienstleistung von XTREE: INFOs über XTREE anbieten

XTREE unterteilt den Bildschirm in zehn Fenster. Zu jedem Fenster können Infos angefordert werden.
Durch Betätigen der Taste F2 wird ein in 10 Fenster unterteilter Bildschirm angezeigt. Die Fenster sind (1) bis (10) sind umseitig wiedergegeben.

(1) FILE: Derzeit aktive(r) File(s)
(2) DISK: Derzeit aktives Laufwerk
(3) DISK- bzw. DIRECTORY Statistik.
(4) DIRECTORY-Fenster: Hier wird der Verzeichnisbaum des aktiven
Laufwerks angezeigt.
(5) FILE-Fenster: Im aktiven Directory gefundene Files auflisten.
(6) DIRECTORY KOMMANDOS: Anzeigen der Kommandos, wenn diese
Dienstleistung gewählt wurde.
(7) FILE KOMMANDOS: Anzeigen der Kommandos, wenn diese Dienstleistung gewählt wurde.
(8) FILE FENSTER KOMMANDOS: Kommandos, die sich auf mehrere
Files gleichzeitig beziehen und mittels Ctrl-Kommando erreichbar sind.
(9) FENSTER KONTROLLTASTEN wie Cursor- und Return-Taste.
(10) Funktionstasten: F1=Ende, F2=Info, F3=Storno, F4=Kommandozeile
abschalten.

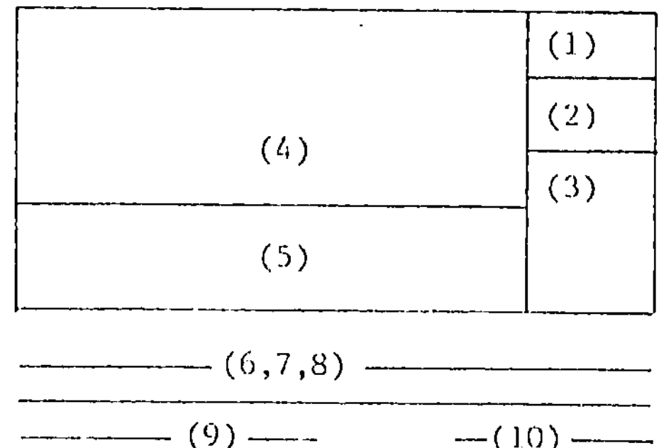

Wählen Sie eine Zahl (=Seitenzahl der folgenden Infofenster). Durch
Betätigen der Cursortasten gelangen Sie auf die gewünschte Seite. Die
Eingabetaste bringt Sie zurück zum Programm.

    INFO-Bildschirm: Fenster (1) - (10), die nach Eintippen von F2
    zwecks Information von XTREE über XTREE angezeigt werden

2. Dienstleistung von XTREE: DIRECTORY KOMMANDOS bereitstellen

Die folgenden Bildschirme beziehen sich auf die Diskette HARDDISKUEB,
die in Abschnitt 3.1 im Zusammenhang mit Modell 1 und 2 verwendet wurde. Der Bildschirm zu den DIRECTORY KOMMANDOS zeigt:

- Einen Teil des Verzeichnisbaums von Modell 1 im DIRECTORY-Fen-
  ster: drei Subdirectories HILFE, SPRECHE und TOOL.
- Im DIRECTORY-Fenster wurde (durch Cursortaste) das Verzeichnis
  STAPEL markiert bzw. aktiviert. Dies hat zweierlei zur Folge:
  - Oben wird der Pfad (Path) zu STAPEL angezeigt.
  - Im FILE-Fenster werden die Batch-Files angezeigt.
  - Rechts in der DISK Statistik wird entsprechend informiert.

Path: \HILFE\STAPEL

```
\                                              FILE: *.*
 ├─HILFE
 │  ├─DOSBEF                                   DISK: B: HARDDISKUEB
 │  ├─STAPEL                                    Noch frei
 │  ├─SUPERCOP                                     Bytes:    263,168
 │  ├─UTIL
 │  └─WINDOWS                                  DISK Statistik
 │     └─PIF                                   GESAMT
 ├─SPRACHE                                        Files:           20
 │  ├─BASICA                                      Bytes:       66,048
 │  ├─HBASIC                                   PASSEND
 │  └─TURBO                                       Files:           20
 └─TOOL                                           Bytes:       66,048
    ├─DBASE                                    MARKIERT
                                                 Files:            0
   B     .BAT   H      .BAT   P     .BAT        Bytes:            0
   D     .BAT   KOPIE  .BAT   S     .BAT       Aktives Directory
   F     .BAT   M      .BAT   T     .BAT        STAPEL
   FORM  .BAT   MENU   .BAT   W     .BAT        Files:           15
```

DIRECTORY Available Delete Files Laufwerk Makedir Rename Showall eXecute
KOMMANDOS Tag Untag Volume ^Tag ^Untag
Anwahl Directory RETURN Filekommandos   F1 Ende F2 Info

Bildschirm mit DIRECTORY KOMMANDOS:
Verzeichnisbaum im DIRECTORY-Fenster
und Files des aktiven STAPEL-Verzeichnisses im FILE-Fenster

XTREE stellt folgende DIRECTORY KOMMANDOS zur Verfügung.

- Available: Freie Plattenkapazität anzeigen
- Delete: Aktives Directory löschen
- Files: Andere File-Spezifikation wählen
- Laufwerk: Aktives Laufwerk wechseln
- **Makedir:**   Neues Subdirectory erstellen (siehe Abschnitt 5.3.3)
- Rename: Aktives Directory umbenennen
- Showall: Alle übereinstimmende Files aus allen Directories zeigen
- eXecute: DOS-Befehl ausführen
- Tag: Files markieren
- Untag: File-Markierungen wieder entfernen
- Volume: Plattennamen ändern
- Ctrl-Tag: bezieht sich auf alle Files (Ctrl-Untag entsprechend)

DIRECTORY KOMMANDOS von XTREE im Überblick

3. Dienstleistung von XTREE: FILE KOMMANDOS bereitstellen

Durch die Return-Taste kann von den DIRECTORY KOMMANDOS zu den
FILE KOMMANDOS gewechselt werden und umgekehrt. Der folgende FILE-
Bildschirm zeigt:

- Alle 15 Files des STAPEL-Unterverzeichnisses.
- W.BAT als markierten und damit aktiven File.
- Drei Files wurden markiert mittels Tag: FORM.BAT, KOPIE.BAT und
  MENU.BAT.

```
Path: \HILFE\STAPEL

   B       .BAT                              FILE: *.*
   D       .BAT
   F       .BAT                              DISK: B: HARDDISKUEI
   FORM    .BAT                              Noch frei
   H       .BAT                                 Bytes:    263,168'
   KOPIE   .BAT
   M       .BAT                              DIRECTORY Stat
   MENU    .BAT                              GESAMT
   P       .BAT                                 Files:         15
   S       .BAT                                 Bytes:      2,499
   T       .BAT                              PASSEND
   W       .BAT                                 Files:         15
   WI      .BAT                                 Bytes:      2,499
   WRAM    .BAT                              MARKIERT
   X       .BAT                                 Files:          3
                                                Bytes:        509'
                                             Aktive  File
                                                W         .BAT
                                                Bytes:        170

FILE        Attribut Copy   Delete Files Log Rename   Tag  Untag View eXecute
KOMMANDOS  ^Attrib ^Copy   ^Delete               ^Rename  ^Tag ^Untag
  Anwahl File       RETURN  Directorykommandos              F1 Ende F2 Info F3 Storno
```

Bildschirm mit FILE KOMMANDOS:
15 Files des STAPEL-Verzeichnisses werden angezeigt

- Attribut: Attribute des aktiven Files anzeigen
- Copy: Aktiven File auf Platte bzw. Pfad kopieren
- Delete: Aktiven File löschen
- Files: Neue Gruppe von Files anwählen
- Log: Anderes Laufwerk wählen
- Rename: Aktiven File umbenennen
- Tag: File markieren
- Untag: Markierung entfernen
- View: Textinhalt anzeigen
- eXecute: DOS-Befehl ausführen
- Jeweils vorangestelltes Ctrl bezieht sich auf alle Files.

FILE KOMMANDOS von XTREE im Überblick

Einen bestimmten File mit dem View-Kommando betrachten:

Das folgende Beispiel zeigt, wie mit dem FILE KOMMANDO View die Stapeldatei W.BAT (siehe Modell 1, Abschnitt 3.1) angezeigt wird. Dabei dient der **Befehl H)ex als Schalter**, um zwischen der Ausgabe im ASCII-Modus und im Hex-Modus zu wählen:
- Anzeigen im ASCII-Modus (Wiedergabe oben)
- Anzeigen im Hexadezimal-Modus (Wiedergabe unten)

```
LineUpDn  0..9)speed  G)oto  H)ex  S)et  PgUp  PgDn  Home  End  Return
echo off
rem Name:   c:\hilfe\stapel\w.bat
rem Zweck: Word 3.0 ohne Grafik starten
rem --------------------------------------
c:
cd\tool\word
word/C
c:
cd\
menu.bat
000000   65 63 68 6f   20 6f 66 66   0d 0a 72 65   6d 20 4e 61   echo off..rem Na
000010   6d 65 3a 20   20 63 3a 5c   68 69 6c 66   65 5c 73 74   me:  c:\hilfe\st
000020   61 70 65 6c   5c 77 2e 62   61 74 0d 0a   72 65 6d 20   apel\w.bat..rem
000030   5a 77 65 63   6b 3a 20 57   6f 72 64 20   33 2e 30 20   Zweck: Word 3.0
000040   6f 68 6e 65   20 47 72 61   66 69 6b 20   73 74 61 72   ohne Grafik star
000050   74 65 6e 0d   0a 72 65 6d   20 2d 2d 2d   2d 2d 2d 2d   ten..rem -------
000060   2d 2d 2d 2d   2d 2d 2d 2d   2d 2d 2d 2d   2d 2d 2d 2d   ----------------
000070   2d 2d 2d 2d   2d 2d 2d 2d   2d 2d 2d 2d   2d 0d 0a 63   -------------..c
000080   3a 0d 0a 63   64 5c 74 6f   6f 6c 5c 77   6f 72 64 0d   :..cd\tool\word.
000090   0a 77 6f 72   64 2f 43 0d   0a 63 3a 0d   0a 63 64 5c   .word/C..c:..cd\
0000a0   0d 0a 6d 65   6e 75 2e 62   61 74 ee ee   ee ee ee ee   ..menu.bat......
0000b0   ee ee ee ee   ee ee ee ee   ee ee ee ee   ee ee ee ee   ................
0000c0   ee ee ee ee
```

FILE KOMMANDO View: Datei W.BAT im ASCII-Modus anzeigen (oben)
und im Hex-Modus (unten)

5.3.3   Beispiel zur Verzeichniswartung

Insbesondere über die Dienstleistung DIRECTORY KOMMANDOS erfährt der
Benutzer eine äußerst komfortable Unterstützung bei der Wartung seines
Festplattenverzeichnisses. Das folgende Beispiel bezieht sich wiederum auf
das Modell 1 (Abschnitt 3.1).

Schritt 1: Verzeichnisbaum anzeigen
Nach Eingabe von Return wird im DIRECTORY-Fenster automatisch der
Verzeichnisbaum dargestellt: Wurzel mit Subdirectories HILFE, SPRACHE
und TOOL (siehe Abbildung links).

Schritt 2: Neues Unterverzeichnis LOTUS zu TOOL einrichten
TOOL mit dem Cursor markieren. Dann den **Befehl Makedir** aktivieren und
den Namen LOTUS eingeben. LOTUS wird als zusätzliche Unterverzeichnis
im Baum eingetragen. Der XTREE-Befehl Makedir simuliert also den DOS-
Befehl MD. Wichtig dabei: XTREE sortiert Unterverzeichnisnamen; LOTUS
erscheint also zwischen FRAME und MUTIP.

Schritt 3: Unterverzeichnisse SYSTEM und ANWEND zu LOTUS einrichten
Entsprechend Schritt 2. ANWEND wird vor SYSTEM einsortiert.

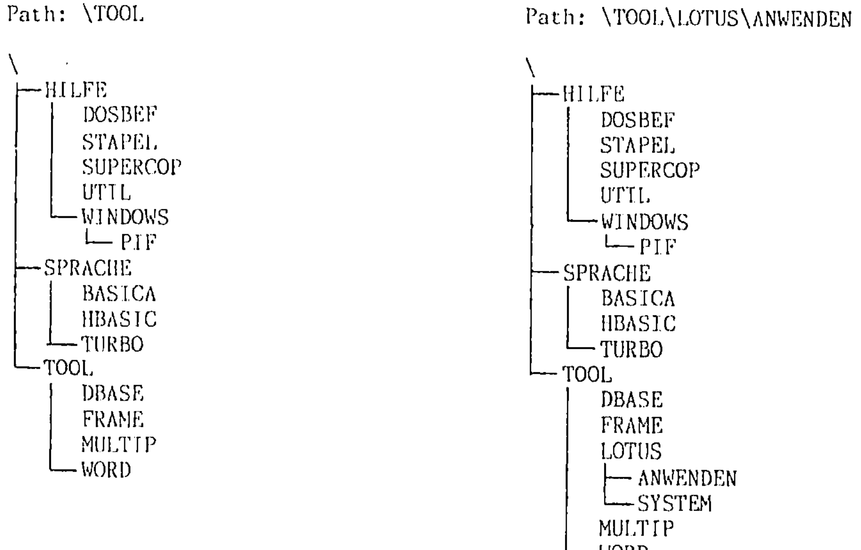

Verzeichnisbaum im DIRECTORY-Fenster vor (links)
und nach (rechts) der Änderung

Schritt 4: Verzeichnisname ANWEND in ANWENDEN ändern
Name ANWEND markieren (mit Cursor). Dann **XTREE-Befehl Rename** drükken und ANWENDEN als neuen Namen eingeben. Rename simuliert also den DOS-Befehl RD. Das geänderte Verzeichnis hat das in der Abbildung rechts wiedergegebene Aussehen.

Schritt 5: Verzeichnisse SYSTEM, ANWENDEN und LOTUS löschen
SYSTEM markieren, Delete drücken und die Frage "Sub-Directory löschen (J/N)?" mit "J" beantworten. Der **XTREE-Befehl Delete** simuliert somit den DOS-Befehl RD.

Festplatten-Wegweiser für IBM PC und Kompatible unter MS-DOS

6.1 DEBUG.COM als Testhilfeprogramm

Patchwork und Patches: Der Begriff "Patchwork" ist im deutschen Sprachgebrauch verbreitet; Man versteht darunter das Gestalten von dekorativem "Flickwerk" aus Textilien. Auch in der Datenverarbeitung wird "gepatcht", also geflickt. Hier wird das Verb "to patch" für das Einsetzen bzw. Austauschen von Programmteilen verwendet. Es gibt **Patches,** d.h. Anleitungen für die Veränderung von Programmabläufen, Befehlsfolgen bzw. Texten in Programmen. Einige Softwarefirmen liefern Patches für ihre eigenen Programme, damit der Kunde selbst nachträglich das Programm von Fehlern befreien kann. Von Bastlern werden Patches angeboten, die gängige Programme auf die eine oder andere Weise vorteilhaft verändern.

> **Patchen heißt: Programmteile z.B. mit Hilfe von DEBUG.COM direkt an bestimmte Speicherstellen in den RAM einsetzen.**

DEBUG.COM zum Patchen: Das mit dem Betriebssystem MS-DOS bereitgestellte Testhilfeprogramm DEBUG.COM macht das Patchen für jeden interessierten Anwender möglich. Für die folgenden Übungen ist es sinnvoll, DEBUG.COM in das Verzeichnis zu kopieren, das auch die anderen DOS-Befehle enthält, und das innerhalb der AUTOEXEC.BAT im PATH-Befehl genannt wird (z.B. Verzeichnis C:\HILFE\DOSBEF in einem der Menümodelle von Abschnitt 3). Oder man kopiert DEBUG.COM in das Verzeichnis, in dem das zu patchende Programm steht.

DEBUG.COM als Werkzeug für den Programmierer ermöglicht die Durchführung der folgenden Aufgaben:
- Interaktives Testen von Programmen.
- Schrittweises Verfolgen von Programmabläufen.
- Aufdeckung von Fehlern in maschinensprachlichen Programmen.
- Editieren maschinensprachlicher Programme.

Wir gehen insbesondere auf die letzte Aufgabe ein, d.h. auf das Editieren: DEBUG.COM kann man auch ähnlich wie einen Editor (z.B. EDLIN.COM) einsetzen. Warum überhaupt verwendet man DEBUG.COM anstelle von EDLIN.COM? Maschinensprachliche Programme lassen sich mit EDLIN.COM schon aus dem einfachen Grund nicht editieren, da EDLIN.COM eine maximale Zeilenlänge von nur 253 Zeichen erlaubt. Der Rest wird beim Einlesen abgeschnitten. Maschinensprachliche Programme sind meist länger als 253 Bytes. Für solche Programme verwendet man DEBUG.COM als Editor. Es gibt noch eine Reihe weiterer Gründe, die gegen EDLIN.COM als Editor für maschinensprachliche Programme sprechen; z.B. den, daß EDLIN.COM nicht alle ASCII-Zeichen anzeigen kann.

6.1.1 Befehle zum Patchen

Einzelbuchstaben-Befehle von Datei DEBUG.COM. Die Testhilfe DEBUG-BUG.COM wird im Patch-Kurs dieses Buches vor allem dazu eingesetzt, um Texte in Programmdateien, wie z.B. in MENUKEYS.EXE, zu verändern. Das Testhilfeprogramm stellt dazu - ähnlich wie EDLIN.COM - Einzelbuchstaben-Befehle bereit. Im Kurs werden die Befehle A, D, E, H, N, Q, R, S U und W verwendet.

A	**Format: A (Adresse)** Assemble, Übersetzung von Assemblerbefehlen in Maschinencode.
D	**Format: D (Adresse)** oder : D (Bereich) Dump, Hauptspeicherauszug (engl. Dump) anzeigen.
E	**Format: E Adresse (Zeichenkette)** oder : E Adresse (Liste von Hexadezimalwerten) Enter, Eingabe von Zeichen in den Hauptspeicher.
H	**Format: H Wert Wert** Hex-Arithmetic, Addition und Subtraktion von hexadezimalen Zahlen.
N	**Format: N (Laufwerk:)(Pfad)Dateibenennung** Name, Datei benennen und Dateisteuerblock einrichten.
Q	**Format: Q** Quit, DEBUG.COM beenden.
R	**Format: R (Registername)** Register, Registerinhalte anzeigen und ändern.
S	**Format: S Bereich (Zeichenkette)** oder : S Bereich (Liste von Hexadezimalwerten) Search, Adresse von Daten im Hauptspeicher suchen.
U	**Format: U (Adresse)** oder : U (Bereich) Unassemble, Rückübersetzung des Hauptspeicher-inhalts in Assembleranweisungen.
W	**Format: W** Write, Datei vom Hauptspeicher auf die Platte oder eine Diskette schreiben.

Grundlegende Einzelbuchstaben-Befehle von DEBUG.COM

Für die Befehlsformate von DEBUG.COM gilt:

1) Die Angaben in runden Klammern sind alternativ, nicht obligatorisch.

2) Parameter ohne Klammern sind zwingend zu setzen.

3) Die Angabe "Adresse" kann eine vollständige Hauptspeicheradresse der Form **Segmentadresse:Offsetadresse** oder nur die **Offsetadresse** sein.

4) Die Angabe "Bereich" kann in zweifacher Weise formuliert werden:

1. Alternative:	**Anfangsadresse**	**Endadresse**
2. Alternative:	**Anfangsadresse**	**L Distanz**

Anfangsadresse ist die Adresse, an der der gewünschte Hauptspeicherbereich beginnt. Mit Endadresse hört dieser Bereich auf.

Die 2. Alternative erfordert die Angabe von "L" (Länge) und dahinter eine Distanz bzw. Längenangabe in Bytes.

6.1.2   Unterscheidung von Segment- und Offsetadresse

Byte als kleinste adressierbare Informationseinheit im Hauptspeicher: Auf kleinere Informationselemente als das Byte können wir nicht direkt zugreifen. Ein Byte wird durch acht binäre Speicherstellen gebildet. Die binären Speicherstellen, Bits genannt, können nur die Werte 0 oder 1 annehmen. Genau betrachtet wird also ein Zeichen durch acht binäre Ziffern in unterschiedlichen Kombinationen verschlüsselt. Ein Byte kann 256 (2 hoch 8) verschiedene Zeichen darstellen. In Anhang 1 und 3 ist der gesamte verfügbare Zeichensatz als Klartext, als Bitmuster, in hexadezimaler Schreibweise und mit seiner dezimalen Numerierung wiedergegeben.

Hexadezimale Zahlen sind Zahlen eines Zahlensystems mit der Basis 16. Wir rechnen mit Dezimalzahlen, also Zahlen zur Basis 10 und benutzen dazu die Ziffern 0-9. Das hexadezimale System benutzt die Ziffern 0, 1, 2, 3, 4, 5, 6, 7, 8, 9, A, B, C, D, E und F, das sind 16 Ziffern. Da eine Hexadezimal-Ziffer vier Bits zu ihrer Verschlüsselung braucht, läßt sich ein Byte in zwei Hexadezimal-Ziffern darstellen. Man verwendet hexadezimale Zahlen nur, um zu einer verkürzten und daher lesbareren Darstellung von Zeichen und Hauptspeicheradressen zu kommen. Statt dezimal 10 schreibt man A, statt binär 0001 1010 (ein Byte mit acht Bits) schreibt man 1A.

Das Rechnen mit hexadezimalen Zahlen erfordert etwas Übung. Aber man entdeckt schnell, daß die Rechenregeln dieselben sind wie im Dezimalsystem - nur eben immer 16 anstelle von 10. Nehmen wir die Dezimalzahl 23. Die beiden Zeichen 2 und 3 hintereinandergereiht sagen aus:

2 mal 10 plus 3   (= dreiundzwanzig)

Im Hexadezimalsystem bedeuten dieselben Zeichen 23:

2 mal 16 plus 3   (= fünfunddreißig)

Zur Unterscheidung schreibt man auch **23h** (23 hexadezimal) für die Dezimalzahl 35.

Halbbyte binär dargestellt:	Hexadezimale Darstellungsform:	Dezimaler Wert:
0000	0	0
0001	1	1
0010	2	2
0011	3	3
0100	4	4
0101	5	5
0110	6	6
0111	7	7
1000	8	8
1001	9	9
1010	A	10
1011	B	11
1100	C	12
1101	D	13
1110	E	14
1111	F	15

16 Hexadezimal-Werte von 0 bis F

Hexadezimal-Darstellung als Lesehilfe: Der Computer rechnet und speichert nicht hexadezimal. Die hexadezimale Darstellungsweise von Zeichen darf nur als Leseerleichterung für den Programmierer verstanden werden. Sie ist eine Kurzschreibweise für Binärzahlen. Der Computer zeigt Zeichen auf diese Weise an, obwohl er selbst immer nur binär rechnet und speichert. Der Anhang bietet Tabellen zum Umwandeln von hexadezimalen Zahlen in ihre binäre Verschlüsselung bzw. in die entsprechenden ASCII-Zeichen.

Adressen als "Hausnummern": Der Hauptspeicher ist Speicherplatz für Speicherplatz durchnumeriert. Jedem Speicherplatz ist eine bestimmte Adresse vom System zugeordnet (immer 8 Bits zusammengefaßt). Der erste Speicherplatz hat die Adresse 0, der zweite Adresse 1, der dritte Adresse 2 usw. Diese Adressen werden hexadezimal benannt, also ..., 8, 9, A, B, C, D, E, F, 10, 11, 12, ..., 19, 1A, 1B, 1C, 1D, 1E, 1F, 20, 21, ... usw. Das ist der Grund, weshalb man das Hexadezimalsystem kennen muß, um den Inhalt des Hauptspeichers betrachten zu können.

Segmentadresse als "Telefon-Vorwahlnummer": Nun gibt es konstruktiv bedingte Gründe dafür, daß man nicht alle Speicherplätze einfach von 1 bis n durchnumeriert, sondern bereichsweise adressiert. Man kann dieses Adressierungsverfahren mit unserem Telefonnummernsystem vergleichen. Mit der

Vorwahlnummer gelangt man in einen Bereich und mit der Telefonnummer direkt an den Anschluß. Eine typische Hauptspeicheradresse ist z.B. die **Adresse 1B09:0400.** Im Fachjargon wird der 1. Adreßteil als Segmentadresse (1B09h gleich 6921 dezimal) und der 2. Teil als Offsetadresse (0400h gleich 1024 dezimal) bezeichnet. Für unseren kleinen Patch-Kurs brauchen wir fast immer nur die Offsetadresse. Ihre vier hexadezimalen Stellen können bis zu 65536 Speicherplätze adressieren, also 64 KB - mehr als genug für unsere Beispiele. Auf welche Segmentadressen das System die Dateien automatisch im Hauptspeicher plaziert, ist für unsere Betrachtung ohne Belang.
Wie die Abbildung zeigt, können gleiche Offsetadressen natürlich verschiedenen Segmentadressen zugeordnet sein.

Telefonnummer mit Vorwahl und Anschluß:

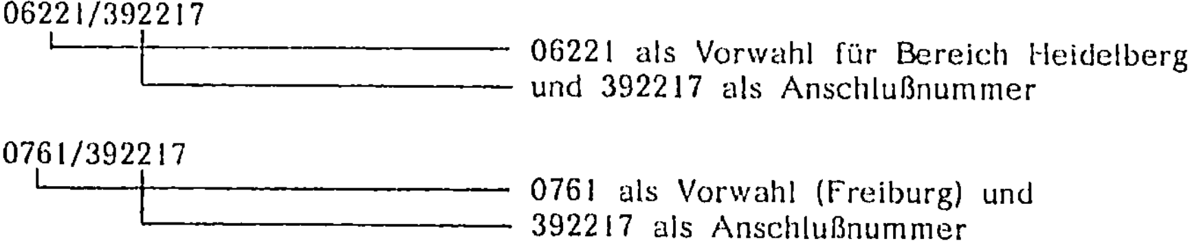

Hauptspeicheradresse mit Segment und Offset:

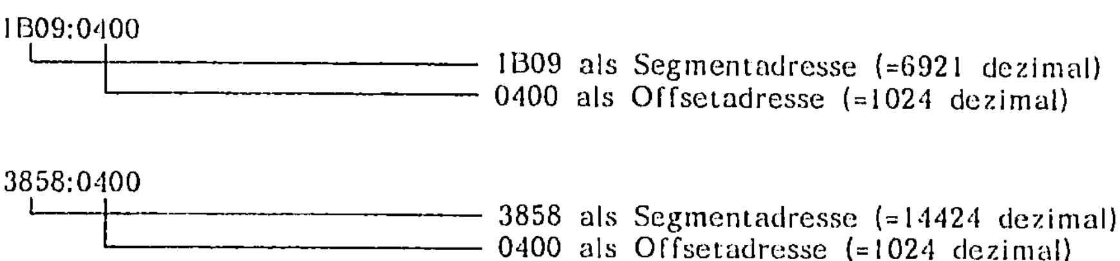

Gegenüberstellung von Telefonnummer (Vorwahl/Anschluß)
und Hauptspeicheradresse (Segment:Offset)

Register als kleine schnelle Speicher: Register sind dem Prozessor unmittelbar zugeordnet. Beim PC XT und AT sind die Register 16 Bits bzw. zwei Bytes groß. Jedes Register erfüllt eine bestimmte Aufgabe. Der PC hat 14 Register; davon brauchen wir für unser Vorhaben nur einige Wenige.

6.2 Erster Patchversuch mit einer Textdatei

6.2.1 Schritt 1: DEBUG.COM starten

Mit CONFIG.RM0 experimentieren: Am besten, wir kopieren uns eine kleine Textdatei auf eine leere oder unwichtige Diskette. Erstens laufen wir dann nicht Gefahr, eine Datei auf der Platte unwiederbringlich zu zerstören; und zweitens erkennen wir besser, wann das System einen Schreibvorgang auslöst. Zum Experimentieren nehmen wird die Datei CONFIG.RM0, die für das Stapelprogramm RAMDISK1.BAT gebraucht wurde (siehe Abschnitt 4.3.3.1). Anschließend kopieren wird das Testhilfeprogramm DEBUG.COM ins gleiche Verzeichnis wie CONFIG.RM0, hier in das Verzeichnis B:\AB6:

```
B:\AB6>copy c:\hilfe\dosbef\debug.com
        1 Datei(en) kopiert
```

DEBUG.COM mit CONFIG.RM0 starten: Das Testhilfeprogramm DE-BUG.COM wie auch die zu untersuchende Batchdatei CONFIG.RM0 befinden sich beide auf derselben Diskette in Verzeichnis B:\AB6. Nun starten wir DEBUG.COM mit dem Aufruf:

```
B:\AB6>debug config.rm0
-
```

Dieser Aufruf veranlaßt DEBUG.COM, sich sogleich die Datei CONFIG.RM0 vorzunehmen; diese Datei wird nach dem Laden von DEBUG.COM direkt dahinter auf die nächsten Speicherplätze gelegt. DEBUG.COM meldet sich dann mit dem Gedankenstrich "-" als Eingabeaufforderung (engl. Prompt). "-" ist das Bereitschafts- bzw. Promptzeichen von DEBUG.COM.

6.2.2 Schritt 2: Register anzeigen mit Befehl R

Jetzt geben wir den Befehl R zum Anzeigen der Register ein. Am Bildschirm erscheinen drei Zeilen, gefolgt vom "-" als DEBUG-Prompt:

```
-r
AX=0000  BX=0000  CX=0042  DX=0000  SP=FFEE  BP=0000  SI=0000  DI=0000
DS=3858  ES=3858  SS=3858  CS=3858  IP=0100    NV UP EI PL NZ NA PO NC
3858:0100 62          DB      62
-
```

Registeranzeige mit dem DEBUG-Befehl R

Dateigröße in Register CX: Die Register sind mit AX, BX, usw. gekennzeichnet. Im Register CX steht die hexadezimale Zahl 0042. Schauen wir in die Umrechnungstabelle im Anhang 7. Die Umrechnung in eine Dezimalzahl ergibt laut Tabelle die Zahl 66; das ist exakt die Größe der Datei CON-FIG.RM0 in Bytes. Wir hätten auch im Kopf rechnen können: 4 mal 16 plus 2 ergibt 66. Wir merken uns: Nach dem Laden enthält das Register CX die Ausdehnung der geladenen Datei.

Segmentadresse des Dateianfangs in Register CS: Das Register CS (Code-Segment-Register) weist (wie auch DS, ES und SS) die Segmentadresse aus. Sie ist unter anderem davon abhängig, welche residenten Programme bereits vor Aufruf von DEBUG.COM gestartet wurden, wie z.B. KEYBGR.COM, PRINT.COM o.ä. In unserem Fall lautet die Segmentadresse 3858h (das kleine "h" steht für hexadezimal). Die Umrechnung gemäß Anhang 7 ergibt 14336+88=14424 als dezimalen Adreßwert. Bei Ihrem Computer hat die Segmentadresse sicher einen ganz anderen Wert, so z.B. 4181h.

Offsetadresse des Dateianfangs in Register IP: Das Register IP (Instruction Pointer) enthält den Wert 0100h (dezimal 256). Beide Register CS und IP zusammen bezeichnen den exakten Dateianfang von CONFIG.RM0. Im folgenden wird statt der effektiven Segmentadresse, die i.d.R. nicht voraussagbar ist, der Name des Registers CS benutzt. Also CD:0100 statt 3858:0100. DEBUG.COM nimmt diese Registerbezeichnung statt einer Adresse aus Ziffern an.

6.2.3 Schritt 3: Dump erzeugen mit Befehl D

Als nächstes geben wir den Dump-Befehl D am DEBUG-Prompt ein. In acht Zeilen werden 128 (8 mal 16) Adressen in hexadezimaler Form angezeigt:

```
-d
3858:0100  62 72 65 61 6B 3D 6F 66-66 0D 0A 66 69 6C 65 73   break=off..files
3858:0110  3D 38 0D 0A 63 6F 75 6E-74 72 79 3D 34 39 0D 0A   =8..country=49..
3858:0120  64 65 76 69 63 65 3D 63-3A 5C 68 69 6C 66 65 5C   device=c:\hilfe\
3858:0130  64 6F 73 62 65 66 5C 61-6E 73 69 2E 73 79 73 0D   dosbef\ansi.sys.
3858:0140  0A 1A 00 00 00 00 00 00-00 00 00 00 00 00 00 00   ................
3858:0150  00 00 00 00 00 00 00 00-00 00 00 00 00 00 00 00   ................
3858:0160  00 00 00 00 00 00 00 00-00 00 00 00 00 00 00 00   ................
3858:0170  00 00 00 00 00 00 00 00-00 00 00 00 00 00 00 00   ................
-
```

Dump der Datei CONFIG.RM0 mit Befehl D

DUMP mit drei Teilen: Am Bildschirm steht ein Hauptspeicherauszug (engl. dump) von der Speicherstelle CS:0100 bis zur Speicherstelle CS:0141, also ein Dump von genau 66 Speicherstellen Länge. Der Dump besteht aus drei Teilen bzw. Spalten:

1) In der linken Spalte werden die Anfangsadressen der jeweils 16 Byte großen Datengruppen bzw. Zeilen angegeben.
2) Die mittlere Spalte beschreibt die gespeicherten Daten des Dumps hexadezimal.
3) Die rechte Spalte zeigt die gleichen Daten wie die mittlere Spalte; aber in Klarschrift und nur soweit, als die Daten überhaupt in lesbare (Schrift-)Zeichen umgesetzt werden können. Daten, die nicht als Buchstaben, Ziffern oder Sonderzeichen darstellbar sind, erscheinen nur als **Punkte.**

Vergleichen wir die mittlere und die rechte Spalte der ersten Zeile, um ein wenig zu lernen. Das erste Zeichen ist "b" und entspricht 62h (h=hexadezimal), das ist dezimal 98 (6 mal 16 + 2). Vergleichen wir das mit der ASCII-Tabelle in Anhang 1: Das kleine "b" hat die ASCII-Ordnungszahl 98.

Punkte, die keine sind: Nach dem Text "break=off" kommen 2 Punkte, die keine sind. Ein Blick in die mittlere Spalte belehrt uns: es sind die Zeichen 0Dh und 0Ah, dezimal 13 und 10. Sie heißen "Carriage Return" (CR, Wagenrücklauf) und "Line Feed" (LF, Zeilenvorschub). Im ASCII-Code von Anhang 7 stehen die Abkürzungen CR und LF. Diese Steuerzeichen werden von der Eingabetaste erzeugt und bilden den Abschluß jeder Eingabezeile. Beide Zeichen kommen vier mal in der Datei CONFIG.RM0 vor, da die Datei vier Zeilen hat. Am Schluß der Datei gibt es noch das Zeichen 1Ah. Dieses Steuerzeichen markiert das Dateiende (engl. end of file marker). Jede Datei hört damit auf.

6.2.4   Schritt 4: Daten direkt eingeben mit Befehl E

Jetzt probieren wir die Datei zu ändern, und zwar so, daß anstelle von "break=off" danach "break= on" (Leerstelle hinter = beachten) in der ersten Zeile steht. Wir benutzen dafür den Enter-Befehl von DEBUG.COM:

```
-e 0100 "break= on"

-d 0100
3858:0100  62 72 65 61 6B 3D 20 6F-6E 0D 0A 66 69 6C 65 73   break= on..files
3858:0110  3D 38 0D 0A 63 6F 75 6E-74 72 79 3D 34 39 0D 0A   =8..country=49..
3858:0120  64 65 76 69 63 65 3D 63-3A 5C 68 69 6C 66 65 5C   device=c:\hilfe\
3858:0130  64 6F 73 62 65 66 5C 61-6E 73 69 2E 73 79 73 0D   dosbef\ansi.sys.
3858:0140  0A 1A 00 00 00 00 00 00-00 00 00 00 00 00 00 00   ................
3858:0150  00 00 00 00 00 00 00 00-00 00 00 00 00 00 00 00   ................
3858:0160  00 00 00 00 00 00 00 00-00 00 00 00 00 00 00 00   ................
3858:0170  00 00 00 00 00 00 00 00-00 00 00 00 00 00 00 00   ................
-
```

Zuerst den Befehl E (Enter) und dann zur Kontrolle
den Befehl D (Dump) eingeben

Als Adresse muß man mit 0100 nur den 2. Teil der Adresse - die Offsetadresse - angeben. Läßt man die Segmentadresse weg, holt sich DEBUG.COM diese selbst aus dem Register CS. Der Enter-Befehl überschreibt alle Bytes vom Anfang der Datei an in der Länge der angegebenen Zeichenkette "break= on". Der Dump zeigt dies. Dabei ist zu beachten:
- D 0100 beginnt mit der Anzeige ab Offset 0100.
- D fährt mit der Anzeige bei der Adresse fort, bei der die letzte DUMP-Anzeige aufgehört hat.

Alternativbefehl -E 0106 " on": Dies Befehl setzt erst beim 7. Byte (Byte 0 bis Byte 6 = 7 Bytes) auf und ersetzt nur 3 Zeichen. Der Effekt ist der gleiche wie bei Befehl -E 0100 "break= on".

```
-e 0106 " on"
```

Kleine Änderung – große Wirkung: Wir ändern den Text "files=8" nun in "files=16" ab und geben dazu den Befehl E 0110 "=16" ein. Anschließend dumpen wird mit dem Befehl D 0100.
Was ist passiert? Anscheinend nicht viel, da nur ein kleiner Punkt verschwunden ist. Das Zeichen 0Dh (carriage return) fehlt. Das System wird nun das Zeilenende nicht mehr erkennen. Das Line-Feed-Zeichen alleine tut es nicht. Die Datei CONFIG.RM0 kann nicht mehr ausgeführt werden. Eine Fehlermeldung erscheint, falls wir diese Datei als CONFIG.SYS verwenden. Durch die Befehlsfolge

```
-e 0100 3D 38 0D
```

reparieren wir den Schaden wieder.
Daraus leiten wir eine wichtige Regel fürs Patchen ab: Man hat peinlich genau darauf zu achten, daß beim Patchen keine für das System wichtigen Informationen oder gar Maschinenbefehle überschrieben werden. Das gilt insbesondere für das Austauschen von Texten in Programmen.
Nur bei genauer Kenntnis der Funktionen von Assembler-Anweisungen sollte man sich ans Patchen von Maschinencode wagen. Allerdings, eine reizvolle Spielwiese ist das schon. Es gibt dabei viel über den PC und die Arbeitsweise von Programmen zu lernen.

```
-e 0110 "=16"
-d 0100
3858:0100   62 72 65 61 6B 3D 20 6F-6E 0D 0A 66 69 6C 65 73   break= on..files
3858:0110   3D 31 36 0A 63 6F 75 6E-74 72 79 3D 34 39 0D 0A   =16.country=49..
3858:0120   64 65 76 69 63 65 3D 63-3A 5C 68 69 6C 66 65 5C   device=c:\hilfe\
3858:0130   64 6F 73 62 65 66 5C 61-6E 73 69 2E 73 79 73 0D   dosbef\ansi.sys.
3858:0140   0A 1A 00 00 00 00 00 00-00 00 00 00 00 00 00 00   ................
3858:0150   00 00 00 00 00 00 00 00-00 00 00 00 00 00 00 00   ................
3858:0160   00 00 00 00 00 00 00 00-00 00 00 00 00 00 00 00   ................
3858:0170   00 00 00 00 00 00 00 00-00 00 00 00 00 00 00 00   ................
-
-e 0110 "=8"
-e 0112 0d
-
-d 0100
3858:0100   62 72 65 61 6B 3D 20 6F-6E 0D 0A 66 69 6C 65 73   break= on..files
3858:0110   3D 38 0D 0A 63 6F 75 6E-74 72 79 3D 34 39 0D 0A   =8..country=49..
3858:0120   64 65 76 69 63 65 3D 63-3A 5C 68 69 6C 66 65 5C   device=c:\hilfe\
3858:0130   64 6F 73 62 65 66 5C 61-6E 73 69 2E 73 79 73 0D   dosbef\ansi.sys.
3858:0140   0A 1A 00 00 00 00 00 00-00 00 00 00 00 00 00 00   ................
3858:0150   00 00 00 00 00 00 00^C
```

Steuerzeichen CR löschen und anschließend wieder speichern

Ein weiterer Punkt verdient Beachtung: Der Umgang mit DEBUG.COM ist nicht so einfach wie mit einem Texteditor. DEBUG.COM greift direkt auf Hauptspeicherplätze zu, deren Inhalte man nicht so ohne weiteres verschieben kann. Es gibt auch einen MOVE-Befehl, der das Verlagern von Daten im Hauptspeicher zuläßt. Doch dabei kann man allzu leicht Daten überschreiben, die vom System noch gebraucht werden. Ein "Systemabsturz" kann die Folge sein.

6.2.5   Schritt 5: Datei auf Platte schreiben mit Befehl W

Ist eine Datei gepatcht, wird sie mit dem Befehl W zurück auf die Diskette geschrieben. Bei umfangreicheren Vorhaben ist es sinnvoll, zwischendurch öfter einmal die Datei zu sichern.

6.2.6   Schritt 6: DEBUG.COM verlassen mit Befehl Q

Abschließend verlassen wir das Testhilfeprogramm DEBUG.COM mit dem Quit-Befehl. Die Kontrolle wird wieder an die Betriebssystemebene zurückgegeben. Mit dem TYPE-Befehl kann man sich die Datei CONFIG.RM0 nun nochmals anschauen.

```
-w
Schreiben von 0042 Byte
-q

B:\AB6>__
B:\AB6>

B:\AB6>type config.rm0
break= on
files=8
country=49
device=c:\hilfe\dosbef\ansi.sys
```

Datei schreiben mit Befehl W, DEBUG.COM verlassen mit Befehl Q
und Datei betrachten mit Befehl TYPE

6.3 Zweiter Patchversuch mit einem ausführbaren Programm

6.3.1 Schritt 1: EXE-Datei untersuchen

Unser nächstes Experiment bezieht sich auf eine Programmdatei. Wir kopieren die Datei MENUKEYS.EXE (vom Menümodell 3 in Abschnitt 3.3 bekannt) aus Sicherheitsgründen auf die Diskette in Laufwerk B:. Dann rufen wir DEBUG.COM mit MENUEKEYS.EXE auf und geben den Register-Befehl:

```
B:\AB6>debug menukeys.exe
-r
AX=0000  BX=0000  CX=0480  DX=0000  SP=0040  BP=0000  SI=0000  DI=0000
DS=3870  ES=3870  SS=38BF  CS=3894  IP=0100   NV UP EI PL NZ NA PO NC
3894:0100 1E           PUSH    DS
-
```

DEBUG.COM mit Programm MENUEKEYS.EXE starten
und Register anzeigen mit Befehl R

Register mit verschiedenen Werten bei EXE-Datei: Im vorangegangen Beispiel (Datei CONFIG.RM0 in Abschnitt 6.2) hatten die Register DS, ES, SS, CS allesamt den gleichen Wert. Dies ist jetzt anders. DEBUG.COM hat nämlich die Erweiterung EXE erkannt und beim Laden von MENUKEYS.EXE das Programm gleich für den Start vorbereitet. Die Register zeigen die Anfangsadressen einzelner Programmteile:

- DS für Datensegment   3870
- ES für Extrasegment   3870
- SS für Kellerspeicher   38BF
- CS für Codesegment   3894

DEBUG.COM ist schließlich ein Testprogramm, mit dem man Programme während ihres Ablaufs testen kann. Das wollen wir aber nicht tun.

Register CX zeigt nicht die Dateilänge der EXE-Datei an: Das Register CX weist 480h oder dezimal 1152 Bytes aus. Das sind genau 512 Bytes weniger, als MENUKEYS.EXE tatsächlich auf die Platte bringt, nämlich 1664 Bytes. Für einen Suchlauf, den wir nachher starten wollen, brauchen wir aber die exakte Größe, und zwar hexadezimal.

6.3.2 Schritt 2: EXE-Datei in EXP-Datei umbenennen und ändern

MENUKEYS.EXE als MENUKEYS.EXP anzeigen: Man sollte sich zur Regel machen, ein Programm vor dem Patchen umzubenennen. Dies auch zur Vorsicht; damit das Patchen problemlos ablaufen kann. Deshalb verlassen wir DEBUG.COM jetzt wieder, versehen MENUKEYS.EXE mit der geänderten Namenserweiterung EXP und starten DEBUG.COM erneut:

```
B:\AB6>rename menukeys.exe *.exp

B:\AB6>debug menukeys.exp
-r
AX=0000  BX=0000  CX=0680  DX=0000  SP=FFEE  BP=0000  SI=0000  DI=0000
DS=3858  ES=3858  SS=3858  CS=3858  IP=0100   NV UP EI PL NZ NA PO NC
3858:0100 4D           DEC      BP
-
```

MENUKEYS.EXE in MENUKEYS.EXP umbenennen
und Register erneut anzeigen mit Befehl R

Die Segmentregister DS, ES, SS, CS zeigen nun alle auf den Anfang der geladenen Datei (Adresse 3585). In CX steht jetzt die genaue Anzahl von Bytes, welche die Datei belegt: nämlich 680h bzw. dezimal 1664 Bytes.

Text in Datei MENUKEYS.EXP ändern mit den Befehlen S und E: Nun soll der Name des Autors "D.Franz 01.87   ", den MENUKEYS.EXE auf der rechten Seite anzeigt, geändert werden. Ab jetzt soll "A. Hildebrandt " erscheinen. Dazu müssen wir zuerst einmal wissen, auf welcher Hauptspeicheradresse der Autorenname steht. Zur Suche verwendet man den DEBUG-Befehl S (search):

```
-S 100 L 680 "D.Franz"
3858:03EB
-
```

S 100 L 680 "D.Franz"   als Suchbefehl:

S	Befehlswort
100	Suchbeginnadresse. Man braucht nur die Offsetadresse anzugeben, dann wird die Segmentadresse verwendet, die CS zeigt. Die Adresse 100 deshalb, weil die 256 Bytes vor dieser Adresse für den sog. Programmsegmentvorsatz reserviert sind. Dort befindet sich in der Regel kein Programmcode.
L	Teil des Search-Befehls, der darauf hinweist, daß danach eine Bereichsangabe folgt.
680	Bereichsangabe. Sie weist den Search-Befehl an, den der Adresse folgenden Bereich von 680h Bytes (=1664 Bytes) abzusuchen.
" "	Gesuchter String. Zwischen Anführungszeichen steht die gesuchte Zeichenkette. Man darf sie auch hexadezimal (dann aber ohne Anführungszeichen) angeben.

Suchbefehl S 100 L 680 "D.Franz" als Beispiel

Adresse 03EB als Suchergebnis: Die Suche war erfolgreich, denn das System antwortet mit einer Hauptspeicheradresse, nämlich mit 3EB. Der Segmentteil der Adresse wurde hier weggelassen, weil er, wie bereits erwähnt, von verschiedenen Faktoren abhängt: z.B. von der DOS-Version oder den zuvor geladenen residenten Programmen.

```
-s 100 1 680 "D.Franz"
3858:03EB

-

-d 3eb
3858:03E0                                     44 2E 46 72 61              D.Fra
3858:03F0  6E 7A 20 30 31 2E 38 37-20 20 31 39 38 37 20 76   nz 01.87  1987 v
3858:0400  2E 20 44 69 65 74 72 69-63 68 20 46 72 61 6E 7A   . Dietrich Franz
3858:0410  2C 20 53 63 68 69 6C 6C-65 72 73 74 72 2E 20 32   , Schillerstr. 2
3858:0420  33 2C 36 39 20 48 65 69-64 65 6C 62 65 72 67 20   3,69 Heidelberg
3858:0430  31 00 00 00 00 00 00 00-00 00 00 00 00 00 00 00   1...............
3858:0440  00 00 00 00 00 00 00 00-00 00 00 00 00 00 00 00   ................
3858:0450  00 00 00 00 00 00 00 00-00 00 00 00 00 00 00 00   ................
3858:0460  00 00 00 00 00 00 00 00-00 00 00                  ...........

-
```

Über Suchbefehl S die Offsetadresse 3eb anzeigen lassen
und mit Befehl D ab Adresse 3eb dumpen

Die Offsetadresse ist 3EBh (führende Nullen zählen nicht). Lassen wir uns den Inhalt dieser und der folgenden Adressen mit dem DUMP-Befehl D 3EB anzeigen. Der Namenszug und weitere Daten erscheinen am Bildschirm. Nun benutzen wir den Enter-Befehl, um den Namenszug zu überschreiben:

    -E 3EB "A. Hildebrandt "

Dem Enter-Befehl E müssen Adressangabe und Zeichenkette in Anführungszeichen (bzw. Zeichen in hexadezimaler Schreibweise) folgen. Wir geben dann wieder den Dump-Befehl, um das Ergebnis zu überprüfen.

```
-e 3eb "A. Hildebrandt "
-d 3eb
3858:03E0                                     41 2E 20 48 69              A. Hi
3858:03F0  6C 64 65 62 72 61 6E 64-74 20 31 39 38 37 20 76   ldebrandt 1987 v
3858:0400  2E 20 44 69 65 74 72 69-63 68 20 46 72 61 6E 7A   . Dietrich Franz
3858:0410  2C 20 53 63 68 69 6C 6C-65 72 73 74 72 2E 20 32   , Schillerstr. 2
3858:0420  33 2C 36 39 20 48 65 69-64 65 6C 62 65 72 67 20   3,69 Heidelberg
3858:0430  31 00 00 00 00 00 00 00-00 00 00 00 00 00 00 00   1...............
3858:0440  00 00 00 00 00 00 00 00-00 00 00 00 00 00 00 00   ................
3858:0450  00 00 00 00 00 00 00 00-00 00 00 00 00 00 00 00   ................
3858:0460  00 00 00 00 00 00 00 00-00 00 00                  ...........
```

Text "A. Hildebrandt " einfügen mit Befehl E

Soll die Ersatzzeichenkette vom Programm MENUKEYS.EXE richtig angezeigt werden, dann muß sie bei Offsetadresse 3EB beginnen und einschließlich füllender Leerzeichen maximal 15 Zeichen lang sein.

6.3.3 Schritt 3: EXP-Datei in EXE-Datei umbenennen und ausführen

Bis zum Programmtest sind nun noch folgende Befehle einzugeben:

- **Befehl W:** Das Programm muß aus dem Hauptspeicher auf die Diskette zurückgeschrieben werden. DEBUG.COM hat sich den Dateinamen und das Laufwerk gemerkt. Wir geben den Write-Befehl W ein.

- **Befehl Q:** Dann verlassen wird DEBUG.COM mit dem Befehl Q.

- **RENAME MENUKEYS.EXP *.EXE:** Mit diesem Befehl wird die Datei MENUKEYS.EXP wieder in eine EXE-Datei zurückverwandelt.

- **MENUKEYS 3:** Das Programm kann sofort durch den Aufruf von MENUKEYS 3 getestet werden. Am unteren Bildschirmrand erscheint links "Wählen Sie bitte" und rechts "A. Hildebrandt".

```
-w
Schreiben von 0680 Byte
-q

B:\AB6>rename menukeys.exp *.exe

B:\AB6>menukeys 3
```

```
Wählen Sie bitte                                          A. Hildebrandt
```

Befehlseingaben W, Q, RENAME und MENUKEYS

Die Angabe eines Parameters zwischen 1 und 20 ist obligatorisch. Hier wird MENUKEYS 3 eingegeben. Wen das Ergebnis nicht zufrieden stellt, der kann das Experiment wiederholen. Natürlich muß man jetzt nach dem Namen "A. Hildebrandt" suchen.

... Anleitung zum weiteren Patchen: Wen die blinkende MENUKEYS-Anzeige "Wählen Sie bitte . . ." stört, der kann beispielsweise Leerstellen darüber patchen oder einen anderen Text einsetzen. Unter Berücksichtigung zweier führender Leerstellen beginnt der Text bei der Offsetadresse 355.

6.4 Eingabe eines Maschinenprogramms

... wenn das kleine Maschinenprogramm auf meinem PC laufen würde: In Zeitschriften werden oftmals relativ kleine, aber sehr nützliche Programme in Maschinensprache veröffentlicht. Wer den Debugger DEBUG.COM nicht so recht kennt und deshalb diese Programme nicht einsetzen kann, geht an vielleicht wertvollen Gelegenheiten vorbei. Dabei ist es gar nicht schwierig, ein Programm in Maschinensprache in den Hauptspeicher und auf die Platte zu bringen. Sprachkenntnisse in Assembler sind nicht erforderlich (aber: wenn man einmal auf den Geschmack gekommen ist, ...), man muß nur den Debugger korrekt bedienen. Und dies werden wir jetzt tun.

WAIT.COM als kleines Beispielprogramm von 28 Bytes: WAIT.COM soll als Beispiel für die Eingabe und Assemblierung eines maschinensprachlichen Programms dienen. Das Programm kann eine Stapeldatei für eine bestimmte Zeit anhalten (delay) und wird sinnvoll dort angewandt, wo ein Batch dem Benutzer einen Text eine Zeit lang präsentieren soll, um dann automatisch fortzufahren. Das Programm läßt sich in Intervallen von ca. 3 Sekunden von 0 bis ca. 45 Sekunden einstellen. Diese Zeiten gelten für den IBM PC AT. Die Verzögerungszeiten sind natürlich vom jeweiligen PC-Typ bzw. von dessen Arbeitsgeschwindigkeit abhängig. (siehe Anwendung in Abschnitt 4.3.5).

6.4.1 Schritt 1: Assembler-Anweisungen eingeben mit Befehl A

Diesmal wird DEBUG.COM zunächst ohne Parameterangabe aufgerufen und dann der Assemble-Befehl A mit Adresse 100 (hexadezimal, das ist dezimal 256) für den Codeanfang gegeben:

```
B:\AB6>debug
-a 100
3858:0100
```

DEBUG.COM antwortet auf den Assemble-Befehl mit einer Adresse, deren Offsetteil 100h ist. Im vorangehenden Abschnitt 6.3 wurde schon darauf hingewiesen, daß vor dem eigentlichen Programmcode 256 Bytes für den **Programmsegmentvorsatz** frei bleiben müssen. Deshalb wird der Programmanfang auf die Offsetadresse 100h gelegt.

Zeile für Zeile exakten Code eingeben: Der Cursor bleibt mit einer Leerstelle Abstand hinter der Adresse 0100 stehen und DEBUG.COM wartet auf die Eingabe der ersten Codezeile. Die nun folgende Programmeingabe bleibt übersichtlich, wenn man nach den Assembleranweisungen (MOV, AND usw.) jeweils die Tabulatortaste tippt. Jede Zeile muß mit der Eingabetaste abgeschlossen werden. Dann erscheint sofort die nächste Adresse. Man muß exakt eintippen: So weist der Debugger z.B. "al" anstelle von "al" ab. Noch etwas: Die Segmentadresse 3858 lautet bei Ihrem PC wahrscheinlich ganz anders; die Offsetadressen 0100, 01013, ... hingegen erscheinen auch bei Ihnen - sie wurde schließlich mit dem Befehlsaufruf A **100** festgelegt.

```
B:\AB6>debug
-a 100
3858:0100 mov    al,[82]
                  ^ Fehler
3858:0100 mov    al,[82]
3858:0103 and    ax,f
3858:0106 mov    bx,14
3858:0109 mul    bx
3858:010B mov    cx,ffff
3858:010E loop   10e
3858:0110 sub    ax,1
3858:0113 cmp    ax,0
3858:0116 jge    10b
3858:0118 mov    ah,4c
3858:011A int    21
3858:011C __
-
```

Unterstrichen = unsere Eingabe

Assembler-Anweisungen eingeben mit Befehl A

Leerzeile am Programmende vorsehen: Nach der Eingabe der letzten Programmzeile (INT 21) zeigt DEBUG.COM eine weitere Zeile. Diese lassen wir leer, d.h. wir tippen nur nochmals auf die Eingabetaste. DEBUG.COM weiß dann, daß die Programmeingabe abgeschlossen ist, und zeigt den Prompt "-".

Das war schon fast alles. Das Programm liegt startbereit im Hauptspeicher. Vor der Erprobung soll es aber noch auf die Diskette gebracht werden; andernfalls ist es weg, wenn DEBUG.COM seine Arbeit beendet.

6.4.2   Schritt 2: Programmlänge ermitteln mit Befehl H

Die letzte leere Zeile ist wichtig zur Berechnung der Programmlänge. Die Adresse der letzten leergelassenen Zeile abzüglich der Anfangsadresse 0100 ergibt die Anzahl der vom Programm belegten Bytes. In unserem Falle ist es nicht schwierig, dies zu berechnen: 1Ch. Bei längeren Programmen aber wird man dafür in jedem Fall den Rechenbefehl H des Debuggers nutzen.

Zum Rechnen gibt man den Befehl H ein, schreibt dahinter die größere Zahl (im Beispiel: 11C) und nach einer Leerstelle die kleinere Zahl (hier: 100). DEBUG.COM gibt zuerst die Summe (021C) dann die Differenz (001C) aus.

Die Differenz brauchen wir. Der Debugger verwendet sie, um das Programm in korrekter Länge vom Hauptspeicher zu lesen und auf die Diskette abzuspeichern. Er muß die Längenangabe im Register CX vorfinden. Deshalb wird anschließend der Registerbefehl, diesmal mit Parameter CX gegeben. Der Debugger zeigt den Registerinhalt (0000) und wartet auf eine Eingabe indem er den Doppelpunkt zeigt. Nach Eingabe von 1C erfahren wir über den R-Befehl, daß im Register CX nun 1C als korrekte Dateilänge vermerkt ist.

```
-h 11c 100
021C  001C

-r
AX=0000   BX=0000   CX=0000   DX=0000   SP=FFEE   BP=0000  SI=0000  DI=0000
DS=3858   ES=3858   SS=3858   CS=3858   IP=0100    NV UP EI PL NZ NA PO NC
3858:0100 A08200          MOV      AL,[0082]                            DS:0082=6D
-r cx
CX 0000
:1c

-r
AX=0000   BX=0000   CX=001C   DX=0000   SP=FFEE   BP=0000  SI=0000  DI=0000
DS=3858   ES=3858   SS=3858   CS=3858   IP=0100    NV UP EI PL NZ NA PO NC
3858:0100 A08200          MOV      AL,[0082]                            DS:0082=6D
```

**Dateilänge ermitteln mit Befehl H, Register beschreiben mit Befehl R CX
und Registerbelegung anzeigen lassen mit Befehl R**

6.4.3 Schritt 3: Programm sicherstellen mit Befehl N und W

Zum Sicherstellen des Maschinenprogramms gehen wir in drei Schritten vor:

- Das Programm muß noch einen Namen erhalten. Wir geben dazu den
  Namen WAIT.COM mit dem Name-Befehl N ein.

- Anschließend wird der so definierte Hauptspeicherbereich über den
  Debugger-Befehl W auf Diskette sichergestellt. Darauf antwortet
  DEBUG.COM mit einer Erfolgsmeldung - vorausgesetzt, wir haben
  nicht vergessen, eine Diskette in Laufwerk B: einzulegen .

- Wir verlassen den Debugger mit Q. Zur Kontrolle lassen wir uns über
  den Befehl DIR WAIT.COM anzeigen, daß 28 KB unter diesem Namen
  auf Diskette abgelegt worden sind.

```
-n b:\ab6\wait.com
-w
Schreiben von 001C Byte
-q

B:\AB6>dir wait.com

Dskt/Platte in Laufwerk B ist FESTWEG87KA
Verzeichnis von B:\AB6

WAIT      COM       28   29.03.87    7.03
      1 Datei(en)       16384 Byte frei
```

**Befehle N zum Benennen, W zum Speichern und Q zum Verlassen
des Debuggers**

6.4.4   Schritt 4: Kontrolle durch Unassemble-Befehl U

Wir wollen uns noch ein weiteres Mal vergewissern, ob das Programm auch wirklich richtig eingegeben wurde. Das können wir mit dem Unassemble-Befehl U tun.

```
B:\AB6>debug wait.com
-r
AX=0000  BX=0000  CX=001C  DX=0000  SP=FFFE  BP=0000  SI=0000  DI=0000
DS=3870  ES=3870  SS=3870  CS=3870  IP=0100   NV UP EI PL NZ NA PO NC
3870:0100 A08200        MOV     AL,[0082]                     DS:0082=77
-
-u
3870:0100 A08200        MOV     AL,[0082]
3870:0103 250F00        AND     AX,000F
3870:0106 BB1400        MOV     BX,0014
3870:0109 F7E3          MUL     BX
3870:010B B9FFFF        MOV     CX,FFFF
3870:010E E2FE          LOOP    010E
3870:0110 2D0100        SUB     AX,0001
3870:0113 3D0000        CMP     AX,0000
3870:0116 7DF3          JGE     010B
3870:0118 B44C          MOV     AH,4C
3870:011A CD21          INT     21
3870:011C 00BF2902      ADD     [BX+0229],BH
-q
B:\AB6>
```

Zwei Hinweise zum Unassemble-Befehl
- 2. Spalte zeigt Maschinenbefehle in hexadezimaler Form.
- Letzte Zeile gehört nicht mehr zum Programm.

Anwendung des Unassemble-Befehls U

Der Befehl U verdeutlicht: DEBUG.COM hat alle 1- bis 3-stelligen Zahlen durch Auffüllen mit Nullen vierstellig gemacht. Ist das Programm fehlerhaft, sollte es nochmal neu eingegeben werden. Man kann Maschinenprogramme auch patchen - aber wie bereits früher erwähnt, das kann gerade für den Anfänger problematisch werden.

6.4.5   Schritt 5: Maschinenprogramm testen

Wir verlassen den Debugger mit Q und testen das Programm durch Eingabe von:

WAIT 4

Unser neuer Befehl wird normalerweise mit einem Parameter aufgerufen. Der Parameter bestimmt die Verzögerungsdauer in Intervallen von ca. 3 Sekunden. Das Beispiel erzeugt eine Pause von ca. 12 Sekunden auf dem IBM PC AT.

Um das Programm nicht komplizierter und länger als notwendig werden zu lassen, wurde das 2. Halbbyte des hexadezimalen Wertes des (einstelligen!) Parameters als Steuergröße genommen.

Am besten schauen wir einmal in die ASCII-Tabelle:
- Das Zeichen "4" (nicht der numerische Wert ist hier gefragt) hat den hexadezimalen Wert 34. Das 2. Halbbyte hat also den Wert 4. Dieser Wert ist die Steuergröße.
- Nehmen wir das ASCII-Zeichen "?", es hat den hexadezimalen Wert 3F. Das 2. Halbbyte hat folglich den Wert F oder dezimal 15. Das ist die Steuergröße, falls man das Fragezeichen als Parameter setzt. Die Verzögerung beträgt dann ca. 45 Sekunden.
- Es nützt nichts, größere Zahlen als Parameter zu verwenden, da nur das erste Zeichen vom Programm gelesen wird. Am besten ist es, wenn man die Buchstaben A-O als Parameter - das sprichwörtliche A und O - verwendet; dann hat man alle 15 möglichen Abstufungen. Man kann aber jedes beliebige Zeichen nehmen, wobei nur dessen 2. Halbbyte wichtig ist.

Wem 45 Sekunden zu wenig sind, der kann natürlich auch mehrere Aufrufe von WAIT.COM direkt hintereinander in der Stapeldatei folgen lassen.

Das Programm WAIT.COM läuft auch ohne Parameterangabe. Dann ist aber die Verzögerungszeit nicht vorhersehbar.

Festplatten-Wegweiser für IBM PC und Kompatible unter MS-DOS

Anhang

Anhang 1: ASCII (American Standard Code For Information Interchange)

1. 128 Zeichen mit den Nummern 0 bis 127 (8. Bit als 0 gesetzt)

Higher bits →		000	001	010	011	100	101	110	111
bit-Nummer		7 6 5	7 6 5	7 6 5	7 6 5	7 6 5	7 6 5	7 6 5	7 6 5
Lower-bits 4 3 2 1	Hex-Code	0	1	2	3	4	5	6	7
0 0 0 0	0	NUL [00]	DLE [16]	SP [32]	0 [48]	@ [64]	P [80]	\ / ◊ [96]	p [112]
0 0 0 1	1	SOH [01]	DC1 [17]	! [33]	1 [49]	A [65]	Q [81]	a [97]	q [113]
0 0 1 0	2	STX [02]	DC2 [18]	" [34]	2 [50]	B [66]	R [82]	b [98]	r [114]
0 0 1 1	3	EXT [03]	DC3 [19]	# [35]	3 [51]	C [67]	S [83]	c [99]	s [115]
0 1 0 0	4	EOT [04]	DC4 [20]	$ [36]	4 [52]	D [68]	T [84]	d [100]	t [116]
0 1 0 1	5	ENQ [05]	NAK [21]	% [37]	5 [53]	E [69]	U [85]	e [101]	u [117]
0 1 1 0	6	ACK [06]	SYN [22]	& [38]	6 [54]	F [70]	V [86]	f [102]	v [118]
0 1 1 1	7	BEL [07]	ETB [23]	' [39]	7 [55]	G [71]	W [87]	g [103]	w [119]
1 0 0 0	8	BS [08]	CAN [24]	([40]	8 [56]	H [72]	X [88]	h [104]	x [120]
1 0 0 1	9	HT [09]	EM [25]	) [41]	9 [57]	I [73]	Y [89]	i [105]	y [121]
1 0 1 0	A	LF [10]	SUB [26]	* [42]	: [58]	J [74]	Z [90]	j [106]	z [122]
1 0 1 1	B	VT [11]	ESC [27]	+ [43]	; [59]	K [75]	[/ Ä [91]	k [107]	{ / ä [123]
1 1 0 0	C	FF [12]	FS [28]	, [44]	< [60]	L [76]	\ / Ö [92]	l [108]	| / ö [124]
1 1 0 1	D	CR [13]	GS [29]	- [45]	= [61]	M [77]	] / Ü [93]	m [109]	} / ü [125]
1 1 1 0	E	SO [14]	RS [30]	. [46]	> [62]	N [78]	^ / ß [94]	n [110]	~ / - [126]
1 1 1 1	F	SI [15]	US [31]	/ [47]	? [63]	O [79]	_ [95]	o [111]	DEL [127]

Beispiele: "z" als 122 (ASCII-Nr), 01111010 (binär) bzw. 7A (hexadezimal)
Beispiele: "%" als 037 (ASCII-Nr), 00100101 (binär) bzw. 25 (hexadezimal)

2. Bedeutung der Steuerzeichen

F=Formatsteuerungs-, I=Informations- und Ü=Übertragungszeichen

NUL		NULL (Füllzeichen)	DC1		Device Control 1 / Gerätesteuerung 1 (X-ON)
SOH	(Ü)	Start of Heading / Anfang des Kopfs	DC2		Device Control 2 / Gerätesteuerung 2
STX	(Ü)	Start of Text / Anfang des Textes	DC3		Device Control 3 / Gerätesteuerung 3 (X-OFF)
ETX	(Ü)	End of Text / Ende des Textes	DC4		Device Control 4 / Gerätesteuerung 4
EOT		End of Transmission / Ende der Übertragung	NAK	(Ü)	Negative Acknowledge / Negative Rückmeldung
ENQ	(Ü)	Enquiry / Stationsaufforderung	SYN	(Ü)	Synchronous Idle / Synchronisierung
ACK	(Ü)	Acknowledge / Positive Rückmeldung	ETB	(Ü)	End of Transmissionblock / Ende des Datenblocks
BEL		Bell / Klingel (Piepser)	CAN		Cancel / ungültig
BS	(F)	Backspace / Rückwärtsschritt	EM		End of Medium / Ende der Aufzeichnung
HT	(F)	Horizontal-Tabulation / Waagrecht-Tabulator	SUB		Substitute / Ersatz
LF	(F)	Linefeed / Zeilenvorschub	ESC		Escape / Umschaltung
VT	(F)	Vertical-Tabulation / Senkrecht-Tabulator	FS	(I)	File Separator / Hauptgruppentrennung
FF	(F)	Formfeed (= TOF, Top of Form) / Seitenvorschub	GS	(I)	Group Separator / Gruppentrennung
CR	(F)	Carriage Return / Wagenrücklauf	RS	(I)	Record Separator / Untergruppentrennung
SO		Shift Out / Dauerumschaltung	US	(I)	Unit Separator / Teilgruppentrennung
SI		Shift In / Rückschaltung	DEL		Delete / Löschen
DLE		Data Link Escape / Datenübertragungsumschaltung	SP		Space (Blank) / Zwischenraum, Leerzeichen

3. ASCII-Codes 0 bis 127 in sechs Darstellungen: Grafikzeichen, Dezimal (D), Ctrl (^) bzw. Textzeichen (' '), Oktal (O), Hexadezimal (H), Binär (B))

Dezimal (D)	Ctrl / Textzeichen	Oktal (O)	Hexadezimal (H)	Binär (B)
000	^@	000	00	00000000
001	^A	001	01	00000001
002	^B	002	02	00000010
003	^C	003	03	00000011
004	^D	004	04	00000100
005	^E	005	05	00000101
006	^F	006	06	00000110
007	^G	007	07	00000111
008	^H	010	08	00001000
009	^I	011	09	00001001
010	^J	012	0A	00001010
011	^K	013	0B	00001011
012	^L	014	0C	00001100
013	^M	015	0D	00001101
014	^N	016	0E	00001110
015	^O	017	0F	00001111
016	^P	020	10	00010000
017	^Q	021	11	00010001
018	^R	022	12	00010010
019	^S	023	13	00010011
020	^T	024	14	00010100
021	^U	025	15	00010101
022	^V	026	16	00010110
023	^W	027	17	00010111
024	^X	030	18	00011000
025	^Y	031	19	00011001
026	^Z	032	1A	00011010
027	^[	033	1B	00011011
028	^\	034	1C	00011100
029	^]	035	1D	00011101
030	^^	036	1E	00011110
031	^_	037	1F	00011111
032	' '	040	20	00100000
033	'!'	041	21	00100001
034	'"'	042	22	00100010
035	'#'	043	23	00100011
036	'$'	044	24	00100100
037	'%'	045	25	00100101
038	'&'	046	26	00100110
039	'''	047	27	00100111
040	'('	050	28	00101000
041	')'	051	29	00101001
042	'*'	052	2A	00101010
043	'+'	053	2B	00101011
044	','	054	2C	00101100
045	'-'	055	2D	00101101
046	'.'	056	2E	00101110
047	'/'	057	2F	00101111
048	'0'	060	30	00110000
049	'1'	061	31	00110001
050	'2'	062	32	00110010
051	'3'	063	33	00110011
052	'4'	064	34	00110100
053	'5'	065	35	00110101
054	'6'	066	36	00110110
055	'7'	067	37	00110111
056	'8'	070	38	00111000
057	'9'	071	39	00111001
058	':'	072	3A	00111010
059	';'	073	3B	00111011
060	'<'	074	3C	00111100
061	'='	075	3D	00111101
062	'>'	076	3E	00111110
063	'?'	077	3F	00111111
064	'§'	100	40	01000000
065	'A'	101	41	01000001
066	'B'	102	42	01000010
067	'C'	103	43	01000011
068	'D'	104	44	01000100
069	'E'	105	45	01000101
070	'F'	106	46	01000110
071	'G'	107	47	01000111
072	'H'	110	48	01001000
073	'I'	111	49	01001001
074	'J'	112	4A	01001010
075	'K'	113	4B	01001011
076	'L'	114	4C	01001100
077	'M'	115	4D	01001101
078	'N'	116	4E	01001110
079	'O'	117	4F	01001111
080	'P'	120	50	01010000
081	'Q'	121	51	01010001
082	'R'	122	52	01010010
083	'S'	123	53	01010011
084	'T'	124	54	01010100
085	'U'	125	55	01010101
086	'V'	126	56	01010110
087	'W'	127	57	01010111
088	'X'	130	58	01011000
089	'Y'	131	59	01011001
090	'Z'	132	5A	01011010
091	'Ä'	133	5B	01011011
092	'Ö'	134	5C	01011100
093	'Ü'	135	5D	01011101
094	'^'	136	5E	01011110
095	'_'	137	5F	01011111
096	'`'	140	60	01100000
097	'a'	141	61	01100001
098	'b'	142	62	01100010
099	'c'	143	63	01100011
100	'd'	144	64	01100100
101	'e'	145	65	01100101
102	'f'	146	66	01100110
103	'g'	147	67	01100111
104	'h'	150	68	01101000
105	'i'	151	69	01101001
106	'j'	152	6A	01101010
107	'k'	153	6B	01101011
108	'l'	154	6C	01101100
109	'm'	155	6D	01101101
110	'n'	156	6E	01101110
111	'o'	157	6F	01101111
112	'p'	160	70	01110000
113	'q'	161	71	01110001
114	'r'	162	72	01110010
115	's'	163	73	01110011
116	't'	164	74	01110100
117	'u'	165	75	01110101
118	'v'	166	76	01110110
119	'w'	167	77	01110111
120	'x'	170	78	01111000
121	'y'	171	79	01111001
122	'z'	172	7A	01111010
123	'ä'	173	7B	01111011
124	'ö'	174	7C	01111100
125	'ü'	175	7D	01111101
126	'ß'	176	7E	01111110
127	'⌂'	177	7F	01111111

(Quelle: S. 226 und 227 in Anlehnung an "PC-Magazin")

4. ASCII-Codes 128 bis 255 in sechs Darstellungen: Grafikzeichen, Dezimal (D), Ctrl (^) bzw. Textzeichen (' '), Oktal (O), Hexadezimal (H), Binär (B))

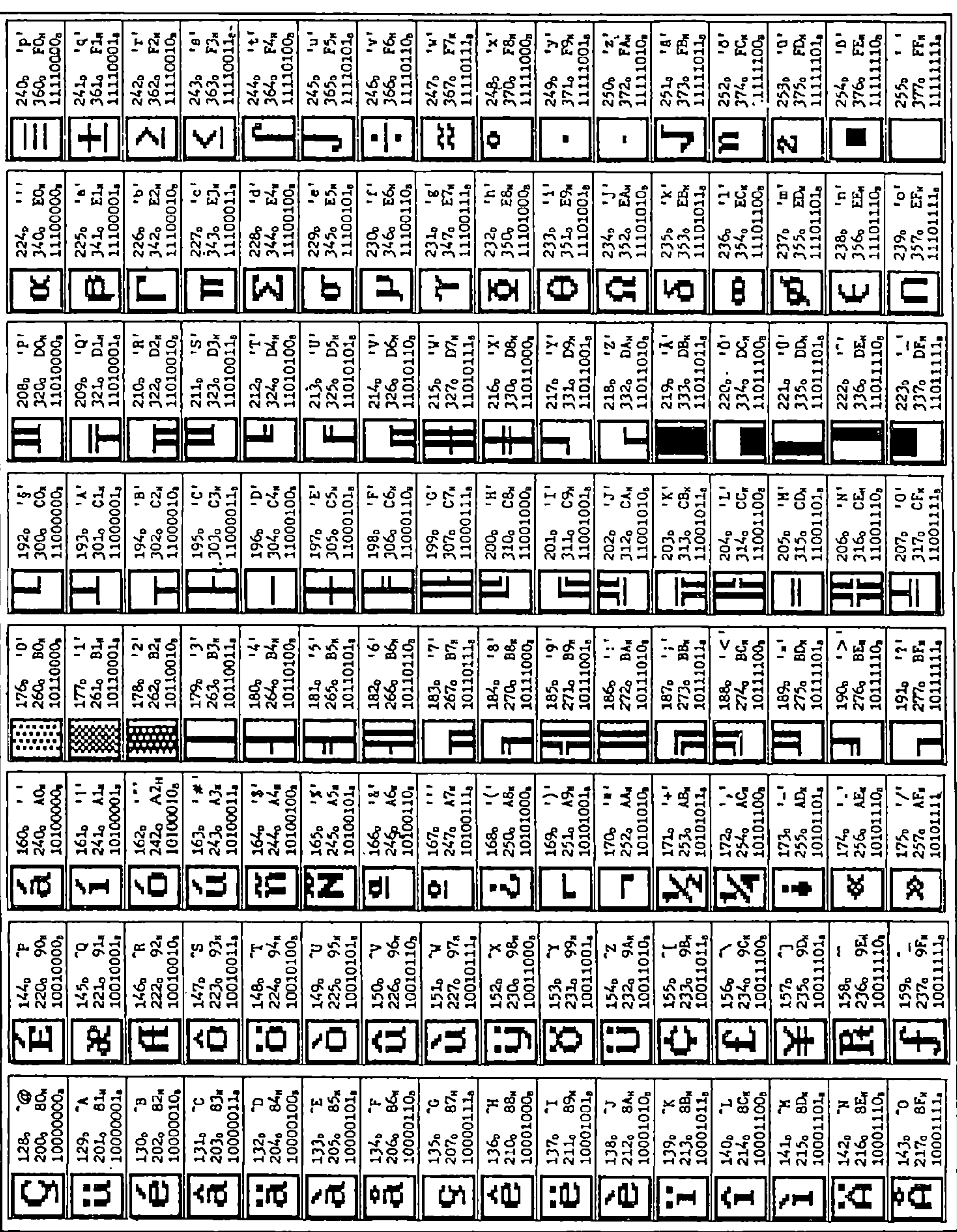

Anhang 2: Gegenüberstellung der Codes ASCII und EBCDIC

Der EBCDIC (Extended Binary Coded Decimal Interchange Code) ist insbesondere auf Großrechnern (Mainframes) verbreitet.

Hexadezimale Darstellung	ASCII (7 bit)	EBCDIC (8 bit)
⋮		
20	blank	
21	!	
22	"	
23	#	
24	$	
25	%	
26	&	
27	'	
28	(	
29	)	
2A	*	
2B	+	
2C	,	
2D	-	
2E	.	
2F	/	
30	0	
31	1	
32	2	
33	3	
34	4	
35	5	
36	6	
37	7	
38	8	
39	9	
3A	:	
3B	;	
3C	<	
3D	=	
3E	>	
3F	?	
40	@	blank
41	A	
42	B	
43	C	
44	D	
45	E	
46	F	
47	G	
48	H	
49	I	
4A	J	¢
4B	K	.
4C	L	<
4D	M	(
4E	N	+
4F	O	`|`
50	P	&
51	Q	
52	R	
53	S	
54	T	
55	U	
56	V	
57	W	
58	X	
59	Y	
5A	Z	!
5B	[	$
5C	\	*
5D	]	)
5E	^	;
5F	_	¬
60	`` ` ``	-
61	a	/
62	b	

Hexadezimale Darstellung	ASCII (7 bit)	EBCDIC (8 bit)
63	c	
64	d	
65	e	
66	f	
67	g	
68	h	
69	i	
6A	j	
6B	k	,
6C	l	%
6D	m	_
6E	n	>
6F	o	?
70	p	
71	q	
72	r	
73	s	
74	t	
75	u	
76	v	
77	w	
78	x	
79	y	
7A	z	:
7B	{	#
7C	`|`	@
7D	}	'
7E	~	=
7F		"
80		
81		a
82		b
83		c
84		d
85		e
86		f
87		g
88		h
89		i
8A		
8B		
8C		
8D		
8E		
8F		
90		
91		j
92		k
93		l
94		m
95		n
96		o
97		p
98		q
99		r
9A		
9B		
9C		
9D		
9E		
9F		
A0		
A1		
A2		s
A3		t
A4		u
A5		v
A6		w
A7		x

Hexadezimale Darstellung	ASCII (7 bit)	EBCDIC (8 bit)
A8		y
A9		z
AA		
⋮		
C0		{
C1		A
C2		B
C3		C
C4		D
C5		E
C6		F
C7		G
C8		H
C9		I
CA		
CB		
CC		
CD		
CE		
CF		
D0		}
D1		J
D2		K
D3		L
D4		M
D5		N
D6		O
D7		P
D8		Q
D9		R
DA		
DB		
DC		
DD		
DE		
DF		
E0		\
E1		
E2		S
E3		T
E4		U
E5		V
E6		W
E7		X
E8		Y
E9		Z
EA		
EB		
EC		
ED		
EE		
EF		
F0		0
F1		1
F2		2
F3		3
F4		4
F5		5
F6		6
F7		7
F8		8
F9		9
⋮		

Binär:	Hex:
0000	0
0001	1
0010	2
0011	3
0100	4
0101	5
0110	6
0111	7
1000	8
1001	9
1010	A
1011	B
1100	C
1101	D
1110	E
1111	F

Anhang 3: Erweiterter Zeichensatz für IBM-kompatible Personalcomputer

Zchn	Dez	Hex	Zchn	Dez	Hex	Zchn	Dez	Hex	Zchn	Dez	Hex
	0	00	<space>	32	20	@	64	40		96	60
☺	1	01	!	33	21	A	65	41	a	97	61
●	2	02	"	34	22	B	66	42	b	98	62
♥	3	03	#	35	23	C	67	43	c	99	63
♦	4	04	$	36	24	D	68	44	d	100	64
♣	5	05	%	37	25	E	69	45	e	101	65
♠	6	06	&	38	26	F	70	46	f	102	66
•	7	07	'	39	27	G	71	47	g	103	67
◘	8	08	(	40	28	H	72	48	h	104	68
○	9	09	)	41	29	I	73	49	i	105	69
◙	10	0A	*	42	2A	J	74	4A	j	106	6A
♂	11	0B	+	43	2B	K	75	4B	k	107	6B
♀	12	0C	,	44	2C	L	76	4C	l	108	6C
♪	13	0D	-	45	2D	M	77	4D	m	109	6D
♫	14	0E	.	46	2E	N	78	4E	n	110	6E
☼	15	0F	/	47	2F	O	79	4F	o	111	6F
►	16	10	0	48	30	P	80	50	p	112	70
◄	17	11	1	49	31	Q	81	51	q	113	71
↕	18	12	2	50	32	R	82	52	r	114	72
‼	19	13	3	51	33	S	83	53	s	115	73
¶	20	14	4	52	34	T	84	54	t	116	74
§	21	15	5	53	35	U	85	55	u	117	75
▬	22	16	6	54	36	V	86	56	v	118	76
↨	23	17	7	55	37	W	87	57	w	119	77
↑	24	18	8	56	38	X	88	58	x	120	78
↓	25	19	9	57	39	Y	89	59	y	121	79
→	26	1A	:	58	3A	Z	90	5A	z	122	7A
←	27	1B	;	59	3B	[	91	5B	{	123	7B
∟	28	1C	<	60	3C	\	92	5C	|	124	7C
↔	29	1D	=	61	3D	]	93	5D	}	125	7D
▲	30	1E	>	62	3E	^	94	5E	~	126	7E
▼	31	1F	?	63	3F	_	95	5F	⌂	127	7F

Zchn	Dez	Hex	Zchn	Dez	Hex	Zchn	Dez	Hex	Zchn	Dez	Hex
Ç	128	80	á	160	A0	└	192	C0	α	224	E0
ü	129	81	í	161	A1	┴	193	C1	β	225	E1
é	130	82	ó	162	A2	┬	194	C2	Γ	226	E2
â	131	83	ú	163	A3	├	195	C3	π	227	E3
ä	132	84	ñ	164	A4	─	196	C4	Σ	228	E4
à	133	85	Ñ	165	A5	┼	197	C5	σ	229	E5
å	134	86	ª	166	A6	╞	198	C6	µ	230	E6
ç	135	87	º	167	A7	╟	199	C7	τ	231	E7
ê	136	88	¿	168	A8	╚	200	C8	Φ	232	E8
ë	137	89	⌐	169	A9	╔	201	C9	Θ	233	E9
è	138	8A	¬	170	AA	╩	202	CA	Ω	234	EA
ï	139	8B	½	171	AB	╦	203	CB	δ	235	EB
î	140	8C	¼	172	AC	╠	204	CC	∞	236	EC
ì	141	8D	¡	173	AD	═	205	CD	φ	237	ED
Ä	142	8E	«	174	AE	╬	206	CE	ε	238	EE
Å	143	8F	»	175	AF	╧	207	CF	∩	239	EF
É	144	90	░	176	B0	╨	208	D0	≡	240	F0
æ	145	91	▒	177	B1	╤	209	D1	±	241	F1
Æ	146	92	▓	178	B2	╥	210	D2	≥	242	F2
ô	147	93	│	179	B3	╙	211	D3	≤	243	F3
ö	148	94	┤	180	B4	╘	212	D4	⌠	244	F4
ò	149	95	╡	181	B5	╒	213	D5	⌡	245	F5
û	150	96	╢	182	B6	╓	214	D6	÷	246	F6
ù	151	97	╖	183	B7	╫	215	D7	≈	247	F7
ÿ	152	98	╕	184	B8	╪	216	D8	°	248	F8
Ö	153	99	╣	185	B9	┘	217	D9	∙	249	F9
Ü	154	9A	║	186	BA	┌	218	DA	·	250	FA
¢	155	9B	╗	187	BB	█	219	DB	√	251	FB
£	156	9C	╝	188	BC	▄	220	DC	η	252	FC
¥	157	9D	╜	189	BD	▌	221	DD	²	253	FD
₧	158	9E	╛	190	BE	▐	222	DE	∎	254	FE
ƒ	159	9F	┐	191	BF	▀	223	DF		255	FF

Darstellung:
Links: ASCII
Mitte: Dez
Rechts: Hex

Beispiele:
^G   Alt-7
!   Alt-33
z   Alt-122
ß   Alt-255

Backslash:
\   Alt-92

Pipe:
| Alt-124

US:	D:	Nr.:
@	§	64
[	Ä	91
\	Ö	92
]	Ü	93
{	ä	123
|	ö	124
}	ü	125
~	ß	126

Tastatur-Umschaltung:

Ctrl-Alt-F1
US-Tastatur

Ctrl-Alt-F2
Deutsche Tast.

Anhang 4: ANSI.SYS-Befehle zur Einstellung des Bildschirms

1. Merkmale des Bildschirms einstellen

Befehlszweck:
Zeichenmerkmale des Bildschirms entsprechend der unten wiedergegebenen Merkmalsliste einstellen. Jede Einstellung gilt bis zu ihrer Neueinstellung.

Befehlsformat allgemein: Esc[<Merkmalsliste>m

Befehlsbeispiele:

Esc[34;47m	Vordergrund blau und Hintergrund weiß
Esc[1m	Zeichen in Fettdruck
Esc[1;5m	Zeichen fett und dabei blinken
Esc[0m oder Esc[m	Alle Merkmale abschalten
Esc[0;7;31m	Zuerst alle Merkmale abschalten, dann rote Zeichen in Negativeinstellung

Liste der möglichen Merkmale (Attributes):

0	Merkmale abgeschaltet (weiße Zeichen auf schwarzem Hintergrund)
1	Fett ein
4	Unterstreichen ein
5	Blinken ein
7	Negative (reverse) Einstellung ein
8	Unsichtbare (invisible) Einstellung ein

Liste der möglichen Farben (Colors):

	Vordergrund	Hintergrund:
Schwarz	30	40
Rot	31	41
Grün	32	42
Gelb	33	43
Blau	34	44
Purpur	35	45
Cyan	36	46
Weiß	37	47

Anmerkungen zu den ANSI.SYS-Befehlen:

- In CONFIG.SYS muß DEVICE=ANSI.SYS eingetragen sein, um die Standardbildschirm- und -tastaturfunktionen durch erweiterte Funktionen zu ersetzen.
- In eckigen Klammern werden die einzusetzenden Parameter angegeben.
- Steuersequenzen setzt man in DOS über die Befehle PROMPT, TYPE und ECHO oder in Programmiersprachen über Ausgabebefehle ab.
- Beispiel zur Übermittlung von Esc[34;47m (blaue Zeichen auf weißem Hintergrund) in BASIC:
      print chr$(27)+chr$(91)+"34;47m"

- Beispiel zur Übermittlung des gleichen Befehls in Pascal:
      WriteLn (chr(7)+chr(91)+'34;47m');

Anhang 4: ANSI.SYS-Befehle zur Einstellung des Bildschirms (Forsetzung)

2. Bildschirm-Modus einstellen

Befehlszweck:
Breite des Bildschirms zusammen mit Farbkombinationen einstellen.

Befehlsformat allgemein: Esc[<=Modus>h

Befehlsbeispiele:

Esc[=5h	Bildschirm schwarz-weiß bei einer Auflösung von 320 mal 200 Punkten.
Esc[=7h	Zeile länger als 80 Zeichen.

Liste der möglichen Farbkombinationen:

Wert:	Modus:
0	40 Spalten * 25 Spalten, schwarz/weiß
1	40*25, Farbe
2	80*25, schwarz/weiß
3	80*25, Farbe
4	320*200 Pixel, Farbe
5	320*200 Pixel, schwarz/weiß
6	640*200, schwarz/weiß
7	Lange Zeile mit Zeilenschaltung am Ende

3. Bildschirm-Modus zurückstellen

Befehlszweck:
Gegenstück zum obigen 2. Befehl. Parameter analog.

Befehlsformat allgemein: Esc[<=Modus>l

Befehlsbeispiel:

Esc[=7I   Lange Zeile nach 80 Zeichen abschnei-
den. Default-Wert ist also: Esc[=7h

4. Bildschirm löschen

Befehlszweck:
Gesamten Bildschirminhalt löschen und Cusor nach links oben positionieren.

Befehlsformat allgemein: Esc[2J

5. Zeile löschen

Befehlszweck:
Bildschirmzeile ab der aktuellen Cursorposition bis zum Zeilenende löschen.

Befehlsformat allgemein: Esc[K

Anhang 5: ANSI.SYS-Befehle zur Steuerung des Cursors

1. Cursor nach oben bewegen

Befehlszweck:
Cursor zwischen 1 und 24 Zeilen nach oben bewegen. Voreingestellt ist eine Zeile. Eine zu große Zeilenangabe wird ignoriert (Cursor steht dann oben). Die aktuelle Spaltenposition bleibt erhalten.

Befehlsformat allgemein: Esc[<Zeilenanzahl hoch>A

Befehlsbeispiele:

Esc[9A   Cursor um 9 Zeilen nach oben bewegen.
Esc[A   Cursor um 1 Zeile nach oben.

2. Cursor nach unten bewegen

Befehlszweck:
Cursor um 1 bis 24 Zeilen nach unten bewegen bei 1 als Voreinstellung.

Befehlsformat allgemein: Esc[<Zeilenzahl runter>B

Befehlsbeispiele:

Esc[19B   Cursor um 19 Zeilen nach unten.
Esc[B   Cursor um eine Zeile nach unten.

3. Cursor nach rechts bewegen

Befehlszweck:
Cursor um 1 bis 79 Spalten nach rechts bewegen. Dabei wird die Zeilenposition beibehalten. Voreinstellung: 1 Zeile nach rechts.

Befehlsformat allgemein: Esc[<Spaltenanzahl rechts>C

Befehlsbeispiele:

Esc[60C   Cursor um 60 Spalten nach rechts.
Esc[C   Cursor um 1 Spalte nach rechts.

4. Cursor nach links bewegen

Befehlszweck:
Cursor um 1 bis 79 Spalten nach links bewegen. Dabei wird die Zeilenposition beibehalten. Voreingestellt ist 1 Spalte.

Befehlsformat allgemein: Esc[<Spaltenanzahl links>D

Befehlsbeispiele:

Esc[23D   Cursor um 23 Spalten nach links.
Esc[D   Cursor um 1 Zeile nach links.

Anhang 5: ANSI.SYS-Befehle zur Steuerung des Cursors (Fortsetzung)

---

5. Cursor direkt positionieren

Befehlszweck:
Cursor zu den angegebenen Koordinaten bewegen. Zuerst die waagerechte Zeile (Zeilen 1-25) und dann die senkrechte Spalte (Spalten 1-80) angeben. Voreingestellt ist jeweils 1.

Befehlsformate: Esc[<Zeile>;<Spalte>H   **oder**   Esc[<Zeile>;<Spalte>f

Befehlsbeispiele:
```
Esc[12;40H              Cursor in Zeile 12 und Spalte 40.
Esc[12;H               Cursor in Zeile 12 und erste Spalte.
Esc[H                  Cursor in Home-Position.
```

6. Cursorposition sicherstellen

Befehlszweck:
Die aktuelle Zeilen- und Spaltenposition des Cursors wird gespeichert, um später bei Bedarf über den Befehl 7 wiederhergestellt zu werden.

Befehlsformat allgemein: Esc[s

7. Cursorposition wiederherstellen

Befehlszweck:
Der Cursor wird an die Position bewegt, die zuvor mit Befehl 6 sichergestellt worden ist.

Befehlsformat allgemein: Esc[u

Anhang 6: ANSI.SYS-Befehle zur Belegung der Tastatur

Befehlszweck:
Beliebige Tasten der Tastatur mit einem oder mehreren Zeichen belegen.
Der erste Wert (= Tastaturcode) bezeichnet die zu belegende Taste und der
zweite Wert die Belegung selbst (= Belegung).
- **Tastaturcode** entweder eine Zahl (ASCII-Code für eine Taste) oder
- erweiterter ASCII-Code gemäß untenstehender Tabelle (0;...).
- **Belegung** entweder ein ASCII-Code oder ein String in " ".

Befehlsformat allgemein: Esc[<Tastaturcode>;<Belegung>p

Befehlsbeispiele:
Esc[75;107p   K-Taste (75 für "K") mit "a" belegen.
Esc[0;67;107p   Funktionstaste F9 (0;67 aus Tabelle un-)
                                        ten) mit "a" belegen.
Esc[0;59;"\"p   Funktionstaste F1 mit Backslash belegen.
Esc[0;60;"|"p   Funktionstaste F2 mit Pipe belegen.

1. Funktionstasten: Erweiterte ASCII-Codes für Shift-, Ctrl-, Alt-Tasten

Funktion:	Shift	Ctrl	Alt	Taste
F1	0;84	0;94	0;104	0;59
F2	0;85	0;95	0;105	0;60
F3	0;86	0;96	0;106	0;61
F4	0;87	0;97	0;107	0;62
F5	0;88	0;98	0;108	0;63
F6	0;89	0;99	0;109	0;64
F7	0;90	0;100	0;110	0;65
F8	0;91	0;101	0;111	0;66
F9	0;92	0;102	0;112	0;67
F10	0;93	0;103	0;113	0;68
Home	55	0;119	—	0;71
Cursor Up	56	—	—	0;72
Pg Up	57	0;132	—	0;73
Cursor Left	52	0;115	—	0;75
Cursor Right	54	0;116	—	0;77
End	49	0;117	—	0;79
Cursor Down	50	—	—	0;80
Pg Dn	51	0;118	—	0;81
Ins	48	—	—	0;82
Del	46	—	—	0;83
PrtSc	—	0;114	—	—

Anhang 6: ANSI.SYS-Befehle zur Belegung der Tastatur (Fortsetzung)

2. Buchstaben/Ziffern: Erweiterte ASCII-Codes für Shift-, Ctrl-, Alt-Tasten

Zeichen:	Shift	Ctrl	Alt	Taste
A	65	1	0;30	97
B	66	2	0;48	98
C	67	3	0,46	99
D	68	4	0;32	100
E	69	5	0;18	101
F	70	6	0;33	102
G	71	7	0;34	103
H	72	8	0;35	104
I	73	9	0,23	105
J	74	10	0;36	106
K	75	11	0;37	107
L	76	12	0;38	108
M	77	13	0;50	109
N	78	14	0,49	110
O	79	15	0;24	111
P	80	16	0;25	112
Q	81	17	0;16	113
R	82	18	0;19	114
S	83	19	0;31	115
T	84	20	0;20	116
U	85	21	0;22	117
V	86	22	0;47	118
W	87	23	0,17	119
X	88	24	0;45	120
Y	89	25	0;21	121
Z	90	26	0;44	122
1	33	—	0;120	49
2	64	—	0;121	50
3	35	—	0;122	51
4	36	—	0;123	52
5	37	—	0;124	53
6	94	—	0;125	54
7	38	—	0;126	55
8	42	—	0;127	56
9	40	—	0;128	57
0	41	—	0;129	48
-	95	—	0;130	45
=	43	—	0;131	61
Tab	0;15	—	—	9

- **Zeichen-Spalte:**   Bedeutung der entsprechenden Taste.
- **Shift-Spalte:**   Erzeugter Code bei Drücken von Shift-Taste und Taste in Zeichen-Spalte (z.B. Shift-K für 75, Shift-Tab für erweiterten Code 0;15).
- **Ctrl-Spalte:**   Erzeugter Code bei Drücken von Ctrl-Taste und Taste in Zeichen-Spalte (z.B. Ctrl-K für 11).
- **Alt-Spalte:**   Erzeugter Code bei Drücken von Alt-Spalte und Taste in Zeichen-Spalte (z.B. Alt-K für 0;37, d.h. erweiterter ASCII-Code mit 0 als 1. Nr).
- **Taste-Spalte:**   Erzeugter Code, wenn nur diese eine Taste gedrückt wird (z.B. K für Code 107).

Anhang 7: Umwandlung von hexadezimaler in dezimale Darstellung

1. Umwandlung von Werten bis Hex FFFF bzw. Dez 65535

Erstes Hex-Paar = unterer Dez-Wert, zweites Hex-Paar = oberer Dez-Wert:
1. Beispiel: Hex FF69 ergibt Dez 65385:
Hex FF = Dez 65280 (unten), Hex 69 = Dez 105 (oben), 65280+105 = 65385.
2. Beispiel: Hex 800 ergibt Dez 2048:
Hex 08 = Dez 2048 (unten), Hex 00 = Dez 0 (oben), 2048+0 = 2048.

	0	1	2	3	4	5	6	7	8	9	A	B	C	D	E	F
0	0 0	1 256	2 512	3 768	4 1024	5 1280	6 1536	7 1792	8 2048	9 2304	10 2560	11 2816	12 3072	13 3328	14 3584	15 3840
1	16 4096	17 4352	18 4608	19 4864	20 5120	21 5376	22 5632	23 5888	24 6144	25 6400	26 6656	27 6912	28 7168	29 7424	30 7680	31 7936
2	32 8192	33 8448	34 8704	35 8960	36 9216	37 9472	38 9728	39 9984	40 10240	41 10496	42 10752	43 11008	44 11264	45 11520	46 11776	47 12032
3	48 12288	49 12544	50 12800	51 13056	52 13312	53 13568	54 13824	55 14080	56 14336	57 14592	58 14848	59 15104	60 15360	61 15616	62 15872	63 16128
4	64 16384	65 16640	66 16896	67 17152	68 17408	69 17664	70 17920	71 18176	72 18432	73 18688	74 18944	75 19200	76 19456	77 19712	78 19968	79 20224
5	80 20480	81 20736	82 20992	83 21248	84 21504	85 21760	86 22016	87 22272	88 22528	89 22784	90 23040	91 23296	92 23552	93 23808	94 24064	95 24320
6	96 24576	97 24832	98 25088	99 25344	100 25600	101 25856	102 26112	103 26368	104 26624	105 26880	106 27136	107 27392	108 27648	109 27904	110 28160	111 28416
7	112 28672	113 28928	114 29184	115 29440	116 29696	117 29952	118 30208	119 30464	120 30720	121 30976	122 31232	123 31488	124 31744	125 32000	126 32256	127 32512
8	128 32768	129 33024	130 33280	131 33536	132 33792	133 34048	134 34304	135 34560	136 34816	137 35072	138 35328	139 35584	140 35840	141 36096	142 36352	143 36608
9	144 36864	145 37120	146 37376	147 37632	148 37888	149 38144	150 38400	151 38656	152 38912	153 39168	154 39424	155 39680	156 39936	157 40192	158 40448	159 40704
A	160 40960	161 41216	162 41472	163 41728	164 41984	165 42240	166 42496	167 42752	168 43008	169 43264	170 43520	171 43776	172 44032	173 44288	174 44544	175 44800
B	176 45056	177 45312	178 45568	179 45824	180 46080	181 46336	182 46592	183 46848	184 47104	185 47360	186 47616	187 47872	188 48128	189 48384	190 48640	191 48896
C	192 49152	193 49408	194 49664	195 49920	196 50176	197 50432	198 50688	199 50944	200 51200	201 51456	202 51712	203 51968	204 52224	205 52480	206 52736	207 52992
D	208 53248	209 53504	210 53760	211 54016	212 54272	213 54528	214 54784	215 55040	216 55296	217 55552	218 55808	219 56064	220 56320	221 56576	222 56832	223 57088
E	224 57344	225 57600	226 57856	227 58112	228 58368	229 58624	230 58880	231 59136	232 59392	233 59648	234 59904	235 60160	236 60416	237 60672	238 60928	239 61184
F	240 61440	241 61696	242 61952	243 62208	244 62464	245 62720	246 62976	247 63232	248 63488	249 63744	250 64000	251 64256	252 64512	253 64768	254 65024	255 65280

Anhang 7: Umwandlung von hexadezimaler in dezimale Darstellung
(Fortsetzung)

2. Umwandlung von Werten über Hex FFFF bzw. Dez 65535

64-KB-Grenze oben: Die Tabelle auf der vorangehenden Seite ermöglicht nur Umwandlungen bis Hex FFFF bzw. Dez 65535 (64 KB).

32-MB-Grenze unten: Die folgende Tabelle erweitert die Umwandlungen von Hex 10000 bzw. Dez 65536 auf Hex 2000000 bzw. Dez 33554432 (32 MB).

Hexadezimal:	Dezimal:	Hexadezimal:	Dezimal:
000 1000	00.004.096	002 0000	00.131.072
000 2000	00.008.192	003 0000	00.196.608
000 3000	00.012.288	004 0000	00.262.144
000 4000	00.016.384	005 0000	00.327.680
000 5000	00.020.480	006 0000	00.393.216
000 6000	00.024.576	007 0000	00.458.752
000 7000	00.028.672	008 0000	00.524.288
000 8000	00.032.768	009 0000	00.589.824
000 9000	00.036.864	00A 0000	00.655.360
000 A000	00.040.960	00B 0000	00.720.896
000 B000	00.045.056	00C 0000	00.786.432
000 C000	00.049.152	00D 0000	00.851.968
000 D000	00.053.248	00E 0000	00.917.504
000 E000	00.057.344	00F 0000	00.983.040
000 F000	00.061.440	010 0000	01.048.576
001 0000	00.065.536	020 0000	02.097.152
001 1000	00.069.632	030 0000	03.145.728
001 2000	00.073.728	040 0000	04.194.304
001 3000	00.077.824	050 0000	05.242.880
001 4000	00.081.920	060 0000	06.291.456
001 5000	00.086.016	070 0000	07.340.032
001 6000	00.090.112	080 0000	08.388.608
001 7000	00.094.208	090 0000	09.437.184
001 8000	00.098.304	0A0 0000	10.485.760
001 9000	00.102.400	0B0 0000	11.534.336
001 A000	00.106.496	0C0 0000	12.582.912
001 B000	00.110.592	0D0 0000	13.631.488
001 C000	00.114.688	0E0 0000	14.680.064
001 D000	00.118.784	0F0 0000	15.728.640
001 E000	00.122.880	100 0000	16.777.216
001 F000	00.126.976	200 0000	33.554.432

Anhang 8: Dualsystem, Hexadezimalsystem und Dezimalsystem

Hochzahlen von 2:

2^n	n
256	8
512	9
1 024	10
2 048	11
4 096	12
8 192	13
16 384	14
32 768	15
65 536	16
131 072	17
262 144	18
524 288	19
1 048 576	20
2 097 152	21
4 194 304	22
8 388 608	23
16 777 216	24

$$2^0 = 16^0$$
$$2^4 = 16^1$$
$$2^8 = 16^2$$
$$2^{12} = 16^3$$
$$2^{16} = 16^4$$
$$2^{20} = 16^5$$
$$2^{24} = 16^6$$
$$2^{28} = 16^7$$
$$2^{32} = 16^8$$
$$2^{36} = 16^9$$
$$2^{40} = 16^{10}$$
$$2^{44} = 16^{11}$$
$$2^{48} = 16^{12}$$
$$2^{52} = 16^{13}$$
$$2^{56} = 16^{14}$$
$$2^{60} = 16^{15}$$

Hochzahlen von 16:

16^n	n
1	0
16	1
256	2
4 096	3
65 536	4
1 048 576	5
16 777 216	6
268 435 456	7
4 294 967 296	8
68 719 476 736	9
1 099 511 627 776	10
17 592 186 044 416	11
281 474 976 710 656	12
4 503 599 627 370 496	13
72 057 594 037 927 936	14
1 152 921 504 606 846 976	15

Umrechnung hexadezimal – dezimal bis zu 6 Stellen

1. Umrechnung von Hex nach Dez:

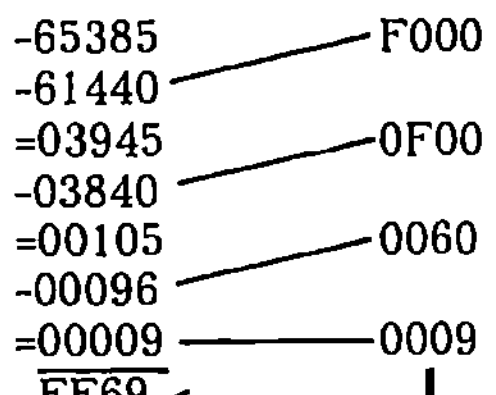

2. Umrechnung von Dez nach Hex:

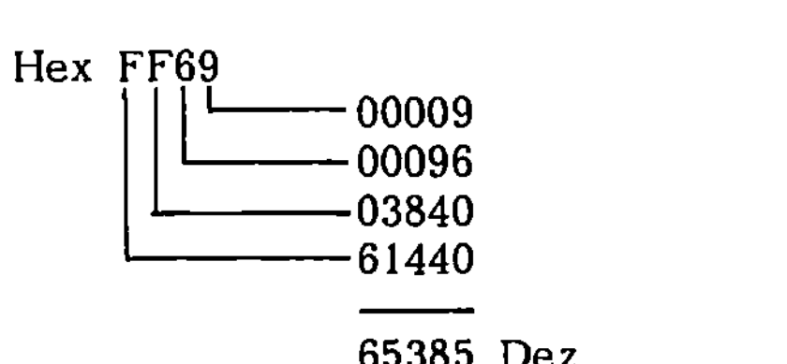

0	0	0	0	0	0	0	0	0	0	0	0
1	1,048,576	1	65,536	1	4,096	1	256	1	16	1	1
2	2,097,152	2	131,072	2	8,192	2	512	2	32	2	2
3	3,145,728	3	196,608	3	12,288	3	768	3	48	3	3
4	4,194,304	4	262,144	4	16,384	4	1,024	4	64	4	4
5	5,242,880	5	327,680	5	20,480	5	1,280	5	80	5	5
6	6,291,456	6	393.216	6	24,576	6	1,536	6	96	6	6
7	7,340,032	7	458,752	7	28,672	7	1,792	7	112	7	7
8	8,388,608	8	524,288	8	32,768	8	2,048	8	128	8	8
9	9.437,184	9	589,824	9	36,864	9	2,304	9	144	9	9
A	10,485,760	A	655,360	A	40,960	A	2,560	A	160	A	10
B	11,534,336	B	720,896	B	45,056	B	2,816	B	176	B	11
C	12,582,912	C	786,432	C	49,152	C	3,072	C	192	C	12
D	13,631,488	D	851,968	D	53,248	D	3,328	D	208	D	13
E	14,680,064	E	917,504	E	57,344	E	3,584	E	224	E	14
F	15,728,640	F	983,040	F	61,440	F	3,840	F	240	F	15

Anhang 9:   DEBUG.COM-Befehle

a	**assemble; Assemblerbefehle in Maschinencode übersetzen:**

a (Adresse)

a 200	8088/8086-Mnemonics ab Offset 200 eingeben (Ret beendet).
a	Code ab CS:0100 bzw. ab letzter Assemble-Adresse ablegen.

c	**compare; zwei Speicherbereiche gleicher Länge vergleichen:**

c Bereich Adresse

c 100 110 300	16-Bytes-Bereich ab DS:100 mit Bereich ab DS:300 vergl.

debug	**Debugger DEBUG.COM in den RAM laden und starten:**

Prompt "-" erscheint, DEBUG.COM übernimmt die Kontrolle bis zur Beendigung mittels Quit-Befehl Q.

debug d1.bat   **DEBUG.COM mit einer Datei starten:**

Mit dem Debugger wird auch d1.bat in den RAM geladen.

d	**dump; Dateninhalte von Hauptspeicherstellen anzeigen:**

d (Adresse) oder d (Bereich)

d	Hauptspeicherauszug der nächsten 128 (8*16) Speicherstellen.
d 0100	Auszug der 128 Adressen ab Speicherstelle 100 (256 dez).
d cs:0100	Wie oben; Inhalt von Register CS als Segmentadresse.
d 1b09:0100	Wie oben; 1b09 (6921 dez) als Segmentadresse.
d 0100 1 20	Wie oben; statt 128 Adressen nur 32 (20h) Adressen zeigen.

e	**enter; Zeichen in den RAM eingeben bzw. ändern:**

e Adresse (Liste)

e 3eb "Klaus"	5-Bytes-String "Klaus" ab Adresse 03EB abspeichern.
e 3eb "K"4F	Drei Bytes ("K" und 4F hex) in Adressen 3eb bis 3ed setzen.
e 3eb	Inhalt von Adresse 3eb zeigen und auf Hex-Eingabe warten.

f	**fill; Speicherplätze mit Werten einer Liste auffüllen:**

f Bereich Liste

f 1b09:0200 15 "Klaus"	Adressen 1b09:200 bis 1b09:204 mit "Klaus" füllen.

g	**go; das zu testende Programm ausführen:**

g (=Adresse)(Adresse(Adresse...))

g	Programm ohne Teststops ausführen gemäß CS:IP-Register.

h	**hexarithmetic; Hexadezimalwerte addieren bzw. subtrahieren:**

h Wert1 Wert2

h 11c 100	Summe 021c und Differenz 001c der Hex-Werte 1 und 2.

i	**input; Byte von genannter Port-Adresse eingeben/anzeigen:**

i Port-Adresse

l	**load; Datei/absolute Diskettensektoren in den RAM laden:**

l (Adresse(Laufwerk Sektor Sektor))

l	Mit Name-Befehl genannte Datei ab Adresse 0100 laden.
l 400	Wie oben, aber ab Startadresse 0400 beginnen.

Anhang 9: DEBUG.COM-Befehle (Fortsetzung)

m   **move; Speicherbereich zu einer Startadresse verschieben:**
m Bereich Adresse
m cs:100 115 400   22 Bytes (CS:100-CS115) zu Adresse DS:400 verschieben.

n   **name; Datei benennen und Dateisteuerblock einrichten:**
n (d:)(Pfad)Dateiname(.erw)
n b:dl.bat   Name dl.bat eintragen.

o   **output; angegebenes Byte an Ausgabe-Port senden:**
o Port-Adresse Byte

p   **proceed; Unterprogrammausführung bei Befehl anhalten:**
p (=Adresse)(Wert)

q   **quit; Testhilfeprogramm DEBUG.COM beenden:**
q   Kontrolle wird an MS-DOS zurückgegeben.

r   **register; Registerinhalte anzeigen bzw. ändern:**
r (Registername)
r   Hex-Inhalte aller Register und Kennzeichen anzeigen.
r cx   Inhalt von Register CX anzeigen und ggf. neu beschreiben.
r f   Alle Kennzeichen anzeigen.

s   **search; im Adreßbereich nach Zeichen der Liste suchen:**
s Bereich Zeichenketten-Liste
s 100 1 680 "Kl"   Ab Offset 100 in der Länge 680 nach "Kl" suchen.
s 100 120 "Kl"   Ab Offset 100 bis Offset 120 nach "Kl" suchen.
s 100 120 D7   Wie oben, aber Suchbegriff hex angegeben.

t   **trace; Register/Kennzeichen nach jedem Befehl anzeigen:**
t (=Adresse)(Wert)
t15   Genau 21 Befehle ab CS:IP mit Registeranzeige ausführen.

u   **unassemble; RAM-Inhalte in Assemblerbefehle übersetzen:**
u (Adresse)   oder u (Bereich)
u 100   32 Bytes ab Adresse 0100 in Assembler-Befehle umwandeln.
u   Wie oben, aber ab der Endeadresse des letzten U-Befehls.

w   **write; Speicherbereich auf Platte schreiben/sicherstellen:**
w (Adresse (Laufwerk Sektor Sektor))
w   Datei wie in Registern spezifiziert auf Platte schreiben.

Anhang 10: Prüfliste zum Festplattenkauf

Soll ein Personalcomputer nachträglich um eine Festplatte aufgerüstet werden, so ermöglicht die folgende Prüfliste eine fundierte Auswahl. In jedem Fall wichtig: Garantie- und Lieferungszusagen müssen **schriftlich** erfolgen! Lassen Sie sich keine Einzelteile, sondern ein einsatzfertiges und an **Ihrem** Personalcomputer getestetes Festplattenlaufwerk verkaufen!

Anforderungen:
A1 Wieviel MB an Speicherplatz werden (einschließ-
 lich 50 % Reservezuschlag) benötigt?   ..... MB
A2 Festplattentyp eingebaut, Hardcard, transpor-
 tabel bzw. extern (siehe Abschnitt 1.3?)   .....
A3 Leistung des Netzteils in Watt   ..... Watt
A4 Mittlere Zugriffszeit in Mikrosekunden   ..... ms
A5 Preis maximal (einschl. Mwst)   ..... DM

Daten des Laufwerks:
D1 Hersteller   ....
D2 Typ   ....
D3 Speicherkapazität   ..... MB
D4 Leistung des Netzteils   ..... Watt
D5 Mittlere Zugriffszeit   ..... ms
D6 Laufgeräusche laut/leise   .....
D7 Controller-Hersteller   ....
D8 Controller-Betrieb MFM oder RLL   .....

Zubehör im Lieferumfang:
Z1 Anleitung deutsprachig vorhanden (j/n)?   .....
Z2 Wird der Controller mitgeliefert (j/n)?   .....
Z3 Erforderliche Software beigefügt (j/n)?   .....
Z4 Alle Verbindungskabel vorhanden (j/n)?   .....
Z5 EPROMS zum Austauschen vorhanden (j/n)?   .....

Preis und Leistung:
P1 Verkaufspreis einschl. Mwst   ..... DM
P2 Lieferzeitraum innerhalb wieviel Tagen?   ..... Tage
P3 Ersatzgerät in wieviel Stunden lieferbar?   ..... Std
P4 Garantiezeitraum wie lange?   ..... Monate
P5 Garantieumfang: ....

Prüfliste zum Kauf einer Festplatte

Anhang 10: Prüfliste zum Festplattenkauf (Fortsetzung)

Anmerkungen zur Prüfliste:

A1 Der Speicherplatz darf keinesfalls zu klein bemessen werden. Dies gilt auch im Hinblick darauf, daß die Preisunterschiede (z.B. zwischen einem 20 MB- und einem 30 MB-Laufwerk) immer geringer werden.

A4 Für einen Personalcomputer der AT-Klasse muß die Zugriffszeit unter 40 ms liegen. Ein Rechner der PC- bzw. XT-Klasse (also mit Prozessor 8086/8088) arbeitet auch mit einer Festplatte, deren mittlere Zugriffszeit bei 80 ms liegt, zufriedenstellend.
Warum "mittlere Zugriffszeit"? Bei einem Laufwerk mit 304 Spuren gelangt man schneller von Spur 290 zu Spur 300 als von Spur 170 zu Spur 0. Die mittlere Zugriffszeit bezieht sich auf die Zeit, die verstreicht, wenn der Schreib-/Lesekopf von Spur 0 zu Spur 152 geht.

D4 Zu berücksichtigen ist bei der steckbaren Festplatte (Hardcard), ob das bestehende Netzteil zur Versorgung der Platte ausreicht.

D7 Der Controller steuert den Festplatten-Zugriff: Soll eine Datei von der Festplatte gelesen werden, dann signalisiert der Controller dem Schreib-/Lesekopf z.B., daß er auf die Adresse 2/113/8 (Plattenoberfläche 2, Spur 113, Sektor 8) zugreifen soll. Controller und Festplatte müssen zueinander passen (auf Kompatibilität achten). Dies gilt besonders für den IBM PC.

Z3 Zu beachten: MS-DOS ist ein ursprünglich auf Disketten ausgelegtes Betriebssystem. Um Festplattenlaufwerke über 32 MB adressieren zu können, ist ggf. zusätzliche Software erforderlich. Ist diese Software im Lieferumfang inbegriffen?

Z5 Diese EPROMS sind dann erforderlich, wenn ein Personalcomputer der AT-Klasse vorhanden ist. Problem: Kann das EPROM eines IBM-AT an die betreffende Festplatte adaptiert werden?

P3 Für Firmen, die auf die Rechnerleistung des Personalcomputers angewiesen sind, ist dieser Punkt entscheidend: Wird z.B. binnen 24 Stunden ein Ersatz-PC bzw. eine Ersatz-Festplatte vom Händler zur Verfügung gestellt?

P4 Gesetzlich vorgeschrieben ist die 6-Monate-Garantiezeit. Die 12-Monate-Garantie wird immer mehr zum De-fakto-Standard.

P5 Der Garantieumfang muß schriftlich vorliegen. Mündliche Zusagen gelten im Falle eines Rechtsstreites nicht.

Programmverzeichnis (nach Alphabet)

Programmverzeichnis (nach Disketten-Directory)

```
Dskt./Platte FESTWEG87KF
Verzeichnis A:\
Verzeichnis A:\AB24
        A:\AB24\DEMOCLS1.BAT
        A:\AB24\DEMOECHO.BAT
        A:\AB24\DEMOFOR1.BAT
        A:\AB24\DEMOFOR2.BAT
        A:\AB24\DEMOFOR3.BAT
        A:\AB24\DEMOGOT1.BAT
        A:\AB24\DEMOGOT2.BAT
        A:\AB24\DEMOIF1.BAT
        A:\AB24\DEMOIF2.BAT
        A:\AB24\DEMOIF3.BAT
        A:\AB24\DEMOIF4.BAT
        A:\AB24\DEMOIF5.BAT
        A:\AB24\DEMOIF6.BAT
        A:\AB24\DEMOIF7.BAT
        A:\AB24\DEMOPAUS.BAT
        A:\AB24\DEMOPRO1.BAT
        A:\AB24\DEMOREM1.BAT
        A:\AB24\DEMOSHI1.BAT
Verzeichnis A:\AB41
        A:\AB41\ABFRAGE1.BAT
        A:\AB41\ABFRAGE2.BAT
        A:\AB41\BEREIT1.BAT
        A:\AB41\DATSUCH1.BAT
        A:\AB41\KETTE1.BAT
        A:\AB41\KETTE2.BAT
        A:\AB41\KOPIERE1.BAT
        A:\AB41\KOPIERE2.BAT
        A:\AB41\PFADE1.BAT
        A:\AB41\UMGEBUNG.BAT
        A:\AB41\ZEISUCH1.BAT
Verzeichnis A:\AB42
        A:\AB42\ADD.BAT
        A:\AB42\AUTOEXEC.B
        A:\AB42\AUTOEXEC.BAT
        A:\AB42\DISKCOPY.BAT
        A:\AB42\FLICFLAC.BAT
        A:\AB42\MENU.BAT
        A:\AB42\NONAME.BAT
        A:\AB42\P1.BAT
        A:\AB42\P2.BAT
        A:\AB42\SUB.BAT
        A:\AB42\T1.BAT
        A:\AB42\T2.BAT
        A:\AB42\TA
        A:\AB42\TE

Verzeichnis A:\AB43
        A:\AB43\ACTUAL.BAT
        A:\AB43\APRINT.BAT
        A:\AB43\AUTOEXEC.RMO
        A:\AB43\AUTOEXEC.RM2
        A:\AB43\BACK.BAT
        A:\AB43\BOOT.BAS
        A:\AB43\BPRINT.BAT
        A:\AB43\CONFIG.RMO
        A:\AB43\CONFIG.RM1
        A:\AB43\CR
        A:\AB43\EPRINT.BAT
        A:\AB43\FINDFILE.BAT
        A:\AB43\FINDTEXT.BAT
        A:\AB43\PCOPY.BAT
        A:\AB43\PMENU.BAT
        A:\AB43\PR.BAT
        A:\AB43\RAMDISK1.BAT
        A:\AB43\RAMDISK2.BAT
        A:\AB43\REPL.BAT
        A:\AB43\REST.BAT
        A:\AB43\SCRATCH.BAT
        A:\AB43\SETPRN.BAT
        A:\AB43\TYPE1.BAT
        A:\AB43\TYPE2.BAT
        A:\AB43\VPRINT.BAT
        A:\AB43\WAIT.COM
Verzeichnis A:\AB6
        A:\AB6\CONFIG.RMO
        A:\AB6\MENUKEYS.EXP
        A:\AB6\WAIT.COM
Verzeichnis A:\MODELL1
Verzeichnis A:\MODELL1\HILFE
Verzeichnis A:\MODELL1\HILFE\DOSBEF
Verzeichnis A:\MODELL1\HILFE\SUPERCOP
Verzeichnis A:\MODELL1\HILFE\UTIL
Verzeichnis A:\MODELL1\HILFE\WINDOWS
Verzeichnis A:\MODELL1\SPRACHE
Verzeichnis A:\MODELL1\SPRACHE\BASICA
Verzeichnis A:\MODELL1\SPRACHE\HBASIC
Verzeichnis A:\MODELL1\SPRACHE\TURBO
Verzeichnis A:\MODELL1\TOOL
Verzeichnis A:\MODELL1\TOOL\DBASE
Verzeichnis A:\MODELL1\TOOL\FRAME
Verzeichnis A:\MODELL1\TOOL\UTIL
Verzeichnis A:\MODELL1\TOOL\WORD
        A:\MODELL1\AUTOEXEC.BAT
```

```
Verzeichnis A:\MODELL2                   Dskt/Platte FESTWEG87KF
Verzeichnis A:\MODELL2\HILFE             Verzeichnis von A:\
Verzeichnis A:\MODELL2\HILFE\DOSBEF
Verzeichnis A:\MODELL2\HILFE\STAPEL      AB24         <DIR>
        A:\MODELL2\HILFE\STAPEL\B.BAT    AB41         <DIR>
        A:\MODELL2\HILFE\STAPEL\D.BAT    AB42         <DIR>
        A:\MODELL2\HILFE\STAPEL\F.BAT    AB43         <DIR>
        A:\MODELL2\HILFE\STAPEL\FORM.BAT AB6          <DIR>
        A:\MODELL2\HILFE\STAPEL\H.BAT    MODELL1      <DIR>
        A:\MODELL2\HILFE\STAPEL\KOPIE.BAT MODELL2     <DIR>
        A:\MODELL2\HILFE\STAPEL\M.BAT    MODELL3      <DIR>
        A:\MODELL2\HILFE\STAPEL\MENU.BAT LIESMICH            726
        A:\MODELL2\HILFE\STAPEL\P.BAT          9 Datei(en)
        A:\MODELL2\HILFE\STAPEL\S.BAT       174080 Byte frei
        A:\MODELL2\HILFE\STAPEL\T.BAT
        A:\MODELL2\HILFE\STAPEL\W.BAT
        A:\MODELL2\HILFE\STAPEL\WI.BAT
        A:\MODELL2\HILFE\STAPEL\WRAM.BAT
        A:\MODELL2\HILFE\STAPEL\X.BAT
Verzeichnis A:\MODELL2\HILFE\SUPERCOP
Verzeichnis A:\MODELL2\HILFE\UTIL
Verzeichnis A:\MODELL2\HILFE\WINDOWS
Verzeichnis A:\MODELL2\HILFE\WINDOWS\PIF
Verzeichnis A:\MODELL2\SPRACHE           AB24 bedeutet:
Verzeichnis A:\MODELL2\SPRACHE\BASICA     "Abschnitt 2.4 im Buch"
Verzeichnis A:\MODELL2\SPRACHE\HBASIC
Verzeichnis A:\MODELL2\SPRACHE\TURBO
Verzeichnis A:\MODELL2\TOOL
Verzeichnis A:\MODELL2\TOOL\DBASE
Verzeichnis A:\MODELL2\TOOL\FRAME
Verzeichnis A:\MODELL2\TOOL\MULTIP
Verzeichnis A:\MODELL2\TOOL\WORD
        A:\MODELL2\AUTOEXEC.BAT
        A:\MODELL2\CONFIG.SYS
Verzeichnis A:\MODELL3
Verzeichnis A:\MODELL3\HILFE
Verzeichnis A:\MODELL3\HILFE\UTIL
        A:\MODELL3\HILFE\UTIL\MENUKEYS.EXE
        A:\MODELL3\HILFE\UTIL\MENU.TXT
        A:\MODELL3\HILFE\UTIL\MENU.BAT
Verzeichnis A:\MODELL3\HILFE\UTIL\NORTON
        A:\MODELL3\HILFE\UTIL\AUS
        A:\MODELL3\HILFE\UTIL\AN
Verzeichnis A:\MODELL3\HILFE\UTIL\SZAP
Verzeichnis A:\MODELL3\SPRACHE
Verzeichnis A:\MODELL3\TOOL
        A:\MODELL3\AUTOEXEC.BAT
        A:\MODELL3\BILD1
        A:\MODELL3\BILD2
        A:\MODELL3\CONFIG.SYS
        A:\MODELL3\MENU.BAT
        A:\MODELL3\MENU.TXT         362496 Byte Gesamtkapazität
        A:\MODELL3\MENUKEYS.EXE          0 Byte in 1 geschützten Dateien
        A:\MODELL3\MENUKEYS.ASM      45056 Byte in 44 Verzeichnissen
        A:\FESTWEG8.7KF             143360 Byte in 104 Benutzerdateien
        A:\LIESMICH                174080.Byte verfügbar auf Platte
```

Sachwortverzeichnis

XCOPY 16 29
XT 167
XTree 83 194

Zählerschleife 141
Zeichenattribut 107
Zeichen (unsichtbar) 107
Zugriffspfad 25
Zuweisungszeichen 40
Zylinder 5 167

% (Stapel) 34
%% (Stapel) 114
%a% (Umgebungsvariable) 48 115
@ (Epson-Normierung) 166
" (Stringvergleich) 137

, (Trennung) 114 118
; (Trennung Pfade) 28
: (DEBUG-Adresse) 207
- (DEBUG-Prompt) 208
[^ (Escape) 105
\ (Backslash) 24 42 60
. (Adresse im Dump) 209
. (Verzeichnis) 26 58
.. (Vor-Verzeichnis) 26 59
= (Zuweisung) 40
== (Stringvergleich) 36 117 137
^ (DEBUG-Fehler) 218
| (Pipe) 48 52
>(Umleitung) 49
<(Umleitung) 49 178
>>(Umleitung) 50 156 178

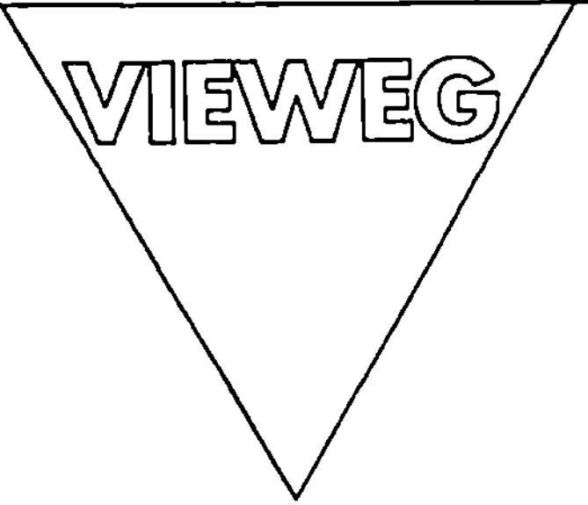

Ekkehard Kaier und Edwin Rudolfs

Turbo Pascal-Wegweiser für Mikrocomputer
Grundkurs + Aufbaukurs + Übungen zum Grundkurs

Diese Wegweiser-Bücher informieren umfassend über die grundlegenden Anwendungsmöglichkeiten, die Turbo Pascal unter den Betriebssystemen CP/M, MS-DOS und MSX-DOS bietet:
- Entwicklung von Software;
- Bedienung des Turbo Pascal-Systems;
- Übungsaufgaben und Lösungen zum Vertiefen der Pascal-Kenntnisse.

Grundkurs zum Programmieren mit Turbo Pascal für Einsteiger:
Welche Sprachmittel stehen zur Programmierung von Folge-, Auswahl- und Wiederholungsstrukturen zur Verfügung? Wie nutzt man Prozeduren und Funktionen als Unterprogramme? Wie setzt man die einfachen Datentypen INTEGER, BATE, REAL, CHAR und BOOLEAN ein? Welche Datentypen kann der Benutzer selbst vereinbaren? Was zeichnet die strukturierten Datentypen String und Array aus? Wozu dienen typisierte Konstanten?

Aufbaukurs zum Programmieren mit Turbo Pascal für Fortgeschrittene:
- Datenstrukturen Set (Menge) und Record (Verbund).
- Datenstruktur File (Datei) als datensatzorientierte Datei, Textdatei und nicht-typisierte Datei.
- Pointer (Zeiger) zur Erzeugung dynamischer Datenstrukturen.
- Direkte Rekursion und indirekte Rekursion (Forward-Vereinbarung).
- Verfahren zum Suchen, Sortieren, Mischen und Gruppieren.
- Dateiorganisation sequentiell, im Direktzugriff und index-sequentiell.
- Stapel und Schlange als statische und dynamische Strukturen.
- Einfach und doppelt verkettete Listen.
- Grundlegende Operationen mit Binärbäumen.

Übungen zum Grundkurs:
156 Aufgaben mit kompletten Lösungen und 120 Programmbeispielen zum Anwenden, Vertiefen und Selbsttesten der eigenen Programmierfähigkeiten.